철학자 예수

일러두기

• " "는 인용문에, 또는 특별히 강조하거나 새로운 조명이 필요할 때 사용했다.
• 본문 중의 성서 내용은 《포괄적 신약성서(The Inclusive New Testament)》 또는 《신개정 표준번역 성서The New Revised Standard Version(NRSV)》를 저자가 직접 번역한 것이다.

철학자 예수
종교로부터 예수 구하기

초판 1쇄 발행   2024년 5월 3일
초판 3쇄 발행   2025년 3월 24일

지은이   강남순
펴낸곳   (주)행성비

펴낸이   임태주

책임편집   이윤희
마케팅   배새나

출판등록번호   제2010-000208호
주소   경기도 김포시 김포한강10로 133번길 107, 710호
대표전화   031-8071-5913
팩스   0505-115-5917
이메일   hangseongb@naver.com
홈페이지   www.planetb.co.kr

ISBN 979-11-6471-262-5   (03100)

행성B는 독자 여러분의 참신한 기획 아이디어와 독창적인 원고를 기다리고 있습니다.
hangseongb@naver.com으로 보내 주시면 소중하게 검토하겠습니다.

철학자 예수

종교로부터 예수 구하기

강남순

Jesus the Philosopher:
Saving *Jesus* from Religion

행성B

차
례

성서 인용에 관하여   9
예수의 말소리, 철학자의 글소리   12

철학자 예수와의 만남, 새로운 여정을 열며   25

제1장

철학자 예수

거리의 철학자 예수: 살아감의 지혜와 길의 제시자   35
철학자 예수의 특성   50
  1) 급진적 휴머니즘   51
  2) 생명사랑 우선의 반율법주의   51
  3) 두 세계가 아닌 단일 세계   53
  4) '모든 인간의 행복과 안녕' 추구   56

제2장

예수 구하기: 새롭게 만나야 할 예수

예수와 기독교   63

   1) 역사적 또는 문화적 측면의 기독교   67

   2) 제도적 측면의 기독교   68

   3) 교리적 측면의 기독교   69

   4) 전례적 측면의 기독교   69

   5) 영적 또는 체험적 측면의 기독교   71

   6) 도덕적 측면의 기독교   72

   7) 선교적 측면의 기독교   73

   8) 사회정치적 측면의 기독교   74

구해야 하는 예수: 혐오의 확산자로부터 정의의 촉진자 예수로   82

   1) 반유대주의의 예수   85

   2) 식민주의의 예수   86

   3) 백인 우월주의의 예수   86

   4) 기독교 제국주의의 예수   87

   5) 자본주의의 예수   88

   6) 여성 혐오의 예수   89

   7) 타종교 혐오의 예수   90

   8) 난민 혐오의 예수   91

   9) 성소수자 혐오의 예수   93

예수, "나는 누구인가"   96

제3장

사랑의 철학

왜 사랑인가: 존재의 춤, 사랑   110
사랑, 의미 창출의 새로운 원리   118
예수의 사랑의 철학   127
  1) 사랑, 예수의 새로운 계명   127
  2) '서로'는 누구인가: '포용의 원'의 급진적 확대   131
  3) 예수의 새로운 계명: 나-이웃-원수-신 사랑의 분리 불가성   134

제4장

용서의 철학

왜 용서인가   150
용서와 새로운 탄생의 가능성   160
  1) 용서의 오용: 용서의 정치화와 종교화   160
  2) 예수의 탄생성의 철학: 용서의 발견자 예수   168
예수의 용서의 철학   175
  1) 예수의 용서 선언: "당신의 죄들이 용서받았습니다"   175
  2) 예수의 용서: 무조건적 용서   178

제5장

환대의 철학

환대란 무엇인가   193

  1) 동질성의 환대와 다름의 환대   193

  2) 사적 환대와 공적 환대   199

예수의 환대의 철학   205

  1) 환대, 새로운 삶으로의 초대   205

  2) 탈경계성의 환대   209

  3) 다름의 환대   214

  4) 무조건적 환대   220

  5) 예수의 환대와 기독교의 적환대   223

제6장

평등과 정의의 철학

규범 전복의 예수: 불평등과 혐오시대   238

성차별과 예수: 예수는 페미니스트인가   254

  1) 제2등 인간으로서의 여성   254

  2) 예수의 여성 제자들   259

  3) 예수 부활 사건의 첫 증인들   262

  4) 급진적 페미니스트 예수   271

예수의 평등과 정의의 철학   279

  1) 예수의 평등과 정의의 시선   279

  2) 평등과 정의: 함께 살아감의 길   288

제7장

예수라면 무엇을 할 것인가: 종교로부터 예수 구하기

예수의 길, 진리, 생명은 무엇인가   301

교회, 예수 아카이브   312

기도란 무엇인가   320

  1) 교환경제로서의 기도: 예수의 이름으로 예수를 배반   320

  2) 사유로서의 기도   322

  3) 연민으로서의 기도   324

  4) 책임성으로서의 기도   326

21세기, 예수라면 무엇을 할 것인가: 삶의 전적 긍정   328

종교로부터 예수 구하기: 책임과 연대의 삶으로의 초대   343

책을 마치며: 새로운 시작을 향하여   350

찾아보기: 인명, 개념, 사건   356

찾아보기: 성서   362

참고문헌   364

성서 인용에 관하여

이 책에 인용한 성서 구절은 영어 성서에서 내가 직접 번역한 것이다. 내가 주로 참고한 영어 성서는《포괄적 신약성서(The Inclusive New Testament)》, 그리고《신개정표준번역 성서(The New Revised Standard Version, NRSV)》이다. NRSV는 개신교 주류 교단들이 사용하고 있으며, 바티칸이 인정한 영어 성서는《The NRSV-Catholic Edition》이다. 이 세 가지 성서에 대한 상세한 정보는 이 책의 참고문헌에 나와 있다.

내가 한글 성서를 인용하지 않고 영어 성서를 번역해 사용하는 이유는 다음과 같다.

첫째, '낯설게 하기(defamiliarization)'의 시도다. 한국어 성경에 익숙한 이들에게 새로운 번역으로 성서와 만나게 함으로써 상투적 이해를 벗어나 새로운 눈으로 성서 구절을 접하게 하기 위해서다. '낯설게 하기'는 익숙함을 벗어나 새로운 눈으로 그 구절이 담고 있는 세계와 만나도록 한다. 이전에 '읽었다', 또는 이 구절을 '안다'라고 생각하는 것은 그 구절에 담긴 세계의 복합적인 결을 느끼지 못하게 한다. 이러한 낯설게 하기의 시도로 나의 번역만이 아니라, 영어 성서의 원문도 함께 넣었다. 모국어가 아닌 언어로 읽는 것은 번역의 한계를 최소화하는 장치이기도 하고, 낯설게 하는 장치이기도 하다.

둘째, '평등 언어 사용'의 시도다. 대부분의 한글 성서에서는 여전히 반말과 존댓말이라는 언어적 위계가 화자와 청자 사이에 피할 수 없는 '관계의 위계주의'를 자연화한다. 예수는 누구에게든지 '반말'을 하는 존재인 반면, 예수와 함께하는 이들은 예수에게 '존댓말'을 하곤 한다. 어른은 아이에게 무조건 반말을 하는 한국의 언어 세계는 모든 이가 평등한 존재라는 '존재론적 평등성'의 가치를 일상 세계에서 실천하기 매우 어렵게 한다. 적어도 이 책에서라도 언어 세계 속에서 예수와 청자들이 위계주의를 넘어서는 대안적 관계 설정을 시도하고자 했다. 그래서 예수도 청자들에게 존댓말을 하는 번역을 했다.

셋째, '포괄적 언어(inclusive language) 사용'의 시도다. 한글 성서는 신에 대한 상징이나 주요 청중을 '하나님 아버지', '아들들' 또는 '형제들' 등 남성중심적으로 그대로 재현한다. 포괄적 신약성서가 시도하는 것은 현대의 독자와 청중이 남성만이 아니라, '모든 사람'이라는 점을 고려하면서 가능한 한 포괄적 언어를 사용하는 것이다. 이러한 맥락에서 나는 "God"을 '하나님'이나 '하느님'이라고 하지 않고, 가능하면 '신'이라고 했다. '하느님' 또는

'하나님'으로 할 경우 God이 기독교의 독점물로 생각되기 쉽기 때문이다. '신(God)'은 기독교라는 종교적 범주를 넘어서는 존재의 의미를 지니는 이름이라는 것을 상기하기 위한 의도적 사용이다.《포괄적 신약성서》는 "형제들"을 "형제와 자매들"로, "아들들"을 청자로 설정한 곳에는 "아들과 딸들"로 바꾸어 쓴다.

넷째, '일상 언어 사용'의 시도다. 한글 번역 성서들은 많은 경우 매우 구태의연한 어투로 구성되어서 일상 세계와 동떨어진 표현들이 많다. 교회 생활을 오래 하거나 기독교 문화에 익숙한 사람들은 이러한 어투에서 아무런 거리감을 느끼지 않을 수도 있다. 그러나 이러한 어투에 익숙하지 않거나 문제의식을 느끼는 사람들에게는 성서가 담은 메시지의 핵심을 만나기 어렵게 하는 장애가 되기도 한다. 그래서 나는 가능하면 우리가 사용하는 어투와 이질감이 안 느껴지는 언어와 표현으로 번역했다.

철학자 예수와의 만남, 새로운 여정을 열며

어떤 씨앗 중 일부는 길가에 떨어져서 새들이 와서 먹었습니다. 어떤 씨앗은 돌밭에 떨어져서 흙의 깊이가 얕아 곧 싹이 났으나, 해가 뜨자 타서 그 뿌리가 없어 시들어버렸습니다. 어떤 씨앗은 가시덤불에 떨어져 가시가 자라며 기운을 막아 열매를 맺지 못했습니다. 어떤 씨앗은 옥토에 떨어져서 키가 크고 튼튼하게 자라 삼십 배, 육십 배, 심지어 백 배의 결실을 맺었습니다. 만약 당신이 들을 귀가 있다면, 들으십시오.
—예수(마가 4:4~9)

(Some of the seed fell on the edge of the path, and the birds came and ate it. Some seed fell on rocky ground where it found a little soil, and sprang up immediately because the soil had little depth-but then, when the sun came up and scorched it, it withered for lack of roots. Some seed fell into thorns, and the thorns grew up and choked it, and it produced no crop. And some seed fell into rich soil and grew tall and strong, producing a crop thirty, sixty, even a hundredfold. If you have ears to hear, then listen.)

제1장 철학자 예수

① 당신[신]의 나라가 이 땅에 임하고, 당신의 뜻이 하늘에서와 같이 이 땅에도 이루어지기를. —예수(마태 6:10)
(May your reign come, may your will be done on earth as it is in heaven.)

② 신의 영이 내게 임하였으니, 이는 지극히 높은 존재가 가난한 사람들에게 좋은 소식을 전하라는 사명을 내게 주었기 때문입니다. 신께서 나

를 보낸 것은 포로가 된 사람들에게 자유를, 보지 못하는 사람들에게 다시 보게 함을, 그리고 감옥에 갇힌 사람들을 풀어주도록 하기 위한 것입니다. ㅡ예수(누가 4:18)

(The Spirit of Our God is upon me: because the Most High has anointed me to bring Good News to those who are poor. God has sent me to proclaim liberty to those held captive, recovery of sight to those who are blind, and release to those in prison.)

③ 크리스천은 오직 한 명뿐이었다, 그리고 그는 십자가 위에서 죽었다. ㅡ니체

(There was only one Christian, and he died on the cross.)

④ 사실이란 없다, 해석만이 있을 뿐. ㅡ니체

(There are no facts, only interpretations.)

⑤ 성찰하지 않는 삶은 인간으로서 살 가치가 없다. ㅡ소크라테스

(The unexamined life is not worth living for a human being.)

제2장 예수 구하기: 새롭게 만나야 할 예수

① 사람들은 나를 누구라고 합니까? …당신은 나를 누구라고 생각합니까? ㅡ예수(마가 8:27~29)

(Who do people say that I am? … Who do you say that I am?)

② 내가 나의 신을 사랑할 때 나는 무엇을 사랑하는가. ㅡ어거스틴

(What do I love when I love my God?)

③ 내가 나의 신을 사랑할 때 나는 어떻게 사랑하는가. ㅡ존 카푸토

(How do I love when I love my God?)

④ 종교는 사랑하는 사람들을 위한 것이다… 종교적인 사람의 반대는 사랑이 없는 사람이다. —존 카푸토
(Religion is for lovers… The opposite of a religious person is a loveless person.)

⑤ 종교란 한 사람의 인간됨을 실천하는 것이다. —강남순
(Religion is practicing one's humanity.)

제3장 사랑의 철학

① 나는 여러분에게 새로운 계명을 전하고자 합니다:
서로 사랑하십시오. 내가 여러분을 사랑하는 방식으로, 여러분도 서로 사랑하십시오. 여러분이 진정으로 서로를 사랑할 때, 여러분이 나의 제자라는 것을 비로소 모든 이가 알게 될 것입니다. —예수(요한 13:34~35)
(I give you a new commandment: Love one another.
And you're to love one another the way I have loved you. This is how all will know that you're my disciples: that you truly love one another.)

② 당신의 이웃을 당신 자신처럼 사랑하십시오. —예수(마태 22:39)
(You must love your neighbor as yourself.)

③ 여러분에게 당부합니다. 원수를 사랑하십시오. 당신을 증오하는 사람들을 잘 대해주십시오. 여러분을 저주하는 사람을 축복하고, 학대하는 사람을 위해 기도하십시오. 당신의 뺨을 치는 이에게 다른 뺨도 돌려 대십시오. 당신의 외투를 빼앗는 사람에게는 당신의 옷까지 주십시오. 당신으로부터 무엇인가를 달라고 하는 사람에게는 모든 것을 주십시오. 누군가가 당신의 것을 빼앗을 때, 다시 돌려 달라고 하지 마십시오. 당신이 다른 사람에게 기대하는 것처럼, 당신도 다른 이들에게 그렇게 대하십시오. 만약 당신이 당신을 사랑하는 사람들만을 사랑한다면, 그것이 무슨 의미가 있습니까? 하다못해 죄인들도 자신을 사랑하는 사

람을 사랑합니다. —예수(누가 6:27~32)

(To you who hear me, I say: love your enemies. Do good to those who hate you, bless those who curse you, and pray for those who mistreat you. When they slap you on one cheek, turn and give them the other; when they take your coat, let them have your shirt as well. Give to all who beg from you. When someone takes what is yours, don't demand it back. Do to others what you would have them do to you. If you love those who love you, what credit is that to you? Even sinners love those who love them.)

④ 사랑하지 않는 사람은 그 누구든, 신을 알지 못합니다.
—요한(요한1서 4:8)

(Whoever does not love does not know God.)

⑤ 결국 최후까지 남는 것은 믿음, 희망, 사랑입니다. 그런데 이 중 가장 중요한 것은 사랑입니다. —바울(고린도전서 13:13)

(There are, in the end, three things that last: faith, hope, and love. But the greatest of these is love.)

⑥ 사랑의 존재는 삶을 의미와 목적으로 채울 수 있고, 사랑의 부재는 삶을 공허한 사막으로 만들 수 있다. —로버트 와그너

(The presence of love can fill life with meaning and purpose, and the absence of love can turn life into an empty desert.)

⑦ 사랑은 삶 그 자체이며, 한 인간이 무엇을 사랑하고 어떻게 사랑하느냐는 그 사람이 누구인가를 측정하는 척도다. —플라톤

(Love is life itself, and what a person loves and how he (*sic*) loves are the measure of himself.)

⑧ 사랑은 의미의 새로운 원리, 즉 좋은 삶에 대한 새로운 개념을 구성하는 원리다. 사랑은 사상의 역사, 그리고 삶의 역사에서 새로운 시대를

시작하게 한다. —뤼크 페리
(Love is a new principle of meaning, a principle that shapes a new conception of the good life: love inaugurates a new era in the history of thought and of life.)

⑨ 사랑에 대한 좋은 소식은 그것이 삶을 의미 있게 만든다는 것이다. 나쁜 소식은 항상 지불해야 할 대가가 있다는 것이다. —로버트 와그너
(Good news about love is that it makes life meaningful. The bad news is that there is always a price to be paid.)

⑩ 사랑은 온전함을 추구하고 완전해지고자 하는 우리의 열망을 가리키는 이름이다. —로버트 와그너
(Love is the name for our pursuit of wholeness, for our desire to be complete.)

⑪ 신은 사랑의 이름이다. 신은 우리가 사랑하는 것의 이름이다. —존 카푸토
(God is the name of love. God is the name of what we love.)

⑫ 신은 삶의 열정, 나의 삶에 대한 열정, 나의 모름에 대한 열정, 불가능성에의 나의 열정이다. —존 카푸토
(God is the passion of life, the passion of my life, the passion of my unknowing, my passion for the impossible.)

⑬ 사람을 사랑하는 것만이 살 가치가 있는 유일한 것이다.
—키르케고르
(Loving people is the only thing worth living for.)

⑭ 종교는 사랑하는 사람들을 위한 것이다… 종교적인 사람의 반대는 사랑이 없는 사람이다. —존 카푸토
(Religion is for lovers… The opposite of a religious person is a loveless person.)

⑮ 사랑한다는 것은 고독을 넘어서, 세상에서 존재를 불어넣을 수 있는
모든 것과 함께, 투쟁하는 것을 의미한다. ―알랭 바디우
(To love is to struggle, beyond solitude, with everything in the world
that can animate existence.)

제4장 용서의 철학

① 나의 친구여, 당신의 죄들이 용서받았습니다. ―예수(누가 5:20)
(My friend, your sins are forgiven.)

② 예수는 그 여성에게 말했습니다, "당신의 죄들이 용서받았습니다."
―예수(누가 7:48)
(Then Jesus said to the woman, "Your sins are forgiven.")

③ 예수는 중풍 병자에게 말했습니다, "…당신의 죄들이 용서받았습니
다." ―예수(마태 9:2)
(Jesus said to the paralyzed person, "…your sins are forgiven.")

④ 당신들이 당신의 자매와 형제들을 진심으로 용서하지 않으면, 하
늘에 계신 신도 똑같은 방식으로 당신들을 대할 것입니다. ―예수(마태
18:35)
(My Abba in heaven will treat you exactly the same way unless you
truly forgive your sisters and brothers from your hearts.)

⑤ 신이여, 저들을 용서해 주십시오. 그들은 자신들이 무엇을 하는지 알
지 못합니다. ―예수(누가 23:34)
(Abba, forgive them. They don't know what they are doing.)

⑥ 만약 당신이 타자의 잘못을 용서한다면, 신도 당신의 잘못을 용서해

줄 것입니다. 만약 당신이 타자를 용서하지 않는다면, 신도 당신을 용서하지 않을 것입니다. —예수(마태 6:14~15)

(If you forgive the faults of others, Abba God will forgive you yours. If you don't forgive others, neither will Abba God forgive you.)

⑦ 베드로가 예수에게 와서 물었습니다. "자매나 형제가 내게 잘못하면 몇 번이나 용서해야만 합니까? 일곱 번인가요?" "아닙니다, 일곱 번이 아닙니다; 나는 당신에게 말합니다. 일흔 번씩 일곱 번이라도 해야 합니다." —예수(마태 18:21~22)

(Peter came up and asked Jesus, "When a sister or brother wrongs me, how many times must I forgive? Seven times?" "No." Jesus replied, "not even seven times; I tell you seventy times seven.")

⑧ 새롭게 태어나지 않는다면, 그 누구도 신의 나라를 볼 수 없습니다 —예수(요한 3:3)

(No one can see the kindom of God unless they are born again.)

⑨ 인간사의 영역에서 용서 역할의 발견자는 나사렛 예수였다. —한나 아렌트

(The discoverer of the role of forgiveness in the realm of human affairs was Jesus of Nazareth.)

⑩ 오직 사랑만이 용서할 수 있는 힘을 가지고 있다. 왜냐하면 사랑만이 그 사람의 존재를 있는 그대로 받아들이기 때문이다. —한나 아렌트

(Only love has the power to forgive because only love is fully receptive to who somebody is.)

⑪ 용서란 오직 용서할 수 없는 것을 용서하는 것이다. —자크 데리다

(Forgiveness is to forgive only the unforgivable.)

제5장 환대의 철학

① 내가 굶주렸을 때 당신은 내게 먹을 것을 주었고, 목마를 때 마실 것을 주었습니다. 내가 이방인이었을 때 당신은 나를 환대하였고, 헐벗었을 때 옷을 입혀 주었습니다. 내가 병들었을 때 당신은 나를 위로해 주었고, 감옥에 갇혔을 때 나를 찾아왔습니다… 당신들이 지극히 소외된 자매들과 형제들에게 하는 것이 곧 내게 한 것과 같습니다.
—예수(마태 25:35~36&40)

(For I was hungry and you fed me; I was thirsty and you gave me drink. I was a stranger and you welcomed me; naked and you clothed me. I was ill and you comforted me; in prison and you came to visit me. … The truth is, every time you did this for the least of my sisters or brothers, you did it for me.)

② 점심이나 저녁 식사를 제공할 때는 친구나 동료, 친척 또는 부유한 이웃을 초대하지 마십시오… 만찬을 베풀 때는 가난한 이들, 몸이 불편한 이들, 또는 눈이 안 보이는 이들을 초대하십시오. —예수(누가 14:12~13)

(Whenever you give a lunch or dinner, don't invite your friends or colleagues or relatives or wealthy neighbors… when you have a reception, invite those who are poor or have physical infirmities or are blind.)

③ 여러분은 '눈에는 눈, 이에는 이'라는 계명을 들었습니다. 그러나 나는 여러분에게 악한 사람에게 저항하지 말라고 권합니다. 누군가가 당신의 오른쪽 뺨을 때리면 돌아서서 다른 쪽 뺨을 내어 주십시오. 누군가 당신의 셔츠 때문에 당신을 고소하면, 당신의 코트까지 건네주십시오. 누군가 당신에게 1마일을 가자고 강요하면, 2마일을 가십시오. 당신에게 구걸하는 이들에게 주십시오. 그리고 당신에게 돈을 빌리기를 원하는 사람을 외면하지 마십시오. —예수(마태 5:38~42)

(You've heard the commandment, 'An eye for an eye and a tooth for a tooth.' But I tell you, don't resist an evil person. When someone strikes you on the right cheek, turn and offer the other. If anyone wants to sue you for your shirt, hand over your coat as well. Should anyone press you into service for one mile, go two miles. Give to those who beg from you. And don't turn your back on those who want to borrow from you.)

④ "이것을 드십시오." 예수가 말했다. "이것은 나의 몸입니다." 그리고 잔을 들고 감사하면서 제자들에게 주었다. "당신들 모두 이것을 마시십시오." 예수가 말했다. "이것은 나의 피입니다." —예수(마태 26:26~28)
("Take this and eat it", Jesus said. "This is my body." Then he took a cup, gave thanks, and gave it to them. "Drink from it, all of you", he said. "This is my blood.")

⑤ 세금 징수원들과 "죄인들"이 예수의 가르침을 듣기 위해 예수 주위로 모여들자, 바리새인들과 종교 지도자들은 "이 사람은 죄인들을 환영하고 그들과 함께 음식을 먹는다"고 수군거렸다. —(누가 15:1~2)
(The tax collectors and the "sinners" were all gathering around Jesus to listen to his teaching, at which the Pharisees and the religious scholars murmured, "This person welcomes sinners and eats with them.")

⑥ 사람들이 말했다, "이 사람[예수]은 폭식가이자 술주정뱅이이며, 세금 징수원들과 죄인들의 친구입니다." —(마태 11:19)
(They say, "This one is a glutton and a drunkard, a friend of tax collectors and sinners.")

⑦ 우리는 환대가 무엇인지 알지 못한다… 환대는 오직 환대 너머에서 일어날 수 있을 뿐이다. —자크 데리다
(We do not know what hospitality is… Hospitality can only take place beyond hospitality.)

⑧ 기독교에 열려 있는 또 다른 길은 환대와 종교적 토대로서의 선교적 성향을 강조함으로써 보편화 기능을 회복하는 것이다. —잔니 바티모

(The other path open to Christianity is to recover its universalizing function by stressing its missionary inclination as hospitality, and as the religious foundation.)

제6장 평등과 정의의 철학

① 삭개오, 어서 내려오십시오. 나는 오늘 당신의 집에서 머물겠습니다.
―예수(누가 19:5)
(Zacchaeus, hurry up and come on down. I'm going to stay at your house today.)

② 정의를 향한 배고픔과 목마름을 지닌 사람들은 복이 있습니다. 그들의 배고픔과 목마름이 채워질 것입니다. ―예수(마태 5:6)
(Blessed are those who hunger and thirst for justice: they will have their fill.)

③ 한 사마리아 여성이 물을 길러 왔을 때, 예수는 그녀에게 "물 좀 주십시오."라고 말했다… 그 사마리아 여성은 "당신은 유대인입니다. 그런데 사마리아인인 내게 어떻게 물을 달라고 할 수 있나요?"라고 답했다. 왜냐하면 유대인은 사마리아인들과 아무런 관련이 없었기 때문이다.
―(요한 4:7&9)
(When a Samaritan woman came to draw water, Jesus said to her, "Give me a drink."… The Samaritan woman replied, "You're a Jew. How can you ask me, a Samaritan, for a drink?" -since Jews had nothing to do with Samaritans.)

④ 당신은 이제 더 이상 외국인이나 이방인이 아닙니다. 신의 사람들과 신의 집에 거주하는 이들과 같은 동료 시민입니다.
―바울(에베소서 2:19)
(You are strangers and aliens no longer. No, you are included in God's

holy people, and are members of the household of God.)

⑤ 정의가 강물처럼 흐르고, 공명정대함이 결코 마르지 않는 시냇물처
럼 흐르게 하십시오. —아모스(아모스 5:24)
(Let justice flow like a river, and righteousness flow like an unfailing
stream.)

⑥ 정의는… 기다리지 않는다. 정의란 기다려서는 안 되는 것이다.
—자크 데리다
(Justice… does not wait. It is that which must not wait.)

⑦ 우리는 함께 잘 살아가야만 한다. —자크 데리다
(One must live together well.)

⑧ 예수는 페미니스트였다, 그리고 매우 급진적인 페미니스트였다. 예
수를 따르는 사람들은 이렇게 예수처럼 되려고 노력할 수 있는가—그
리스도를 본받아서? —레너드 스위들러
(Jesus was a feminist, and a very radical one. Can his followers attempt
to be anything less—*De Imitatione Christi*?)

⑨ 모든 인간은… 평등하고 독립적인 존재이며, 아무도 다른 사람의 생
명, 건강, 자유 또는 재산을 해치지 않아야 한다. —존 록
(All mankind… being all equal and independent, no one ought to harm
another in his life, health, liberty or possessions.)

⑩ 한 곳의 불의는 모든 곳의 정의를 위협한다. —마틴 루터 킹
(Injustice anywhere is a threat to justice everywhere.)

제7장 예수라면 무엇을 할 것인가 : 종교로부터 예수 구하기

① 나는 길입니다. 나는 진리입니다. 그리고 나는 생명입니다.
나를 통하지 않고는 아무도 신에게 다가갈 수 없습니다.
―예수(요한 14:6)
(I myself am the Way, I am Truth, and I am Life. No One comes to Abba God but through me.)

② 이 세상 끝날까지, 나는 언제나 당신과 함께할 것임을 알기 바랍니다. ―예수(마태 28:20)
(And know that I am with you always, even until the end of the world!)

③ 예수는 "인류를 구원"하기 위해서가 아니라, 인류에게 어떻게 살아가야 하는가를 보이기 위해서 살았고 가르친 대로 죽었다. 그것이 바로 예수가 말하는 삶의 길이다. ―니체
(Jesus: died as he lived and taught-not to "save mankind", but to show mankind how to live. It was a Way of Life.)

④ 오늘날 기독교가 직면한 과제는 식민지, 제국주의 또는 유럽 중심주의적 함의 없이 기독교의 보편화 기능을 회복하는 것이다. ―잔니 바티모
(The task facing the Christian world today is the recovery of its universalizing function without any colonial, imperialist, or Eurocentric implications.)

⑤ 우리 각자는 서로의 운명이다. ―장 보드리야르
(Each of us is the destiny of the other.)

⑥ "어떻게"는 매 순간마다 각자가 스스로 생각해 내야 한다. ―자크 데리다
(The "how" must be invented by each at every moment.)

⑦ 살아감이란 언제나 "함께 살아감"이다. ―자크 데리다

(Living is always "living together".)

⑧ 종교는 책임성이다. 그렇지 않다면 종교는 아무것도 아니다.
—자크 데리다
(Religion is responsibility or it is nothing at all.)

⑨ 무관심은 인류에 대한 범죄의 시작이다. —자크 데리다
(Indifference is the beginning of crime against humanity.)

⑩ 성숙한 기도는 인간의 책임감이나 세상에 대한 성숙하고 세련된
태도에 결코 반대되는 것이 아니다. 오히려 그러한 성숙한 기도는 책
임감을 강화하고 심화시키며, 해야 할 일에 보다 분명한 비전을 제시
한다. —존 맥쿼리
(Mature prayer is by no means opposed to human responsibility, or to
an adult and sophisticated attitude toward the world. On the contrary,
such mature prayer strengthens and deepens responsibility and gives
a clearer vision of the tasks that have to be done.)

⑪ 기도는 … 우리 인간됨에 깊이 뿌리내리고 있으며, 신자뿐만 아니
라 여타의 종교적 신앙을 고백하지 않는 사람이라도 진지한 마음을
가진 사람들에게 행해진다. —존 맥쿼리
(Prayer is… deeply rooted in our humanity and [prayer] manifests
itself not only among believers but also among serious—minded
people who do not profess any religious faith.)

⑫ 신의 이름은 완전히 새로운 것, 새로운 탄생, 기대, 희망, 희망 넘
어서의 희망(로마서 4:18), 변화하는 미래의 기회의 이름이다. … 절대
적인 미래에 절대적인 보장, 계약, 보증은 없다. —존 카푸토
(The name of God is the name of the chance for something absolutely
new, for a new birth, for the expectation, the hope, the hope against
hope (Rom. 4:18) in a transforming future. …With the absolute future
there are no absolute guarantees, no contracts or warranties.)

철학자 예수와의 만남,
새로운 여정을 열며

〈예수의 말〉

어떤 씨앗 중 일부는 길가에 떨어져서 새들이 와서 먹었습니다. 어떤 씨앗은 돌밭에 떨어져서 흙의 깊이가 얕아 곧 싹이 났으나, 해가 뜨자 타서 그 뿌리가 없어 시들어버렸습니다. 어떤 씨앗은 가시덤불에 떨어져 가시가 자라며 기운을 막아 열매를 맺지 못했습니다. 어떤 씨앗은 옥토에 떨어져서 키가 크고 튼튼하게 자라 삼십 배, 육십 배, 심지어 백 배의 결실을 맺었습니다. 만약 당신이 들을 귀가 있다면, 들으십시오. ─예수(마가 4:4~9)

(Some of the seed fell on the edge of the path, and the birds came and ate it. Some seed fell on rocky ground where it found a little soil, and sprang up immediately because the soil had little depth-but then, when the sun came up and scorched it, it withered for lack of roots. Some seed fell into thorns, and the thorns grew up and choked it, and it produced no crop. And some seed fell into rich soil and grew tall and strong, producing a crop thirty, sixty, even a hundredfold. If you have ears to hear, then listen.)

새로운 책을 쓸 때마다 나는 늘 묻곤 한다. 나는 왜 글을 쓰는가. 한 가지 이유로 시작한다. 일기나 저널이든, 학회에서의 발제나 강연문이든, 또는 출판되는 책을 위한 글이든, 글쓰기는 나에게 '고향'을 느끼게 한다. 에드워드 사이드Edward Said의 "나는 나의 쓰기에서 고향을 발견한다(I find home in my writing)"라는 구절을 처음 접했을 때, "아!" 하는 탄성을 내었었다. 내가 글을 쓰는 이유를 참으로 정확하게 표현하고 있다는 생각이 들었기 때문이다.

나는 한 나라에서 뿌리내리고 살아오지 않았다. '우편번호'로 상징되는 '돌아갈 고향'의 개념이 내 마음속에 고정되는 삶을 살지 않았다. 한국, 독일, 미국, 영국 등의 나라를 옮기며 살아오면서, 나는 불확실성의 미래를 품고 지내며 그 어느 지리적 공간도 내게 편안함을 주는 '고향'이라고 느끼기 참으로 어려웠다. 내가 태어나 자랐던, 지리문화적 익숙함이 있는 한국에서조차 다른 종류의 '이방인'이 되는 경험을 한다. 그리고 내가 2006년 이후 지금까지 살고 있는 텍사스의 거주 공간에서도 각기 다른 익숙함과 이방인의 감정을 가지게 된다. '익숙함'과 '낯설음'은 더 이상 반대말이 아니라는 것, 그 두 가지 상반되는 것 같은 감정은 실제로 우리의 내면과 외면 세계를 동시적으로 감싸고 있는 경험 세계임을 나는 나의 삶의 여정을 통해서 몸으로 배우게 되었다. 그렇다면 '고향'이란 무엇인가.

이 '고향'에 대한 질문은 나의 개인적인 삶만이 아니라 나의 학문 세계에서 지속해서 관심하는 주제어가 되어왔다. 내가 끌린 자크 데리다, 에드워드 사이드, 한나 아렌트와 같은 사상가들의 공통분모가 있다. 그들 모두 '뿌리 뽑힌 삶(uprooted life)'을 살아왔다는 것이다. 그런데 그들에게서 내가 배우는 것이 있다. 그들은 각기 다른 방식으로 자신의 "뿌리 뽑힘'의 경험을 좌절과 절망이 아니라, 중심부와 주변부를 동시적으로 보는 '이중 보기 방식(double mode of seeing)'을 구성하는 것으로 만들었다는 것이다. 그들은 중심부와 비판적 거리를 유지하면서, 이 세계를 바라보는 복합적이고 섬세한 시선을 복합화하면서 자신들의 개인적 삶과 공적 세계를 연결시킨다. 그러면서 다른 사람들이 보지 못하는 것들을 보게 하는 통찰을 제시하는 것이다.

나는 우리가 이제 만나고자 하는 예수 역시 '뿌리 뽑힌 삶', 좀 더 구체적으로 보면 '뿌리 내리기를 거부한 삶'을 살았다고 본다. 이 '뿌리 뽑힌 삶'이란 이중의 의미가 있다. '육체적인 의미'와 '상징적인 의미'다. 예수는 육체적으로 고정된 거주지가 없는 떠도는 삶을 살았다. 또한 그의 가르침과 삶은 언제나 사회 중심부에 대한 비판과 주변부 사람들에 대한 연대와 환대를 실천하는 것이었다. 예수는 주변부 사람들과 함께 먹고 마시며 일상적 삶을 함께 나눔으로써 '상징적 의미'로 '뿌리 내리기를 거부하는 삶'을 살았다. 나는 예수의 이러한 '뿌리 뽑힌 삶'과 그가 중심부와 주변부를 동시적으로 보는 '이중 보기 방식(double mode of seeing)', 그리고 주변부에 있는 이들에 대한 '연민의 시선'이 무관하지 않다고 본다.

글쓰기란 나 자신이 사회적 틀이나 제도적 기대치에 의해서 다른 어떤 누군가가 될 필요 없이 오롯이 '나'를 느끼고 경험하게 하는 것이다. '고향'이란 내가 '나 자신과 일치되는 경험의 시공간'이라고 나는 생각한다. 글쓰기에서는 내가 나로부터 소외되거나 외부로부터 소외되는 경험을 하지 않는다. '나 자신의 최고의 버전(the best version of myself)'을 일구어내고자 하는 갈망과 이 현실 세계가 만나는 공간이 바로 글쓰기의 공간이라고 할 수 있다.

또한 나의 공적 글쓰기는 내가 한 인간으로, 그리고 교육의 혜택과 특권을 받아온 사람으로서, 이 세계에서 벌어지는 문제들에 대한 나의 책임적 비판과 개입 방식이기도 하다. 나는 오래전 책상 앞에 "펜으로 저항하기(Fighting with a Pen)"라는 모토를 적어서 붙여 놓았었다. 이 사회에 존재하는 갖가지 차별과 혐오, 불의와 배제의 현상들을 목도할 때, 한 개인으로서 내가 할 수 있는 일이란 참으로 미미하다. 그러나 내가 보는 이 세계의 문제점들과 새롭게 만들어 가야 할 세계에 대한 생각을 글로 담아 내면, 독자 중에 그 글에 담긴 문제의식과 비전에 공감하는 이들이 생길 수 있다. 그렇게 될 때, 그들이 새로운 관점을 구성하고 자신의 정황에서 크고 작은 변화를 모색하게 될 수 있다. 이러한 맥락에서 나의 글쓰기는 작은 변혁운동의 의미를 지니기도 한다.

사유하는 시민이 되어서 정치가를 뽑는 일, 신문을 선택하는 일, 언론사를 선택하는 일, 또는 종교 지도자를 평가하는 것 등 일상의 크고 작은 분야들을 바라보는 기준과 비판적 시각이 형성될 때, 한 권의 책이나 한 편의 글은 이 사회 귀퉁이에서 작은 변화의 씨앗으로 작동할 수 있다. 나 개인이 행동으로 변화를 일으킬 수 있는 것은 지극히 미미하지만, 이렇게 관점을 새롭게 하게 하는 글을 통해서 그러한 변화가 조금이라도 더 그 물결을 확장할 수 있는 것이다. 이런 내게 글쓰기는 '펜으로 변혁하기(Transforming with a pen)'의 한 행위이며, 내가 다양한 색채의 '고향'들을 가꾸는 의미가 된다.

예수를 중심으로 한 기독교 교회는 자발적 공동체다. 자발적으로 사람들이 모여서 시간을 내고 에너지를 쓰며 다양한 활동들을 기꺼이 한다. 이러한 교회들이 예수의 가르침을 복합적으로 조명하면서 교회의 역할을 제대로 한다면, 한 사회에서 정의와 평화 확장에 기여할 수 있는 풍부한 잠재성을 가지고 있다고 나는 본다. 그러나 단지 교회 자체의 존립을 위해서만 예수가 호명되고 이용될 때, 그 기독교회는 사회에 혐오와 차별의 정치를 신성화하고 확산함으로써 매우 파괴적 기능을 할 수 있다. 이런 맥락에서 《철학자 예수》는 예수 정신을 따르고 확산하고자 하는 종교로서의 기독교의 변화, 그리고 모든 이의 정의와 평등을 지향하는 사회로의 변혁을 모색하는 '사유하는 시민', 그리고 '사유하는 종교인'의 확산을 위하여 작은 귀퉁이에 내리는 변혁의 씨앗이다.

예수가 비유에서 나눈 것처럼, 어떤 씨앗은 말라서 생명력을 상실할 수도 있고, 어디에선가 뿌리를 내려 소중한 열매를 맺게 될 수도 있을 것이다(마가 4:8). 우리 각자가 할 수 있는 일은 크고 작은 변화의 씨앗들을 일상 세계의 귀퉁이에서 뿌리는 것이다. 그 씨앗의 열매가 맺어질지 아닐지는 모른다. 우리의 통제 너머에 있기 때문이다. 그렇기에 우리가 할 수 있는 일은, 간혹 찾아오는 좌절과 패배의식에서 과감히 나와서, 부단히 씨앗들을 뿌리는 것이다. 각자 삶의 정황에서 변화의 씨 뿌리기는 우리 각자에게 주어진 이 살아감의 과제이기도 하다. 나와 너가 살아가는 이 세계를 보다 나은 곳으로 만들기 위한 작은 걸음을 떼는 것이다.

《철학자 예수》는 일곱 가지 주제로 구성되어 있다. 그리고 장마다 그 주제와 연결된 예수의 '말'과 철학자들의 '글'로 시작한다. 각 인용문이 각 장의 주제를 다양한 측면에서 조명하도록 단서를 준다고 본다. 익숙하다고 생각되는 '기독교 예수'의 말을,

'철학자 예수'의 말로 만나고자 한다면 의도적인 '낯설게 하기'가 필요하다. 한국어만이 아니라, 영어로도 소개한 이유다. 이러한 두 언어로 등장하는 '철학자 예수의 말'을 통해서 독자들이 전적으로 예수의 가르침과 삶과 새롭게 만나게 되길 바란다.

'기독교의 예수'를 넘어 살아감의 지혜와 길을 제시하는 '철학자 예수'를 새롭게 만나고자 하는 나의 여정에 함께한 대화 상대자들이 있다. 자크 데리다Jacques Derrida, 존 카푸토John D. Caputo 그리고 한나 아렌트Hannah Arendt다. 다양한 사상가들과 대화했지만, 이 세 사람은 내게 우리의 구체적인 세계에서 다양한 문제들에 개입하면서 우리의 앎과 삶, 지식과 실천, 또는 종교와 우리의 일상 세계에서의 살아감이 어떻게 연결되어야 하는가에 대한 통찰과 지혜를 주었다. 이들은 각기 다른 시대와 사회적 정황에서 살고 활동했지만, 하나의 공통점이 있다. '개별성의 존재로서의 인간과 모든 생명에 대한 사랑'이다. 나는 그들과 나만의 '우정'을 쌓아가면서 '철학자 예수'와 조우하고자 하는 오랜 여정을, 살아있음에의 열정과 용기를 품고서 진행할 수 있었다.

나의 책 마지막 페이지가 독자들께 각각 새로운 시작의 첫 페이지가 되기를 바란다. 한 권의 책이 품고 있는 것은 다양한 세계다. 독자들께서 그 세계와 만나면서, 그 세계들이 품고 있는 다양한 색채의 '다리들(bridges)'을 통해 독자들 각자의 고유한 세계와 만나고, 그 세계를 창출하는 새로운 여정을 향한 한 걸음을 내딛게 되기를 바란다.

한 권의 책은 언제나 이미 미완의 프로젝트다. 이 책을 읽는 나의 동료-인간인 여러분은, 각자 삶의 정황에서 자신만의 방식으로 이 책의 각기 다른 완성을 향해 다양한 시도를 하길 바란다. 이렇게 나의 살아감에 의미를 부여한 글쓰기의 결실을 동료-인간 여러분과 나눈다, 나의 미소와 함께.

2023년 10월 가을 어느 날
텍사스에서
강남순

제1장

철학자 예수

〈예수의 말소리, 철학자의 글소리〉

① 당신[신]의 나라가 이 땅에 임하고, 당신의 뜻이 하늘에서와 같이 이 땅에도 이루어지기를. —예수(마태 6:10)

(May your reign come, may your will be done on earth as it is in heaven.)

② 신의 영이 내게 임하였으니, 이는 지극히 높은 존재가 가난한 사람들에게 좋은 소식을 전하라는 사명을 내게 주었기 때문입니다. 신께서 나를 보낸 것은 포로가 된 사람들에게 자유를, 보지 못하는 사람들에게 다시 보게 함을, 그리고 감옥에 갇힌 사람들을 풀어주도록 하기 위한 것입니다. —예수(누가 4:18)

(The Spirit of Our God is upon me: because the Most High has anointed me to bring Good News to those who are poor. God has sent me to proclaim liberty to those held captive, recovery of sight to those who are blind, and release to those in prison.)

③ 크리스천은 오직 한 명뿐이었다, 그리고 그는 십자가 위에서 죽었다. —니체

(There was only one Christian, and he died on the cross.)

④ 사실이란 없다, 해석만이 있을 뿐. —니체

(There are no facts, only interpretations.)

⑤ 성찰하지 않는 삶은 인간으로서 살 가치가 없다. —소크라테스

(The unexamined life is not worth living for a human being.)

거리의 철학자 예수:
살아감의 지혜와 길의 제시자

"우리는 예수가 누구인지 알지 못한다."

이 말은 "철학자 예수"라는 심오한 세계로 새로운 '여정(journey)'을 떠나고자 하는 분들과 내가 함께 나누고, 지속해서 상기하는 출발점의 의미를 지닌 모토다. 내가 사용하는 은유로서의 '여정'이란 출발점은 있지만, 최종적인 '도착점'은 없다. 누군가에 대하여 '안다'는 것은 그 전체의 의미가 언제나 뒤로 미루어지는 '지연(defer)'의 의미를 담고 있기 때문이다. 자크 데리다가 강조하는 '사건으로서의 해체(deconstruction)'의 의미가 중요한 이유다. 새로운 것을 만나고자 할 때 가장 커다란 장애가 되는 것은 바로 '알고 있다'라는 전이해다. 그래서 '알고 있다'는 전제를 의도적으로 삭제하는 의미에서 '비학습(unlearning)' 또는 '탈학습(delearning)'

이라는 개념이 등장한다. 특히 세계에서 가장 많이 알려진 이름이라는 '예수'에 대해서는, 기독교인이든 비기독교인이든 대부분 예수에 대하여 '안다'고 생각하기 쉽다. 바로 이러한 '안다'는 것이 많은 경우 도움이 되기보다 새로운 배움을 방해하는 장애로 기능하는 경우가 많다. 이렇게 예수에 대하여 '안다'는 것이 새로운 만남의 경험을 가로막는다. 그래서 '알지 못함(non-knowing)'이란 '무지'와는 달리 자신의 인식 세계를 의도적으로 비우는 '의도적 비움'을 의미한다. '한편으로는' 예수에 대하여 알 수도 있다. 그러나 '또 다른 한편으로는' 예수에 대하여 전적으로 모른다는 '더블 제스처(double gesture)'를 작동시키면서, 예수와의 새로운 만남을 시작해야 한다. 탈학습을 하기 위해서 다음과 같은 인식론적 질문을 해 보자.

내가 예수에 대하여 아는 것을, 나는 어떻게 알게 되었는가.

이 질문은 서구의 근대 철학이 500여 년 동안 씨름했던 물음이다. 우리가 무언가에 대하여 '안다'고 하는 것을 어떻게 알게 되었는가 생각해 보는 것은 중요하다. 절대적이라고 생각한 지식이 실제로는 권위를 부여받은 권력 중심에 있는 이들에 의하여 일방적으로 주입된 경우가 의외로 많기 때문이다. 동일한 광고를 반복해서 보게 되면, 이전에는 필요 없었던 물품이나 영양

보충제 등이 마치 내게 정말 필요한 것들이라고 생각하게 되는 경우가 많다. 광고가 지닌 기능이며 의도다. 대부분 30초 정도 진행되는 그 짧은 광고를 반복해서 보게 되면, 그 광고자의 의도에 많은 이가 자신도 모르게 설득되는 것이다. 이러한 반복과 주입에 의하여 내가 무엇인가에 대하여 '안다'는 것을 고착시키게 되는 것은 이 현실 세계 곳곳에서 벌어진다.

예수에 대한 이해의 형성도 반복되는 TV 광고와 매우 유사한 과정을 거친다. 내가 치열하게 고민하고, 씨름하고, 학습하면서 그 '안다'의 차원을 형성하는 과정은 생략한 채, 나 외부에 있는 사람이(예수의 경우 교회나 목회자 또는 다른 신도 등), 반복해서 강조하고, 주장하는 것을 들으면서 그러한 '지식'을 점점 절대적인 것으로 받아들이게 된다. 더구나 '지옥 간다'는 매우 초월적인 심판적 언어까지 동원하면, 나 자신도 모르게 이런 예수 이해에 문제를 제기하거나 의구심을 품을 수 없는 절대적인 것으로 내면화하게 된다.

이러한 정황에서 탈학습의 과정, 의도적 망각과 비움의 과정은 예수와의 새로운 만남에서 가장 중요한 첫 출발점이 되는 것이다. 그래서 이 책을 여는 분들은 "나는 예수가 누구인지 알지 못한다"라는 전제를 가지고 예수를 마치 난생 처음 접하는 존재라고 생각하면서 "철학자 예수"와 만나는 여정을 시작하면 좋겠다. 독창적인 예술가로 알려진 앤디 워홀Andy Warhol의 창의성은

"나는 모든 것을 잊는다(I forget everything)"라는 그의 예술 철학, 즉 '알지 못함(non-knowing)'의 철학에 의해서 솟아나는 것이라고 생각할 수 있다.

내가 '여정'이라는 개념을 사용하는 이유는 예수에 대한 우리의 이해에 '아, 이제 비로소 다 알았다'라는 '결론'을 내릴 수 없기 때문이다. 한 명의 사상가 또는 어떤 특정 주제에 대하여 이해하고자 하는 과정은 완결이 없다고 할 수 있다. 그런 의미에서 나는 '여정'이라는 은유를 사용한다. 그 어떤 위대한 종교 지도자, 신학자, 종교학자 또는 철학자라도 예수에 대하여 '최종 결론'을 내리고 '고정된 개념화'를 할 수 없다. 예를 들어 내 삶의 경험이나 인식의 폭이 매우 제한되었던 시기에 가졌던 나의 예수 이해는, 내 삶에서 언제나 고정되어 있을 수도 또는 있어서도 안 된다. 내가 살아가면서 경험의 폭이 넓어지고, 가치관이 변화하고, 다양한 관계들과 사회에 대한 이해의 폭이 달라지게 되면, 그 변화에 따라 나의 예수 이해도 함께 변하게 되는 것이다. 이런 맥락에서 예수에 대한 지금의 나의 이해를 절대화하여 고정하지 말고, 늘 새롭게 알고자 하는 열정을 지니고 있는 것이 중요하다. 지속적으로 읽고, 고민하고, 해석의 폭을 확장하고, 심도 있게 접근하고자 하는 것이 바로 예수와의 만남의 '여정'이라고 할 수 있다.

많은 이에게 '철학자 예수'라는 표현 자체가 충격으로 다가올지도 모른다. 그런데 내가 예수에게 '철학자'라는 명칭을 붙이는 의도적인 이유가 있다. 예수의 기독교 독점을 '탈절대화'하고, 교리 안에 갇힌 예수를 '탈교리화'하여 예수의 실천과 가르침을 우리의 구체적인 삶과 연결하려는, 새로운 인식과 성찰을 하려는 의도. '예수' 하면 대부분의 사람이 자동적으로 연결시키는 기독교, 구세주, 메시아 또는 삼위일체 등과 같은 이미지를 자연적으로 떠올리는 것을 방지하는 '인습타파적 기능'을 하는 장치이기도 하다. 사람이든 사상이든 우리가 부여하는 그 어떤 명칭에는 언제나 한계가 있다. 이러한 '명칭의 딜레마'를 인지함에도 불구하고, 내가 예수에게 '철학자'라는 명칭을 붙이는 것이다.

　'철학자 예수'라는 개념은 이 땅에 몸담고 살았던 예수, 다양한 사람들과 만나서 대화하고, 먹고, 그들 삶의 문제에 개입하고 연대하며 살았던 예수의 삶과 그 가르침의 의미를 복합적으로 조명하고 되새기고자 하는 '나의 시도와 해석'이다. 2천여 년 동안 제도화된 종교인 기독교의 울타리 안에서 '길들여진 예수(domesticated Jesus)'의 장막을 걷어내고, 그 어떤 경계도 긋지 않고 자유롭게 사람들과 '함께의 삶'을 살았던 예수, 무조건적 사랑과 용서와 환대를 가르쳐준 예수를 새롭게 만나고자 하는 것이 내가 예수를 '철학자'라고 호명하게 된 의도다.

　한편으로 예수를 '철학자'로 명명하는 것은, '철학자'의 의미를 어떻게 규정하는가에 따라 예수가 자기 삶과 메시지를 통해 전하고자 했던 것을 '철학'이라는 분야에 제한할 수 있는 위험성을 지닌다. 그러나 또 다른 한편으로는 기독교의 독점물이 되어 온 예수를 탈교리화하고 탈종교화함으로써, 예수의 삶과 가르침의 의미가 기독교 울타리 너머의 세계에 전달되도록 하는 '예수 가르침의 확산' 기능을 하게 한다.

예수가 '신'이라는 이해, 즉 예수의 신성(Divinity)은 종교적 지도를 완전히 바꾸어 놓았다. 예수가 '신'이라는 선언은 이제 더 이상 유대인의 독점적 존재였던 '유대교의 신'을 믿기 위해 유대인이 될 필요가 없음을 의미했다. 특히 막강한 권력의 중심인 로마 제국의 콘스탄티누스 황제가 기독교로 개종하면서, 기독교는 강력한 권위를 지닌 종교로 자리 잡기 시작했다. 예수의 신성 강조는 기독교를 유대교와는 다른 근원적인 차별성을 만들면서, 유대 사회의 울타리를 넘어 이제 모든 사람을 위한 '보편 종교'로서의 위치를 확보하게 했다. 그리고 기독교가 '세계'로 확장될 수 있는 토대가 되었다.

그렇다고 해서 예수의 신성을 모든 기독교인이 받아들인 것은 아니다. 신이 '유일신'이라면, 예수를 '신'이라고 주장하는 것은 그 유일신 사상과 병행하기 어렵다고 생각한 기독교인들은 예수의 신성 주장을 거부하기도 했다. 반대로 예수의 신성을 강조하면서 예수의 '인성(humanity)'을 거부하는 기독교인들도 있었다. 예수의 신성을 강조하는 '고등 기독론(high Christology)', 예수의 인성을 강조하는 '저등 기독론(low Christology)', 또는 메시지에 초점을 두는 '메시지 기독론(message Christology)' 등 다양한 이름의 기독론들이 서서히 구성되기 시작했다. 예수의 신성과 인성에 관한 논란은 4세기 초에 교리가 만들어지고 니케아 신조(Nicene Creed)가 만들어지면서 "그리스도는 신이다; 신과 동일하지는 않지만(not the same as God), 신과 동등하다(equal with God)"라는 예수의 그리스도 신성을 확고히 하는 교리가 기독교의 '정통 교리'로 자리 잡아 왔다. 예수의 '신성'에 대한 주장이 아니었다면, 기독교가 로마 제국의 종교가 될 수도, 서구의 종교가 될 수도 없었을 것이다. 예수에게서 신성이 강조될 때 '예수'보다는 '그리스도', 즉 구세주 또는 메시아로서의 의미가 부각된다. 이러한 방식으로 예수의 그리스도로서의 신성을 부각시키면서, 유대교와 차별성을 두는 종교로 기독교가 구성되고, 조직화되고, 교리와 신학을 통해 그 토대를 공고히 해 왔다.

그런데 과연 예수를 '철학자'라고 간주할 수 있는가. 플라톤이나 아리스토텔레스와 같은 이들을 '철학자'라고 간주하는 것에는 그 누구도 이의를 제기하지 않을 것이다. 그러나 예수를 '철학자'라고 보는 것에는 의구심이 들 수 있다. 그런데 철학이란 무엇인가. '철학(philosophy)'이라는 영어의 희랍어 어원을 보면, 철학은 '사랑(philo)'과 '지혜(sophia)'가 합쳐진 단어다. 즉 철학이란 '지혜의 사랑(*philosophia*, love of wisdom)'이다. 따라서 '철학자(philosopher)'란 '지혜를 사랑하는 사람(a lover of wisdom)'이라고 할 수 있다. 철학이란 단순히 '지혜의 사랑'이 아니라, '지혜를 사랑하는 이들의 최선의 지혜'라고 할 수 있다. 물론 예수의 철학은 그리스 철학자들이 철학하는 방식으로의 철학이 아니다. 그런데 철학이 '삶의 지혜를 사랑하는 것'이라면, 철학이란 결국 내가 인간으로서 어떻게 살아가야 하는가라는 '살아감의 길(way of life)'을 찾는 것이라고 할 수 있다. 예수가 스스로 "나는 길(I am the way)"이라고 선언했을 때, 그 '길'이 바로 모든 철학이 추구하는 '살아감의 길'이라고 나는 본다. 이런 맥락에서 예수를 철학자라고 지칭하는 것은 심오한 의미가 있다고 할 수 있다.

'서구 철학의 창시자'라고 간주되는 소크라테스와 예수의 공통점이 있다. 물론 70여 세까지 살았던 소크라테스와, 33세까지만 살았고 마지막 3년 기간 동안만 공적 영역에 등장했던 예수는 상이점이 더 많다. 그럼에도 불구하고 소크라테스가 '서구 철학의 창시자'라는 표지로 호명되곤 하기에, 공통점을 조명하는 것은 예수를 철학자로 이해하는 데 도움이 될 것이다.

첫째, 소크라테스와 예수는 스스로 글을 쓰지 않았다. 소크라테스는 저자의 직접적인 현존(direct presence)의 부재가 낳을 수 있는 오역과 왜곡의 가능성 때문에 '쓰기(writing)'에 대한 근원적 불신을 가졌다. 이런 배경에서 화자(speaker)의 직접적인 현존이 가능한 '말하기(speaking)'에 특권을 부여하는 것이 서구 형이상학의 토대를 이루었다. 이에 대하여 자크 데리다를 포함한 다양한 철학자들의 비판이 등장했는데, 흥미롭게도 소크라테스의 '말'은 아리스토파네스Aristophanes, 크세노폰Xenophon, 그리고 플라톤Plato의 '글'을 통해서 우리에게 전달되었다.

예수가 왜 스스로 아무런 글을 쓰지 않았는지 그 이유는 정확하게 알 수 없다. 그가 쓰지 '않은 것'인지 '못한 것'인지에 대하여 일치된 의견은 없다. 그래서 예수의 '말'을 우리가 접하는 것은 실제로는 모두 간접적인 기록들, 즉 성서의 4복음서를 통해서 알 수 있을 뿐이다.

둘째, 소크라테스와 예수는 해답이 아닌 질문을 묻는 이였다. 소위 '소크라테스적 방법(Socratic Method)'은 교육에서 매우 중요한 위치를 지닌다. 자신을 '산파'라고 비유한 소크라테스는 자기의 역할이 '좋은 질문'을 계속 물음으로써 상대방이 스스로 자신의 '지적 아이'를 태어나게 하는 것이라고 보았다. 흥미롭게도 많은 기독교인이 "예수는 답(Jesus is the Answer)"이라고 굳건히 믿고 있다. 그러나 예수는 실제로 답변보다 질문을 훨씬 더 많이

했다. 예일 신학대학원을 졸업하고 오랫동안 목회를 했으며, 미국에서 가장 오래된 고등교육기관이라고 하는 앤도버 뉴턴 신학대학원(Andover Newton Theological School)에서 총장직을 수행했던 마틴 코펜하버Martin Copenhaver에 따르면 예수는 '해답자'가 아닌 '위대한 질문자(the Great Questioner)'였다. 예수는 307개의 질문을 했고, 183개의 질문을 받았다. 그런데 예수가 답변한 것은 183개 중에서 3개뿐이었다. 질문하는 것은 예수의 삶과 가르침에서 매우 중요하다.

> 질문자로서의 예수에 대한 자세한 논의는 다음을 참고하면 도움이 된다. 마틴 코펜하버,《예수는 질문이다: 예수는 307개의 질문을 했고, 3개만 대답을 했다 (Jesus Is the Question: The 307 Questions Jesus Asked and the 3 He Answered)》. 예수의 질문들은 쉬운 해답을 통해서가 아니라, 그 질문에 대한 답을 찾기 위해 고민하고 씨름하는 과정에서 그 심오한 의미들과 조우할 수 있다는 것을 보여준다.

셋째, 소크라테스와 예수는 모두 사회정치적 '죄인'이 되어서 사형을 당했다. 소크라테스의 '죄목'은 신성모독, 그리고 아테네의 청년들을 타락시킨다는 것이다. 예수의 '죄목' 역시 신성모독과 선동 혐의로 '유죄'가 인정되어 십자가형을 받았다. 이들의 '죄목'은 흥미롭게도 매우 유사하다.

넷째, 소크라테스는 '지혜 운동(Wisdom Movement)'을, 예수는 '좋은 소식 운동(Good News Movement)'을 했다. 소크라테스는 시장은 물론 여러 공공장소에서 다양한 사람들을 만났다. 젊은 사람과 나이 든 사람, 여자와 남자, 자유인과 노예, 부자와 가난한 사람들, 시민과 여행자 등 자신이 곳곳에서 만나는 모든 사람과 대화를 나누었다. 그의 '지혜 운동'은 이렇게 다양한 사람들과 만나 질문을 주고받으며 대화하는 방식으로 전개되었다. 남자나 시민만이 아니라, 여자, 노예, 가난한 사람 등이 포함된 다양한 대상으로 대화를 나누는 것은 그 당시 매우 이례적인 일이었다.

예수 역시 고정된 장소에서 특정한 대화자들과 만나 지적인 대화나 토론을 하면서 그의 '좋은 소식'을 조직화해서 전하지는 않았다. 예수는 여러 곳으로 이동하면서 일상의 삶을 살아가는 '평범한 사람들' 그리고 종종 '죄인들'이라고 간주되는 사람들과 함께 먹고, 마시고, 대화하고, 행동하면서 가르쳤다. 그의 가르침에 예화가 자주 등장하는 것은 바로 다양한 배경을 가진 사람들이 보다 쉽게 이해하도록 하는 의도적인 '교육적 장치'였을 것이다. 이런 의미에서 예수는 죄인의 친구가 되는 철학, 몸으로 가르치는 철학을 설파한 '거리의 철학자'라고도 할 수 있다.

폴 구치Paul W. Gooch는 그의 책《예수와 소크라테스에 대한 성찰(Reflections on Jesus and Socrates)》에서 예수와 소크라테스에 대하여 자세하게 논의하고 있다.

그런데 예수의 가르침을 관통하는 줄기가 있다면 그것은 '어떻게 의미로운 삶을 살아가야 하는가'라고 나는 본다. 예수에게 복음, 즉 "좋은 소식(Good News)"은 추상적이고 관념적인 것이 아니라, 일상 세계와 연결되어 있으면서 매우 구체적인 사회정치적 현실 개입을 필요로 하는 것이다. 가난한 사람들에게 '좋은 소식'을 전하는 것이 예수의 주요 목적이며, 그 '좋은 소식'은 '포로가 된 사람들에게 자유를' 또 '보지 못하는 사람들에게 다시 보게 함을' 그리고 '감옥에 갇힌 사람들을 해방'시키는 것이 예수의 "좋은 소식 운동"의 핵심이다(누가 4:18). 철학자의 '지혜'는 결국 이 삶을 어떻게 의미롭게, 행복하게 사는가에 관한 것이다. 예수의 좋은 소식 운동도 결국 어떻게 나를 사랑하고 타자를 사랑하면서 '모든 사람이 함께 잘 살아가는가'에 관한 것이다. 기독교의 교리화된 개념으로 보자면 '어떻게 구원받는 삶을 살 수 있는가'다. 여기에서 '구원'이란 흔히 생각하는 초월적인 것이 아니라, 우리의 현실 세계와 연결되어 있는 개념이다.

예수의 신관, 세계관 또는 인생관은 관념적, 분석적 또는 추상적이거나 많은 기독교인이 생각하듯 초월적이고 내세적인 것이 아니다. 기독교가 하나의 제도화된 종교로 구성되고 체계화되면서 너무나 다양하고 복잡한 신학 담론들이 등장했다. 그런데 기독교 신학의 줄기들이나 특히 '그리스도'로서의 예수에 대한 신학적 전개를 보통 사람들이 읽으면 무슨 말인지 모를 정도로 추상적이다. 나는 예수가 만약 이러한 현대의 복잡한 '기독론'들을 접한다면, 예수도 그 추상적이고 복잡한 언어들로 구성된 신학 담론들, 특히 기독론을 이해하기 어려울 것이라는 생각이 든다. 고도로 추상적이고 복잡한 논의로 구성되는 신학적 담론들과는 정반대로, 다양한 일을 하면서 평범한 일상을 살아가는 1세기 유대인들이 주 대상이었던 예수의 가르침은 매우 현실적이고, 실천적이고, 사회정치적인 것들이다.

예수는 이 땅 위에 굳건히 두 발을 내딛고서, 내가 어떻게 타자와 '함께 살아갈 것인가'에 대한 '지혜'를 평이한 언어로 전달한다. '무엇(what)'에 중점을 두고서 토론과 사변적 추론에 능란한 고도의 지성적 능력을 가진 사람들이 아니라, 평범한 일상을 살아가는 구체적인 사람들과 함께하면서 예수는 '어떻게(how)'라는 살아감의 지혜와 길을 나눈다. 그 사람들이 보다 잘 이해할 수 있도록 다양한 비유와 예화를 등장시켜서 '어떻게 살아야 하는가'를 가르치는 것이다. 이러한 예수의 철학에서 앎(knowing)과 실천(doing)은 각기 분리되지 않는다. 예수는 그의 "최후의 심판" 예화에서 '알지 못함', 즉 '무지'가 실천하지 않음의 변명이 될 수 없다고 분명히 경고한다(마태 25:44~45).

철학은 '지혜의 사랑(love of the wisdom)'을 의미하는 것이며, 그 지혜를 통해서 '삶의 길(way of life)'을 모색하고자 하는 것이라 할 수 있다. '삶의 길'은 살아가는 데 있어서 따르고자 하는 '실천'의 영역이다. 이러한 맥락에서 보자면, 지혜를 배우는 것과 실천하는 것은 분리될 수 없다. 철학은 인간의 삶에 대한 '지혜의 사랑'을 의미하며 철학자란 그 지혜를 사랑하는 것이다. 이런 의미에서 예수의 가르침은 철학의 범주에 들어가고, 예수의 삶은 철학의 '실천'에 들어간다고 할 수 있다.

기독교라는 제도화된 종교에 의해 제시되고 구성되어 온 '예수'의 이미지와는 다른 예수를 조명하는 것이 필요하다. 구체적인 삶의 현장에서 실제로 다양한 사람들과 부딪히며 살았던 예수, 자신의 거처도 없었던 노숙인 예수, '죄인들의 친구'로서 '탐식을 하고 술주정뱅이'라는 비난을 받았던 예수의 모습은 추상적인 기독론들에서의 이미지와는 참으로 다르다. 조안 테일러 Joan Taylor의 《예수는 어떻게 생겼는가(What Did Jesus Look Like?)》에 따르면, 많은 예술 작품에서 예수는 철학자 또는 왕, 이 두 가지 이미지 중 하나로 묘사되곤 했다. 그림, 모자이크 또는 조각 등에서 철학자들이 표현된 방식과 예수가 표현된 방식은 매우 유사하다.

다양한 예술 작품을 보면 초기 예수를 따르는 이들 중에는 예수를 '철학자'로 이해하는 이들이 많았다고 한다. 이러한 예술 작품에서 철학자들은 왼쪽 어깨는 감싸고 오른쪽 어깨는 드러내는 옷을 입은 모습으로 재현되었는데, 이것은 철학자들을 표현하는 매우 표준적 방식이었다. 또한 그들은 확신을 가지고 앞을 바라보는 자세를 취하거나, 두루마리를 들고서 사려 깊은 모습으로 앞을 바라보는 자세를 취한다. 철학자들은 이러한 자세로 가르쳤고 때때로 앉아있는 모습도 있는데, 앉아있을 때 황제처럼 쿠션이 있고 보석으로 장식된 왕좌에 앉는 모습은 아니었다. 우리에게 익숙하고 사람들이 걸어 놓곤 하는 예수의 초상은 이러한 '표준적 방식'의 묘사와 매우 유사하다. 이러한 연구 결과에 따른 복합적 조명은 다양한 학자들에 의하여 드러난 것들이다. 이러한 맥락에서 "기독교인들이 예수를 철학자로 이해했다는 것은 예술적 표현을 통해 항상 분명해진다"고 조너선 페닝턴Jonathan T. Pennington은 강조한다.

초대 기독교인 중 예수를 철학자로 이해한 이들이 많았다는 논의에 대한 보다 자세한 내용은 조너선 페닝턴의 《위대한 철학자 예수(Jesus the Great Philosopher)》, 그리고 조안 테일러의 《예수는 어떻게 생겼는가(What Did Jesus Look Like?)》에서 볼 수 있다.

철학자 예수의 특성

예수의 사후 예수가 죽음을 물리치고 승리하여 '부활'한 후 하늘로 '승천'했다고 믿고 있던 예수를 따르던 사람들은, 나사렛 예수를 우상화하고 신성화하기 시작했다. 다양한 사람들과 어울려서 먹고 마시고 대화하며 살아가던 이 땅에서의 예수는, 하늘에 있는 '초월적 존재'가 되어버렸다. 동시에 예수의 삶과 구체적인 일상 세계에서의 가르침은 '초자연적 신념(supernatural beliefs)'으로 변이되었다. 그런데 예수의 행적과 가르침을 면밀히 조명해 보면, 예수는 인간의 '육체성-너머의 세계'에 대한 '영성'에 관하여 아무런 언급을 하지 않았다. 철학자 예수로서의 특성을 몇 가지로 조명해 보자.

1) 급진적 휴머니즘(radical humanism)

예수의 '휴머니즘'이란 인간에 대한 관심이 그 중심에 있는 것을 의미한다. '급진적'이란 '뿌리로 간다(going to the root)'는 의미로써, 인간의 생명과 삶의 모든 것을 근원부터 새롭게 접근한다는 것이다. 한국 목회자 중에는 휴머니즘을 '신본주의'와 대치되는 개념, 즉 '신'의 자리에 '인간'을 대체하는 의미로서의 '인본주의'라고 이해하면서 '반反신앙적인 것'으로 비난하는 경우가 많다. 이러한 이해는 지극히 '반反예수적'이다. 왜냐하면 예수의 모든 가르침은 '인간의 삶과 생명'이 그 중심에 있기 때문이다. 예수의 모든 가르침은 그 인간이 누구인가에 상관없이 '모든 인간의 행복과 안녕'에 중점을 두고 있다. 이러한 의미에서 예수는 근원으로 돌아가서 모든 이가 '함께-잘-살아감'을 그 우선적 목적으로 하는 '급진적 휴머니즘'의 선상에 있다고 할 수 있다.

2) 생명사랑 우선의 반율법주의(antinomianism)

예수의 철학이 '반율법주의' 선상에 있다는 것은 여러 가지 예들에서 살펴볼 수 있다. 예수는 그 당시 가장 중요한 토라(Torah)나 모세를 언급조차 하지 않는다. '안식일(Sabbath)'이 인간을 위해서 있는 것이지, 인간이 안식일을 위해서 있는 것이 아니라고 분명하게 주장한다(마가 2:23~28). 그 당시 '안식일'은 유대인이라면 누구나 따라야 할 절대적 법이었다. 이러한 절대적 율법에 예수는 '감히' 문제 제기를 한다. 예수는 또한 "부모까지 버리라"고 한다(마가 10:29~30). 이것뿐만이 아니다.

예수는 안식일법처럼 절대적 율법이었던 '순결 제의'를 과감히 거부한다. 여성의 '피'는 불결의 상징이었다. 그래서 생리중의 여성이라든가, 피를 흘리는 여성은 불결한 존재로 가까이하면 안 된다. 그런데 계속 피를 흘리는 병인 혈루증을 앓는 한 여성이 예수의 옷을 만지는 것을 알았을 때, 예수는 그 여성에게 '감히 불결한 당신이 나의 옷을 만지는가'라며 화낼 만한 상황에서 화내지 않는다. 오히려 그 여성에게 "당신의 믿음이 당신을 구원"했다고 하면서 안심시키고 격려한다(마가 5:25~34, 마태 9:20~22).

예수의 '반율법주의'는 곳곳에서 드러난다. 예수는 토라, 즉 구약성서에 나오는 '도덕적 규범'을 정면으로 비판하고 대안을 제시한다. "눈은 눈으로, 이는 이로 갚으라 하였다는 것을 당신들이 들었으나 나는 이렇게 말합니다. 누구든지 당신의 오른편 뺨을 치거든 왼편도 돌려대며… 속옷을 가지고자 하는 이에게 겉옷까지 가지게 하며"라고 예수는 출애굽기(21:24~25)에 나오는 '보복의 원리'를 근원적으로 뒤집는다(마태 5:38~42).

3) 두 세계가 아닌 단일 세계

기독교인들 특히 개신교인 중에는 마르틴 루터의 '두 왕국론 (two kingdoms doctrine)'을 믿는 이가 많다. 개신교인뿐 아니라, '예수를 믿는다'고 자신의 종교 정체성을 지닌 사람들이 막연히 '이 세상-저 세상' 또는 '신의 나라-세속의 나라'가 있다고 보는 것이다. 지금 내가 몸담고 살고 있는 '이 세상'은 헛된 세상이며, 예수 믿고 구원받아 가는 '저 세상' 천당, 그 초자연적 세계가 진짜 세상이라고 믿는 것이다.

그렇다면 예수는 어떤가. 예수의 행적과 가르침을 세밀하게 보면 예수의 가르침 핵심은 언제나 '지금 여기'라는 우리의 현실 세계에서, '어떻게 살아가는가'에 관한 것이다. 즉 지금 내가 사는 '이 세상'을 넘어서 초자연적인 세계, 저 우주 어딘가에 물리적으로 자리 잡고 있는 '신의 나라'에 관한 것이 아니다. 예수의 환대, 사랑, 용서, 연민, 책임 등의 가르침은 언제나 '지금 여기의 세계'에 개입하고 관여했다.

그렇다면 예수가 언급하곤 하는 '신의 나라(Reign of God)'란 무엇인가. 이 표현을 접하는 이들의 해석이 필요한 지점이다. 이 '신의 나라'란 저쪽 우주 어디엔가에 따로 마련되어 있는, 그래서 이 세계 사람들이 죽으면 올라갈 수 있는 우주만큼의 크기로 존재하는 '물리적 장소'가 아니다. 예수가 가르쳤다고 하는 기도문을 보면, 예수는 "신의 나라가 이 땅에 임하기를"(마태 6:10)이라고 한다. '주기도문'이라고 알려진 예수의 이 기도는 우리가 사는 이 땅, 이 세계에 '신의 나라와 뜻'이 이루어지기를, 매일 먹을 일용할 양식을 주기를, 그리고 용서를 구하는 것으로 구성되어 있다(마태 6:9~13).

이 땅에서 이루어져야 할 '신의 나라'라는 표현은, 다양한 방식의 중요한 은유로 사용되어 왔다. 모든 이를 위한 '정의가 강물처럼 흐르는 세상', 또는 인종 차별, 계층 차별, 성차별 등 모든 차별이 사라지고 '모든 이의 평등과 자유가 이루어지는 세상'과 같은 '완전한 세계'에 대한 표상이 바로 '신의 나라'다. 미국에서는 '미국의 신의 나라(The Kingdom of God in America)'와 같은 표현이 있다. 유대 전통에서 '예루살렘(Jerusalem)'은 '신의 나라'와 같은 의미를 지닌다. 어떤 의미에서 보면 '신의 나라'란 아직 이루어지지 않은 세계인 '유토피아적 희망' 또는 '윤리적 꿈'을 지칭하는 은유라고 할 수 있다.

여기에서 내가 사용하는 '유토피아'란 몽상이나 망상과 같은 세계가 아니다. 그의 책《이데올로기와 유토피아》에서 세밀하게 유토피아를 조명한 카를 만하임K. Mannheim의 분류에 따르면, 두 종류의 유토피아가 있다. 하나는 '절대적으로 실현 불가능한 유토피아'와 또 다른 하나는 '상대적으로 실현 불가능한 유토피아'

다. 신의 나라라는 상징은 '상대적으로 실현 불가능한 세계', 즉 지금은 실현되기 어렵지만, 언젠가 '실현 가능한 세계에 대한 희망과 낮꿈'이라고 할 수 있다.

예수의 '신의 나라'의 표상을 예수의 가르침과 연결시켜 보면, '자기 사랑-이웃 사랑-원수 사랑-신 사랑'이 완전하게 이루어지는 세계, 모든 이가 자신의 출신·인종·성별·종교·계층·장애·성적 지향·국적 등에 상관없이 평등하게 대우받는 정의와 자유의 세계라고 할 수 있다. '신의 나라'는 '아직 오지 않은 세계(the world of not-yet)'에 대한 은유, 그 '도래할 세계(the world to come)'에 대한 기억과 갈망을 가리키는 것이다.

'신의 나라' 또는 '하나님 나라'에 대한 영어 표기는 다양하다. 다양한 표현의 역사는 차별과 배제의식의 확장 역사이기도 하다. 'Reign of God' 또는 'Kingdom of God'이 가장 대중적으로 알려진 영어다. 그런데 '왕(King)'이라는 표현은 '남성중심적 위계'를 전제하기에 남자 왕이 아닌 '여왕(Queen)'을 사용하여 실험적으로 'Queendom of God'이라는 용어가 등장하기도 했다. 그런데 왕이 남자든 여자든, 왕이라는 제도가 있다는 것은 높고 낮음이 분명한 위계주의적 관계를 전제하기에 모두 분명한 한계를 지닌다. 그래서 등장한 것이 'Kindom of God'이다. 여기에서 사용하는 'kin'이란 친족을 의미한다. 물론 가부장제 사회에서 '친족'은 대부분 남성중심적인 가계로 구성되기에 한계가 있다. 그럼에도 불구하고, '왕'의 존재를 전제하는 용어보다 '평등한 나라'로 구성하는 가능성이 보다 열려 있기에 나는 내가 쓰는 영어 글에서는 이 'Kindom of God'을 사용한다. 이 세상의 모든 이들이 서로를 '친족'으로 대하는 그러한 세계에 대한 은

유가 될 수 있다. 이 책에 나오는 대부분의 성서 인용은 《포괄적 신약성서(The Inclusive New Testament)》에서 하고 있다. 이 성서는 "평등을 위한 사제들 (Priests for Equality)"이라는 기구에 의해 미국에서 1996년 처음 출판되었다. 이 성서는 '하나님 나라/신의 나라'를 "Kindom of God"으로 표기하고 있다.

4) '모든 인간의 행복과 안녕' 추구

인류 역사에 철학과 종교가 등장하게 된 이유는 인간의 '행복 추구' 때문이다. 인간만이 자신의 죽음을 인지한다. 즉 과거-현재-미래라는 시간 개념이 미래의 죽음을 인지하게 하는 것이다. 그래서 하이데거는 《존재와 시간》에서 "인간만이 죽는다(die); 동물과 식물은 소멸한다(perish)"라고 한다. 인간은 미래에 자신이 죽을 것이라는 죽음(mortality)에 대한 인식을 하면서, 극도의 불안감을 가지게 된다. 죽음에 대한 이러한 극도의 불안을 넘어서서 이 유한한 삶에서 의미와 행복을 추구하고자 하는 욕구가 인류 역사에 종교와 철학의 등장을 가져왔다. 기독교는 '구원(salvation)'이라는 용어를 사용했는데, 구원은 '통전적인 안녕과 행복(holistic well-being; quest for a good life)'을 의미한다. 이러한 맥락에서 철학과 종교가 추구하는 것은 어떻게 의미롭고 행복한 삶을 살 수 있는가다. 뤼크 페리Luc Ferry는 종교를 "신 있는 구원(salvation with God)" 그리고 철학을 "신 없는 구원(salvation without God)"을 추구하는 것이라고 표현한다.

그리스 철학은 구원의 의미를 '우주(cosmos)와의 조화'라는 거창한 의미로 보았다. 이렇게 추상적으로 들리는 철학적 구원과는 달리, 기독교의 구원은 예수의 등장으로 비로소 구체적 인간과 연결하는 것이 가능해졌다. 예수는 '나의 죄'를 위해 십자가에 달려서 죽었고, '나'를 죽음으로부터 구원해서 영생의 삶을 살 수 있도록 한다는 기독교의 단순하고 명확한 교리는 많은 이에게 편안한 위로와 구원의 확실성을 보장하는 것 같다. 즉 기독교의 등장은 '구원의 개인화'가 가능한 것으로 만들었다. 예수를 믿는다는 것이 '죽어서 천당'에 가는 것이며, 이것이 바로 '구원'이라는 설교나 가르침을 반복해서 학습하게 되면 어떤 일이 벌어지는가. '죽어서 천당'을 굳건히 믿는 사람들은 정작 자신이 몸담고 살아가는 이 땅 위에서 행복한 삶, 의미로운 삶, 그리고 좋은 삶을 어떻게 만들고, 가꾸고, 확장하며 살아가는가에 대하여 관심을 가지지 않게 된다. 그래서 현실에서 자신의 삶을 보다 의미롭게 가꾸기 위해 모색해야 할 구체적인 변화에 무관심해진다. 교회나 기독교 지도자들로부터 '예수 믿고 천당'의 메시지와 교리를 반복해서 들을 때, 그들은 죽음에 대한 두려움을 극복하면서 안도감과 평온을 느끼기도 한다. 마약을 맞으면 현실에서 직면하는 문제들을 망각하고 일시적으로 기분 좋은 행복감을 경험할 수도 있지만, 결국 자신의 삶을 방치하고 몸과 마음이 점점 파괴되는 것과 같다. 카를 마르크스Karl Heinrich Marx가 "종교는 사람들의 아편"이라고 한 이유다.

예수만 믿으면 천국에 가서 영생할 수 있다는 것, 그리고 그 예수는 우리의 구원자로서 열심히 기도하고 교회에 충성하면 갖가지 축복을 받을 수 있다는 기독교의 메시지는 얼마나 매력적으로 들리는가. 그렇게 죽음에의 두려움을 넘어서 구원을 확실하게 보장해 주는 메시지를 교회에서 늘 들으면서 예수를 따르기에 '행복한 삶'을 살고 있다고 사람들은 굳건히 믿게 된다. 그런데 예수가 말한 '어떻게 살아야 하는가'에 대한 가르침, 예수가 제시하는 "삶의 지혜와 길"이 정작 자신의 일상 세계에서 무엇을 의미하는지에 대해서는 관심도 없고 사유조차 하지 않는다. '선량한 기독교인'들이 아렌트의 표현인 "비판적 사유의 부재로서의 악"에 가담하게 되는 배경이다. '사유하지 않음'이 '죄'가 되는 이유는 그 사유의 부재로 인해 다층적 차별과 혐오에 가담하고, 불의를 행하게 되기 때문이다.

예수에 대한 다양한 개인적 전이해를 잠정적으로라도 괄호 속에 넣고서, 새롭게 조명해야 할 것들이 있다. 집중해야 할 부분은 '예수의 가르침의 방향이 어디를 향하여 있는가'다. 예수는 '저 세상(other world)'이 아니라 '이 세상(this world)' 한 가운데서 함께 살아가는 인간의 삶에 개입한다. 그리고 인간의 행복과 안녕 (well-being)에 그 가르침의 핵심이 있다. 인간의 행복과 안녕의 토대는 무엇인가. 인간의 육체적 생존에 필요한 양식, 그리고 정신적 의미 창출에 필요한 것들이다.

육체적 생존을 위해서는 예수의 기도와 가르침에 등장하는 일용할 양식, 배고픔, 목마름, 헐벗음, 병듦의 문제들을 서로 돌보고, 책임지고, 연대하는 것이 필요하다. 동시에 인간은 '빵'이 필요한 존재지만, 그렇다고 해서 '빵만으로만 사는 존재는 아니라는 것'을 예수는 상기시킨다(마태 4:4). 그렇기에 정신적인 배고픔, 의미에의 목마름, 다양한 편견과 차별로 인한 고립과 배제를 넘어서기 위하여 연민, 연대, 용서, 사랑, 그리고 서로에 대한 책임을 예수는 분명하게 가르친다. 인간의 행복은 모든 생명의 행복과 안녕과도 연결된다. 생태계의 위기, 전쟁과 분쟁, 세계 곳곳에서의 기아 문제, 난민 문제, 종교 갈등, 노숙인 문제, 실업 문제 등은 인간의 행복과 안녕을 해치고 파괴한다.

【예수 철학의 주요 특성】

① 급진적 휴머니즘
② 생명사랑 우선의 반율법주의
③ 두 세계가 아닌 단일 세계
④ 모든 인간의 행복과 안녕 추구

제2장

예수 구하기: 새롭게 만나야 할 예수

〈예수의 말소리, 철학자의 글소리〉

① 사람들은 나를 누구라고 합니까? …당신은 나를 누구라고 생각합니까? —예수(마가 8:27~29)
(Who do people say that I am? … Who do you say that I am?)

② 내가 나의 신을 사랑할 때 나는 무엇을 사랑하는가. —어거스틴
(What do I love when I love my God?)

③ 내가 나의 신을 사랑할 때 나는 어떻게 사랑하는가. —존 카푸토
(How do I love when I love my God?)

④ 종교는 사랑하는 사람들을 위한 것이다… 종교적인 사람의 반대는 사랑이 없는 사람이다. —존 카푸토
(Religion is for lovers… The opposite of a religious person is a loveless person.)

⑤ 종교란 한 사람의 인간됨을 실천하는 것이다. —강남순
(Religion is practicing one's humanity.)

예수와 기독교

종교란 무엇인가. 종교에 대하여 조명하고자 할 때 가장 먼저 부딪히는 난감함이 있다. '종교-일반(religion in general)'을 논의한다는 것은 불가능하다는 점이다. 우선 종교학자들이 분류하는 다양한 범주의 표지들을 보자. 서구 종교들, 동양 종교들, 고대 종교들, 토착 종교들, 근대 종교들, 유일신 종교들, 다신교 종교들 또는 무신론 종교들 등의 범주들이 있다. 이것은 종교들에 대한 거시적 접근일 뿐이다. 범주마다 미시적으로 들여다보면, 조명해 볼 수 있는 '종교 목록'은 끝이 없다. 그런데 나는 '종교'에 대하여 매우 간결한 그러나 심오한 정의인 "종교는 사랑하는 사람들을 위한 것"이라는 존 카푸토의 종교 정의에 전적으로 함께한다. 이러한 종교 개념을 더 구체화하는 것으로 나는 종교를 다음과 같이 정의한다: "종교란 한 사람의 인간됨을 실천하는 것이다." 이러한 나의 종교 이해가 철학자 예수와 만나는 출발점이 된다고 할 수 있다.

인류 역사에서 세계적으로 가장 유명한 인물은 '예수'다. 다양한 정보들을 분석해 보면 예수가 인류 역사에서 가장 잘 알려진 인물로 나온다. 물론 이러한 정보는 주로 서구 언어로 나오는 자료들을 중심으로 구성되어 있기에, 절대적으로 객관적인 정보는 아니다. 그러나 역사적 기록이든 과학이든 '절대 객관성'이란 이미 불가능한 것이라는 점이 다양한 분야에서 비판적으로 제기되어 온 문제다. 이렇게 이미 제한성을 지닌 정보지만 예수가 인류 역사에서 가장 잘 알려진 인물이라는 점은, 세계의 지식 체계 구성에서 예수, 기독교, 그리고 서구 문화가 그만큼 강력한 권력을 담보하고 있다는 함의를 지닌다. 유대교가 유대인의 선민사상을 절대화하면서 다층적 권력을 행사하던 문화권에서, 예수를 중심적 존재로 두고 제도화된 종교로 등장한 '기독교'는 유대교의 종족중심적 종교(ethnocentric religion)의 구조를 넘어서서, '보편 종교(universal religion)'로 등장하게 된다. 기독교는 21세기인 지금까지 세계에서 가장 강력한 종교로 인류 역사에 자리매김해 오고 있다. 세계 지형에서 종교 권력은 정치 권력과 분리 불가하다.

그런데 근원적인 질문을 해 보자. 예수와 기독교는 동일시될 수 있는가. 제도화된 종교로서 기독교는 과연 나사렛에서 태어나고 활동했던 '나사렛 예수'에 대하여 절대적 소유권을 주장할 수 있는가. '나사렛 예수'와 교리와 신조 속에서 호명된 '그리스도'는 어떠한 관계 속에 있는가. 역사적으로 존재했던 '나사렛 예수'와 그 예수의 이름으로 구성되고, 조직화되고, 제도화된 종교로서의 '기독교'는 동일하지 않다. '예수'와 '기독교'라는 두 축 사이에는 큰 거리가 존재한다. 니체의 기독교 비판은 '예수'와 제도화된 종교로서의 '기독교'가 동일한 것이 아니라는 점에 대한 중요한 문제 제기를 한다.

메시아 또는 구세주의 의미를 지닌 '그리스도'는 예수의 성(姓)이 아니라, 예수에 '관하여' 사람들이 생각하는 표상을 대변하는 개념이다. '그리스도(Christ)'란 희랍어 "크리스토스(Christos)"에서 나왔고, 히브리어로는 '메시아(Messiah)'의 의미와 같다. '크리스토스'는 '기름 부음을 받은 자(anointed one)'를 의미한다. 유대교 전통에서 '기름 부음 받은 자', 즉 '크리스토스'는 왕이나 예언자같이 특별한 역할을 하는 사람들을 일반 개인과 구분하는 의미로 지칭한다. 이들은 기름 부음을 받는(anointed) 특별한 예식을 거쳤다. 이런 의미에서 그리스도, 즉 '기름 부음을 받은 자'란 유대교 전통 안에서 예수에게 붙여진 이름이다. 기독교가 제도화된 종교로 구성되면서, 기독교는 예수를 구약성서가 오래전부터 예언한 바로 그 '메시아'라고 해석했다. 그리고 전통적인 유대교에서 벗어나 새로운 종교인 기독교 형성을 정당화했다. 유대교 관점에서 보자면 '메시아'는 아직 오지 않았다. 반면 기독교의 관점에서는 예수가 바로 구약성서에 등장하는, 그 기다리던 '메시아'인 것이다.

기독교인들의 반유대주의(antisemitism)는 유대인들이 바로 그 메시아 '예수', 신이 인간으로 성육한 예수를 십자가에 처형했다고 하는 것에 기초한다. 예수의 처형은 곧 성육한 신의 죽임(Deicide)이다. 그런데 기독교가 제도화된 종교로 터전을 확고히 하는 과정에서 '나사렛의 예수'는 갖가지 기도문과 교리에 등장하는 '구원자인 그리스도'로 변모된다. 그렇다면 사회적 주변부인들에게 좋은 소식을 전한 '나사렛의 예수', 그리고 모든 인간을 구원해 준다는 '기독교 신조의 그리스도' 사이에는 어떤 거리가 있는가. 또한 예수를 중심에 놓고 구성된 제도화된 종교로서의 '기독교'란 무엇인가. 우리가 '기독교'라고 할 때, 또는 '기독교인'이라고 할 때 무엇을 의미하는가.

'기독교'라는 이름을 사용한다고 해서, 모두가 유사한 것을 의미하지는 않는다. '기독교'라는 이름의 종교를 생각할 때는 매우 복합적인 접근이 필요하다. 다음과 같은 여덟 가지 측면을 우선 조명해 볼 수 있다.

1) 역사적 또는 문화적 측면의 기독교

기독교를 살펴볼 때는 기독교가 형성되고 전개되어 오면서 역사적 또는 문화적 정황과 연결되어 있다는 것을 생각해야 한다. 기독교는 서구 역사와 문화에서 분리시키기 어렵다. 흥미롭게도 예수는 서구인이 아니며, 서구 문화가 아닌 중동 문화에서 태어나고 활동했다. 그런데 우리가 흔히 접하는 음악·미술·문학 등 모든 분야에서 예수는 서구 문화와 연결되어 있다.

미켈란젤로의 유명한 〈최후의 심판〉 속의 예수 초상, 대중적으로 많이 사용되는 워너 샐먼Warner Sallman의 〈선한 목자〉나 〈그리스도의 머리(Head of Christ)〉 또는 레오나르도 다 빈치의 〈최후의 만찬〉 등에서 그려지는 예수는 대부분 어깨까지 닿는 긴 머리, 녹갈색 또는 푸른 눈을 가진 키 큰 서양 남자다. BBC가 2001년 예수에 대하여 다양한 역사적 고증을 하면서 21명의 역사학자와 성서학자들을 인터뷰하며 만든 예수에 관한 다큐멘터리 〈신의 아들(Son of God)〉에 등장한 예수의 모습은 이렇게 서구인으로 그려진 예수에 익숙한 사람들에게 상당한 충격을 주었다. 다양한 학자들의 조언을 바탕으로 컴퓨터 프로그래머들이 재현한 예수는 키 153cm, 몸무게 50kg 정도의 몸에 검고 짧은 머리와 검은 피부색을 가진 남성의 모습이었다. 신약성서 기록을 참고하고 1세기 이스라엘 갈릴리 지방의 셈족(유대인) 유골과 고대 시리아

프레스코화를 컴퓨터 이미지로 합성, 분석한 결과라고 한다.

2) 제도적 측면의 기독교

기독교는 다층적 제도들 속에서 운영되고, 지속되고, 확산된다. 예를 들어서 교황, 추기경, 감독, 신부 서품 제도, 목사 안수 제도, 장로, 권사, 집사 등과 같은 제도들은 예수와 전혀 관계가 없다. 그런데 많은 이가 이러한 제도와 조직들을 마치 기독교의 핵심으로 생각하곤 한다. 한국의 기독교에서는 여전히 성소수자의 권리 증진을 위한 일을 하는 사람들은 신부나 목사 안수를 받을 수 없는 것이 현실이다. 한국 감리교에는 장로, 권사, 집사 등의 직분 제도가 있다. 그런데 정작 한국에 감리교를 전한 미국의 감리교회는 이제 평신도를 서열화하는 장로, 권사, 집사라는 위계적 직분 제도가 현재 없다. 한국의 위계주의 문화가 교회 안에서도 그대로 답습되고 있는 것이다.

기독교의 무수히 많은 교단들, 종파들은 자신들만의 이론으로 서로 다른 제도를 가지고 있다. 교황에게 절대적 권위를 부여하는 기독교도 있고, 아이에게 세례를 허용하지 않는 교회들도 있다. 열거하기조차 복잡한 이러한 기독교의 다양한 제도들이 '기독교'라는 종교를 구성하고 있다.

3) 교리적 측면의 기독교

스스로 '기독교인'이라는 종교적 정체성을 지닌 사람은 자신이 속한 교회에서 말하는 기독교 교리에 대하여 받아들여야 함을 의미한다. 기독교 교리는 처음부터 고정되었던 것이 아니라, 지속적으로 개정되고 변화되어 왔다. 예를 들어서 기독교인이라면 삼위일체론, 성육신, 구속론, 종말론 등을 받아들여야 한다. 또한 니케아 신조와 사도신경 등의 신조와 기도문들에 드러난 교리를 받아들여야 한다. 더 나아가서 가톨릭교회, 정교회, 그리고 셀 수 없이 많은 개신교단은 그 교리적 구조에 있어서 유사성은 물론 상이성을 지니고 있다. 개신교회만 해도 대략 3만 개에서 4만 7천 개의 교단이 있다고 한다. 각기 다른 교회들과 개신교단들은 일반적인 기독교 교리만이 아니라, 자신들만의 고유한 교리를 가지고 있다. 이러한 '교리'들이 예수의 가르침과 어떠한 관계가 있는가에 대한 비판적 조명이 필요하다.

4) 전례적 측면의 기독교

기독교는 다양한 전례(liturgy)와 연결되어 있다. 다른 측면과 마찬가지로 이러한 전례들은 가톨릭교회, 정교회, 개신교회 등 다양한 교회에서 다른 방식으로 구성되고 있다. 그런데 이러한 전례들은 신이 아니라, 인간이 만든 것임을 기억해야 한다. 즉 절대적인 것이 아니라 '역사적인 산물'이라는 것이다. 예수의 '최후의 만찬'을 생각해 보자. '최후의 만찬'은 만찬에 함께한 이들에게 예수가 빵을 자신의 '몸(body)', 그리고 포도주를 자신의 '피(blood)'라고 하면서 빵과 포도주를 제공하는 예식이다(마가 14:22~24). 물론 여기에서 '몸'과 '피'란 은유다. 그런데 이렇게 자신의 '몸'과 '피'를 먹고 마시라고 하는 의미는 무엇인가. 한 사람의 존재 전체를 무조건적으로 제공한다는 심오한 의미를 지닌다. 후에 기독교는 예수가 자신을 무조건적으로 내어주는 무조건적 환대 예식을 '성만찬(Eucharist, Communion)'이라는 기독교의 예전으로 만들었다. 그런데 문제는 하나의 종교적 예전으로 만들면서, 무조건적 환대의 테이블이 선별적 환대, 배타적 환대의 제도로 왜곡되기 시작했다는 것이다. 기독교라는 종교 안에 있는 가톨릭교회, 정교회, 그리고 개신교회들은 그 만찬의 테이블에 올 수 있는 사람과 와서는 안 되는 사람을 구분하는 다양한 규칙을 가지고 있다.

> 예수의 '최후의 만찬'과 환대에 관한 보다 상세한 논의는 강남순, 《코즈모폴리터니즘이란 무엇인가: 함께 살아감의 철학, 세계시민주의》 9장 " 코즈모폴리턴 환대와 종교"의 '1.예수의 코즈모폴리턴 환대'를 참고하면 도움이 된다.

예수의 '무조건적 환대'를 의미하는 '성만찬'이 '모두의 환영'이 아니라, '내부자'와 '외부자'를 나누는 분열과 배제의 자리로 변모된 것이다. 기독교 안의 여러 교회는 각기 다른 특정한 절기가 있으며, 특정한 예복과 다양한 예배 양식을 지니고 있다. 예수를 중심에 놓은 '기독교'라는 하나의 깃발 아래 교회들이 이런 상이성 안에서 서로를 인정하고 수용하는 평화로운 관계에 있어야 하는데 현실은 그렇지 않다. 서로 정통성을 주장하면서 여성의 지도력, 타종교에 관한 입장, 또는 성소수자 문제와 같은 사회정치적 이슈에 매우 상반되는 입장을 내놓고 있다. 무조건적 환대와 사랑을 가르치는 '예수를 믿는다'고 하는 이들이, 평화롭게 지내지 못하고 오히려 극심한 분쟁과 불신 속에 있는 문제의 심각성을 근원적으로 다시 생각해 보아야 한다.

5) 영적 또는 체험적 측면의 기독교

어떤 이들에게 '기독교'란 자신이 경험하고 체험하는 어떤 '영적인 것'을 의미한다. '영적인 것'의 경험이란 정형화되어 있지 않다. 개인마다 매우 다를 수 있다는 것이다. 일상 세계에서 경험하지 못했던 어떤 '영적인 것'을 체험했다고 하면서, 많은 기독교인이 그러한 영적 경험을 '기독교적인 것'이라고 생각하곤 한다. 그런데 이렇게 '일상-너머의 경험'이란 기독교만의 독점물이 아니다. 다양한 종교 또는 명상 과정에서 사람들이 경험하는 것이기도 하다. 교회에서 '하나님의 임재를 직접 경험했다'는 간증들은 종종 병이 나은 것, 실패했던 사업이 다시 재기하게 된 것, 또는 자녀들이 성공하게 된 것 등과 연결되곤 한다. 이러한 '영적 체험' 역시 기독교에만 존재하지 않는다. 많은 종교인이 신의 임재를 경험한다든가, 비종교인이라도 어떤 초월적인 힘의 임재를 느끼는 순간이 있다든가, 또는 인간의 합리적 분석으로는 해명할 수 없는 어떤 신비한 체험을 했다고 말한다. 이러한 '간증'들에 매우 유사한 내용이 많다는 것이 무엇을 의미하는지 생각해 보아야 할 것이다.

6) 도덕적 측면의 기독교

기독교는 다양한 도덕적 지침을 생산해 왔다. 물론 도덕적 또는 윤리적 지침이란 문화와 사회에 따라서 계속 바뀌어 왔다. '예수를 믿는다'라고 고백하지만, 사람들은 자신이 속한 교회, 교단 또는 사회문화적 정황에 따라서 각기 다른 도덕적 가치를 기독교의 이름으로 절대화하곤 한다. 예를 들어서 이혼, 인공유산, 성적 지향, 자살 등에 대한 교회들의 입장은 매우 다르다. 즉 '기독교'의 이름 아래 어떤 교회는 성소수자를 심판하고 '지옥에 간다'며 정죄하기도 하고, 미국의 성공회 같은 교회는 성소수자 신부는 물론 감독(Bishop)까지 있다. 어떤 교회는 인공유산을 여성의 자기 결정권으로서 존중하기도 하고, 어떤 교회는 죄악시하기도 한다. 다양한 문제들에 대하여 일치된 견해가 아니라 매우 상충하는 도덕적 규율들이 '기독교(Christianity)'라는 하나의 종교 안에 존재하고 있다.

7) 선교적 측면의 기독교

기독교는 '예수 전파' 또는 '복음 전파'의 이름으로 사람들을 개종시키는 것을 중요한 사명으로 생각해 왔다. 서구 기독교의 '세계 선교(world mission)'라는 목표는 내면적으로는 '기독교 팽창주의' 욕망과 맞물려 있다. '기독교 팽창주의' 욕망은 서구의 '식민주의적 팽창주의' 열망과 잘 맞았다. 신의 '축복'을 받아 강국이 된 서구의 나라들은 '미개한' 식민지국에 가서 그 지역의 종교나 문화를 열등한 것으로 간주하는 서구 우월주의와 기독교 우월주의를 '자연적인 것'으로 만들었다. 지금도 기독교의 종교 우월주의는 한국 사회에서 불상 파괴나 이슬람 혐오 등으로 나타나고 있다. 그리고 그 혐오를 예수와 복음 전파의 이름으로 정당화하고 있는 게 현실이다. '기독교'라는 이름을 기독교 선교 역사에서 분리시키기 어려운 이유다. '예수를 전파'하고 그 예수의 '복음을 전파'한다는 것이 과연 무엇을 의미하는지 비판적 성찰이 필요하다. 예수의 복음, 즉 '좋은 소식'을 전한다는 것은 가난한 사람들, 소외되고 도움이 필요한 사람들을 사랑하고, 연대하고, 그들과 '함께-잘-살아가는 삶'으로 초대하는 과제라 할 수 있다.

8) 사회정치적 측면의 기독교

종교와 정치, 교회와 국가는 분리되어야 한다고 한다. 그러나 종교가 정치로부터 분리되는 것은 불가능한 현실이다. 한국의 예를 보자. 〈포괄적 차별금지법〉이 통과되지 못하고 있는 것은 보수 기독교인들의 반대운동 때문이라고 할 수 있다. 동성 결혼을 법제화하지 못하는 것 역시 보수 기독교인들의 반대 때문이다.

미국에서 트럼프가 대통령으로 당선되었을 때 그는 근본주의 기독교인들의 비호를 받았다. 트럼프는 종종 성서를 가슴에 들고서 교회 앞에서 사진을 찍는 '기독교 연기'를 했고 보수 기독교인들의 강력한 지지를 받은 것이다. 그 기독교인들은 인공유산 반대, 성소수자 탄압, 그리고 난민 혐오와 이슬람 혐오를 '하나님의 이름으로' 정당화하는 이들이었고, 트럼프는 이런 종류의 '혐오의 기독교'에 부합하는 지도자였다. 2024년 3월 트럼프는 대통령 선거 캠페인의 일환으로 $59.99짜리 성서 판매를 시작했다. 그 성서를 〈미국에 신의 축복을 구하는 성서(God Bless the USA Bible)〉라고 명명하면서, 고난주간과 부활절을 앞둔 시점에 "미국을 다시 기도하게 합시다(Let's Make America Pray Again)"라는 메시지와 함께 출시했다. 이 트럼프 성서는 가장 보수적인 번역인 '킹 제임스' 성서에 미국 헌법, 독립 선언문, 그리고 충성 서약(Pledge of Allegiance)을 함께 넣어 가죽 표지로 장식해 만든 것이다. 갖가지 성스캔들, 난민 혐오, 성소수자 혐오, 여성 혐오, 이슬람 혐오 등의 대명사로 간주되는 트럼프는 이제 재선을 노리며 성서를 '특별 상품'으로 삼아 선거운동 자금을 마련하고 동시에 보수 기독교인들의 표심도 얻고자 한다.

물론 한국 기독교에서 이렇게 특정 정치인이 성서 판매를 하지는 않는다. 그런데 특정 절기가 되면 대통령직을 수행하는 정치인이 교회에 모습을 드러내면서, 미디어에 사진을 찍히고, 그 교회의 목사는 '신의 축복'을 빌어주는 장면이 재현되곤 한다. 그리고 그 정치인이 방문하는 교회는, 교인 수가 많고 화려한 대형교회다. 제도화된 기독교의 지독한 왜곡의 단면이 세계 곳곳에서 적나라하게 재현되고 있다.

세계 권력의 중심에 있는 미국에서 대통령 선서를 기독교의 성서 위에 손을 올리고 한다는 것은 표면적으로는 '교회와 국가'의 분리를 내세우지만, 현실에서는 기독교가 정치와 분리 불가함을 보여주는 예다.

미국의 지폐를 보면 "우리는 신을 신뢰합니다(In God, We Trust)"라는 문구가 있다. 1956년 드와이트 아이젠하워 대통령하에 법이 통과되어서 이 문구는 1957년부터 미국의 지폐에 등장하기 시작했다. 그리고 1966년부터 이 구절은 1달러, 5달러, 10달러, 20달러, 50달러, 그리고 100달러 지폐에 모두 쓰이게 되었다. 국가의 정치적·경제적 번영은 신의 손에 달려 있다는 '신앙고백'인 것이다. 물론 이 지폐에 등장하는 신은 기독교의 신이다. 정치인들의 연설 마지막 부분에 종종 등장하는 "신의 축복이 미국에 임하기를!(God Bless America)"이라는 문구도 어떻게 기독교가 정치 현장에서 직간접적인 권력 확장의 도구로 사용되고 있는가를 보여준다.

세계에서 가장 큰 교회로 알려진 "여의도순복음교회"의 A 목사는 소위 '삼박자 구원(삼중축복)'으로 교인들을 끌어모았다. '영혼이 잘되고, 육신이 잘되고, 범사에 잘된다'는 한 문장으로 요약된 기독교 이해는 결국 한국 기독교를 성공 지상주의와 자본주의화로 양산하는 기능을 한다. 2004년 5월 31일, 당시 서울시장이었던 이명박 '장로'는 장충체육관에서 열린 '청년·학생 연합기도회'에 참석해서 "수도 서울을 하나님께 바친다"는 봉헌 선서를 낭독했다. 후에 한국의 대통령이 된 이명박의 '기독교', '수도 서울을 바치겠다'는 기도를 공적 행사에서 하는 그 '기독교'란 예수와 어떤 관계 속에 있는가. 대형교회에는 수억 원이 되는 파이프 오르간이 자리하고 높고 큰 교회 건물은 신의 축복의 예증으로 해석된다. 화려하게 예배드리는 그 한가운데에, 마구간에서 태어나 평생 '누울 곳이 없는'(마태 8:20) 노숙자로 살았던 예수는 과연 누구일까.

'기독교'는 하나의 종교 같지만 무수하게 많은 각기 다른 측면을 지니고 있다. 이러한 여덟 가지 측면을 세계적 정황으로 확대해서 보면 훨씬 다양한 논의들이 등장할 수 있다. 기독교에 대한 '지식'은 세계적 정황에서 누가, 어떤 언어로 생산하고, 저장하고, 확산하고 있는가. '언어 제국주의(linguistic imperialism)'라는 용어가 등장한 것처럼 기독교의 교리, 전통, 신학, 전례 등에 관한 '지식'들은 한국어나 한국인에 의해서가 아니라 서구인에 의해서, 서구의 언어들 특히 영어, 독일어, 불어로 쓰인 지식들이다. 세계적 정황에서 보는 기독교는 한국에서 조명해 보는 기독교와 많은 거리가 있다. 이러한 의미에서 '기독교-일반(Christianity in general)'이란 존재하지 않는다. 단수로서의 기독교가 아니라 복수로서의 기독교들(Christianities)이 존재한다고 할 수 있다. 또 '기독교'라는 동일한 이름을 사용한다 해도, 사람마다 지니고 있는 기독교 이해는 매우 다르다. 그런데 이렇게 여러 측면에서 조명해 보는 기독교의 다양성에도 불구하고, 한 가지 공통 분모가 있다. 그 어떤 종류의 기독교라도 '예수'와 제도화된 종교로서의 '기독교'는 동일한 것이 아니라는 점이다. 오히려 '예수'와 '기독교'는 매우 상이한 두 축으로 구성되어 있고, 그 두 축 사이에는 상당한 거리가 존재하고 있다는 것이다.

니체는 예수와 기독교의 거리 문제를 기독교 비판의 중심 토대로 삼는다. '기독교'라는 종교가 예수의 삶을 대변하는 것이 아니라, 교회와 같은 제도나 집단에 의해 종교 권력을 가진 사람들의 이데올로기가 되어버렸기 때문이다. 예수는 그 당시 지배적이었던 종교적·사회정치적 가치를 전복하면서 새로운 가치를 제시한 존재다. 예수는 종교적 규율을 절대화하면서 정작 이 땅 위에서 살아가는 사람들의 구체적인 삶을 외면하는 종교의 모습에 정면으로 도전했다. 또한 종교, 성별, 계층, 직업 등 모든 경계를 넘어서서 구체적인 일상 세계에서 '어떻게 살아가야 하는가'라는 '살아감의 철학'을 구성하는, 이 삶의 사랑, 환대, 연대, 책임의 가치를 제시한 존재였다. 예수는 제도로서의 '종교'가 아니라, 바로 '삶'을 가르친 존재였다.

기독교는 예수 스스로 만든 종교가 아니다. 기독교는 예수의 의도나 의지와는 전혀 상관없이 만들어진 제도로서의 종교다.

기독교는 '예수'의 이름이 들어간 '예수교'가 아니라, '구세주'라는 의미의 '그리스도(Christ)'를 따서 '그리스도교(Christianity)'라는 이름으로 등장했다. '나사렛의 예수' 또는 '요셉의 아들 예수'로 불리던 예수는 이제 "예수 그리스도"가 되어서 제도화된 종교로서 기독교의 중심 존재가 되었다.

2023년 통계에 따르면, 기독교는 세계 인구의 1/3의 사람들인 24억 명이 따르는 세계에서 가장 큰 종교가 되었다. 그런데 가장 큰 종교라는 것은 기독교인의 숫자만이 아니다. 정치·경제 분야에서 그 기독교를 등에 업은 서구는 세계에서 막강한 권력을 행사하고 있다. 결과적으로 서구의 대표적 종교로 자리매김하고 있는 기독교는 가장 막강한 권력을 행사하는 종교가 되었다. 현대의 '신제국(neo-empire)'이라 일컬어지는 미국의 대통령은 취임식에서 기독교의 《성서》에 손을 얹고 대통령 선서를 한다. 조 바이든 대통령은 2021년 1월 취임식에서 128년 된 집안의 가보 성서에 손을 얹고 선서했다. 온 세계가 지켜보는 미국 대통령의 취임식에서 예수를 중심으로 구성된 기독교 성서에 선서하고, "신이여 도우소서(So help me God!)"라고 기도한다. 이러한 기독교적 예식은 온 세계에 '예수'와 '기독교'의 막강한 사회정치적 권력을 공고히 하는 메시지를 전파하게 된다. 기독교 인구는 1/3이라고 하지만, 그 기독교와 나란히 가는 서구의 권력은 숫자화할 수 없는 막강한 권력의 자리에 있다는 것이다.

기독교는 신에 대한 절대적 소유권을 주장하면서 기독교의 신만이 진리이며, 그 신이 인간으로 성육한 예수를 '구세주'로 믿고 교인이 되어야만 구원받을 수 있다고 주장한다. '예수 그리스도'는 곳곳에서 호명된다. 사업이 잘되게 해달라는 기도, 입학이나 입사시험에서 합격을 비는 기도에서 "예수의 이름으로" 사람들은 기도한다. 또한 기독교에 속하지 않은 사람들에 대한 정죄와 혐오, 난민 혐오 또는 성소수자 혐오의 현장에서 예수를 호명하면서 사람들은 예수를 다양한 '혐오의 정치'를 정당화하는 무기로 사용하곤 한다.

그렇다면 세계에서 사람들이 가장 많이 아는 이름이라는 예수는 누구인가. 예수는 기독교의 전유물인 존재인가. '예수'를 중심에 놓고서 만들어진 제도화된 종교로서의 '기독교'라는 틀을 넘어서서, 예수를 바라볼 필요가 있다. 예수를 이렇게 '탈종교화'할 때, 그의 삶과 가르침이 우리가 현재 살고 있는 한국 사회와 세계에서 어떠한 의미를 지니는가.

【기독교의 여덟 가지 측면】

① 역사적 또는 문화적 측면의 기독교

② 제도적 측면의 기독교

③ 교리적 측면의 기독교

④ 전례적 측면의 기독교

⑤ 영적 또는 체험적 측면의 기독교

⑥ 도덕적 측면의 기독교

⑦ 선교적 측면의 기독교

⑧ 사회정치적 측면의 기독교

구해야 하는 예수:
혐오의 확산자로부터 정의의 촉진자 예수로

　내가 예수를 철학자로서 조명하겠다고 생각하게 된 것은 크게 보면 한 가지 의도에서 출발한다. 한국 사회는 물론 세계 곳곳에서 제도화된 종교인 '기독교'와 그 교회에 의하여 왜곡된 '예수의 가르침'을 바로잡아보고자 하는 '하나의 시도'다. 내가 '하나의 시도'라고 하는 이유는 예수에 대한 왜곡된 이해와 그 적용을 바로잡고 '종교'가 아닌 '예수의 실천과 가르침'을 복합적으로 조명하고자 하는 많은 시도가 다양한 철학자, 신학자, 종교학자 등에 의하여 이루어져 왔기 때문이다. 그리고 이러한 시도들은 앞으로도 다양한 방식으로 계속될 것이다.

　21세기 기독교는 성차별, 인종 차별, 성소수자 차별, 난민 차별. 종교 차별, 장애 차별 등 갖가지 차별과 혐오의 도구가 되고 있다. 한국에서 '예수'는 포괄적 차별금지법 반대 현장에서, 성소수자 혐오에서, 난민 혐오, 타종교 혐오의 현장들에서 어김없이 호명되고 그 차별과 혐오를 정당화하고 신성화하는 기제로 이용되곤 한다. "철학자 예수"라는 호명은 제도화된 종교인 기독교에 의해 왜곡된 예수를 바로잡아보고자 하는 하나의 시도다.

나는 대학에서 일하기에 직업적으로 '학자'라는 표지를 가지고 살고 있다. 그럼에도 불구하고 '철학자 예수'를 조명하는 자리는 학자의 위치만은 아니다. 또 예수에 대한 무수한 사료들을 분석하면서 성서를 바탕으로 한 전문 지식을 담아내려는 '성서학자'의 자리도 아니다. 나는 무엇보다도 다양한 사람들이 살아가는 일상 세계에서 '타자들과 어떻게 함께 살아가야 하는가'를 고민하고 씨름하는 한 '인간'으로서 글을 쓰는 자리에 있다. 그리고 나의 고민과 글이 '학문 세계'의 담을 넘어 나와 동시대를 살아가는 동료-인간에게 전해지길 바란다.

"예수 구하기"란 무슨 의미인가. 이 표현은 많은 이에게 다소 불편할 수 있을 것이다. 특히 기독교인들은 예수가 인간을 '구하는 것'이지 어떻게 우리가 예수를 구할 수 있는가, 라는 의문을 가질 수 있다. 이러한 불편함과 의문을 잠시 옆으로 내려놓고, 다음과 같은 질문을 해 보자. 니체는 "신은 죽었다"라는 선언을 했다. 니체의 이 선언을 마주할 때 다수의 사람이 "죽었다(dead)" 부분을 결정적인 것으로 생각한다. 그래서 기독교인들은 니체를 기독교의 '적'으로 쉽사리 간주한다. 그러나 여기에서 근원적으로 중요한 질문을 놓치고 있다. 어떤 질문을 해야 하는가.

니체가 '죽었다'고 선언하는 그 신은, 과연 어떠한 '신'인가.

질문 자체가 잘못 구성되었을 때, 우리는 불필요한 정신적 에너지를 낭비하게 된다. 만약 누군가가 "신은 살아있다"라고 선언할 때, 이 '살아있다'고 선언되는 그 '신'이 성공 만능의 신, 물질 만능의 신, 성소수자 혐오의 신, 타종교 혐오의 신, 난민 혐오의 신, 장애인 혐오의 신, 여성 혐오의 신이라면, 그러한 신이 '살아있다'고 선언하는 것은 아무런 의미가 없다. 오히려 사회에 해악을 끼치는 '신'일 뿐이다. 그러한 신이 '살아있다'고 절대적으로 믿고 따르는 사람들은 절에 가서 불상을 파괴하고, 제주도 예멘 난민을 결사적으로 적대하고, 성소수자를 '지옥간다'고 저주하며, 장애인이 이동권을 요구하는 시위를 할 때 '신의 은총을 받지 못한 존재'로 본다. 그리고 이러한 혐오와 차별의 행위가 바로 '신을 잘 따르는 것'으로 굳건히 믿고 있다.

"예수 구하기"라는 표현을 조명하기 위해 니체의 '신은 죽었다'의 선언에서 사람들이 던지는 유사한 질문을 해 보자. "예수 구하기"라는 표현에서 우리가 고민해야 하는 질문은 다음과 같은 것이다; '구하기'가 요청되는 예수는 과연 '어떠한 예수'인가.

'감히' 예수를 구한다는 생각 자체를 어떻게 할 수 있는가라든가, 예수가 왜 '구하기'가 필요한가와 같은 것들은 무의미한 질문이다. 무수하게 '예수의 이름으로 기도합니다'를 외치며, '예수는 나의 구세주'라고 고백한다고 해서 그 자체로 충분한 것이 아니라는 것이다. 그렇게 기도와 고백의 대상인 예수가 다음과 같은 사건들을 정당화하고, 강화하고, 강요하는 존재로 호명되고 경배된다면, '구세주'라고 하는 그 '예수'는 근원적으로 문제가 있는 예수다. 다층적 위기와 혐오의 시대에, 다음과 같은 얼굴의 예수는 긴급한 '구하기'가 절실하게 필요하다.

1) 반유대주의의 예수

반유대주의(antisemitism)는 유대인에 대한 차별과 혐오를 의미한다. 반유대주의는 나치 시대에 그 정점에 이르렀다. 많은 '신실한 크리스천'들은 유대인들을 자신들의 '구세주'이며 성육한 신 예수를 십자가에 못 박아 죽인 "신 살해"를 한 이들이라 간주하면서 나치의 유대인 박해와 죽임을 정당화해 왔다. 이러한 반유대주의의 중심에 '예수'가 호명되며, '예수의 이름으로' 그 반유대주의를 당연한 신앙적 행위로 생각하는 기독교인들이 많았다.

2) 식민주의의 예수

서구의 식민주의가 비서구 국가를 침범할 때, 그 식민주의와 손을 맞잡고 간 것은 기독교다. '예수의 복음 전파'라는 '선교적 사명'을 가지고 식민종주국의 기독교 선교사들은 식민지국으로 파송되었다. 그들에게 비서구 문화는 '미개한 것'이며, 비기독교는 '미개 종교'일 뿐이다. 소수의 예외적 경우를 제외하고 대부분의 선교사는 식민종주국이 식민지국에서 자연 자원은 물론 인적 자원의 다양한 착취를 당연한 것으로 받아들였다. 예수가 그러한 식민주의에 항거하는 존재가 아니라, 그 식민주의를 정당화하는 존재의 기능을 하는 것이다.

3) 백인 우월주의의 예수

예수 또는 신에 대한 표상은 언제나 '권력'과 연결되어 있다. 다양한 예술가가 그린 예수 초상을 보면 예수는 푸른 눈과 블론드 머리카락을 지닌 전형적인 '백인 남자'의 모습이다. 지금으로 말하면 중동에서 태어난 예수가 어떻게 이렇게 푸른 눈의 백인일 수 있는가. 한국의 기독교인들이 대부분 생각하는 예수의 모습도 곳곳에 걸려있는 이러한 백인 예수의 초상일 것이다. 서구의 기독교는 세계 기독교인들에게 서구라는 막강한 권력과 예수를 연결시키는 역할을 했다. 앨리스 워커의 소설 《컬러 퍼플 (The Color Purple)》의 주인공 셀리는 흑인 여성으로 갖가지 고초를 겪어왔음에도, 그녀가 표상하는 신의 이미지는 '수염이 긴 백인 남자(old, bearded white man)'다. 예수를 백인 남자로 표상하는 이해는 서구 우월주의와도 연결되며, 결국 서구의 식민주의까지 예수를 전하는 '선교'의 이름으로 정당화해 왔다.

4) 기독교 제국주의의 예수

기독교는 오랫동안 세계 종교계의 '제국적 종교'가 되어 왔다. 칸트와 같은 서구의 철학자를 비롯해 종교학자들과 신학자들은 기독교만이 가장 도덕적인 고등 종교라고 굳게 믿었다. 그래서 기독교를 이 세계의 중심에 놓는 지식을 생산하고, 저장하고, 확산해 왔다. 현대의 '신제국'이라고 불리는 미국을 포함해 서구에서 만들어지고 제도화되어 세계로 확산된 정치·경제·교육·예술·문화·언어 등 삶의 영역을 지배하는 많은 것들이 기독교를 토대로 이루어져 왔다. 기독교 제국주의라는 개념은 바로 기독교가 이 세계의 종교계는 물론 모든 영역에 직간접적으로 그 영향력을 행사하고 있다는 것을 드러낸다.

5) 자본주의의 예수

'예수를 믿는다'는 사람들은 기도를 열심히 하는 것이 축복받는 길이라고 생각한다. 수억 원대의 파이프 오르간과 화려한 장식을 한 교회 건물에서 예배드리면서, 신의 축복을 받으라고 하는 설교의 내용은 바로 물질적인 축복을 내려주는 신이며 예수다. 세계에서 가장 큰 교회라고 알려진 '여의도순복음교회'의 A 목사에 의해서 대중화된 소위 '삼박자 구원' 또는 '삼박자 축복'은 예수를 잘 믿으면 '육체가 강건해지고, 영혼이 구원받고, 물질적 축복도 받는다'는 것이 그 근간을 이룬다. 신의 축복을 받은 교회는 이름 없는 작은 교회가 아니다. '성직자'로서 권위를 지닌 사람은 사람들과 함께 어우러져서 삶을 함께하는 목회자가 아니다. '공공선(common good)'이 아니라 '자기 이득(self-interest)'이 최고의 덕목인 자본주의의 전형이 바로 현재 많은 교회가 기도하고 칭송하는 예수의 표상이다. 예수가 그의 삶과 가르침을 통해서 우리에게 따르라고 한 '길, 진리, 그리고 생명'(요한 14:6)은 이렇게 자본주의화된 종교 안에 부재하다.

6) 여성 혐오의 예수

　제도화된 종교로서 기독교는 고도의 남성중심주의와 가부장제에 의한 여성 차별과 여성 혐오가 '신적 질서'라고 간주해 왔다. 초대 교회의 신학적 토대를 구성하던 교부(Church Fathers)들의 여성 혐오에서 시작해 중세, 근대 그리고 현대에 이르기까지 여성은 '제2등 인간'으로서 '열등한 존재(inferior being)', 그리고 인류를 죄에 빠뜨리는 '위험한 존재(dangerous being)'라고 여겨졌다. 이렇게 여성 혐오사상은 시대마다 다른 얼굴을 하고서 기독교를 지배해 왔다. 마녀 화형 사건을 통해서 무수한 여성들이 '마녀'라고 죽임을 당했고, 사회적 관습과 여성의 역할에 맞지 않는 사람은 지금도 '마녀사냥'을 당한다.

　현대의 여성 혐오는 노골적인 방식으로만이 아니라, 은밀하게 제도적으로 행사되고 있다. 예를 들어서 단지 여자이기 때문에 목사도 될 수 없고, 가톨릭교회의 신부도 될 수 없다는 것은 "평등하지만 다르다"라는 '허위 평등주의'의 옷을 입고서 21세기에도 여전히 작동된다. 지금도 한국 기독교를 구성하는 사람은 다수가 여성이다. 그러나 지도력을 행사하는 '결정 기구(decision-making body)'와 '결정 과정(decision-making process)'은 다수가 남성으로 구성되고 있다. 한 사회나 집단에서 평등의 정도를 가늠하는 척도 중 가장 중요한 것이 있다면, 그것은 바로 결정

기구와 결정 과정의 구성을 조명하는 것이다. 구성원은 여성이 다수인데 감독, 감리사, 총회장, 담임목사 또는 신학대학의 총장 등 한국 기독교에서 주요 결정권을 행사하는 자리는 거의 남성들로 구성되어 있다. 이러한 현실은 21세기가 된 지금도 예수를 중심으로 구성된 기독교와 그 공동체에서 여성 차별과 여성 혐오가 여전히 강력하게 작동되고 있음을 보여준다. 바로 이러한 다층적 차별의 현장에서, '예수의 이름으로' 진행되는 기도 속에서 예수는 늘 호명되고 있다.

7) 타종교 혐오의 예수

한국 기독교에서 예수는 특히 '예수 천당, 불신 지옥'이라는 슬로건으로 타종교 적대와 혐오를 부추기고 정당화하는, 타종교 혐오의 '예수'다. 기독교인들의 불당 파괴는 종종 뉴스에 등장한다. 전철이나 노상에서 '예수 천당, 불신 지옥'을 외치는 사람들이 여전히 많다. 자신이 기독교인이라고 해서, 기독교가 아닌 종교를 모두 저주하는 것은 바로 '예수의 이름으로 예수를 배반'하는 행위다.

예수는 "선한 사마리아인"(누가 10:30~35) 예화에서 유대인이 아닌 이방인 '사마리아인'을 '선한 이웃'의 모범으로 등장시킨다.

이 예화는 예수가 사람들이 자신의 가르침을 이해하기 쉽도록 만든 '창작 이야기'다. 즉 예수의 의도가 반영된 예화라는 것이다. 유대인이며 유대교 문화에서 활동하던 예수가 유대인이 아닌 이방인을 '주연'으로 이야기를 구성했다는 것은 심오한 의미가 있다고 나는 본다. 예수의 이야기를 기독교 전통에 놓고 본다면, '사마리아인'은 '기독교인'이 아닌 비기독교인, 즉 타종교인이다. 이런 예수를 기억한다면, 타종교 혐오 현장에서 "예수 천당, 불신 지옥"을 외치며 예수를 호명한다는 것은 예수를 타종교 혐오를 정당화하는 존재로 왜곡시키는 행위다. 즉 예수의 이름으로 예수의 가르침을 배반하는 행위가 되는 것이다. 타종교 혐오는 이슬람교에 대한 혐오에서 극치를 이루고 있다. '이슬람 혐오(Islamophobia)'라는 개념이 심각한 차별의 양태로 등장하게 된 이유다.

8) 난민 혐오의 예수

21세기 이 세계가 직면하고 있는 가장 심각한 위기 중 하나는 난민 문제다. 2023년에 나온 통계를 보면 1억 1천만 명의 사람이 소속된 국가가 없거나(stateless) 정착할 곳이 없는 이들이며, 그중 3,640만 명이 난민이다. 한국 기독교는 지난 2018년 제주에 도착한 500여 명의 예멘 난민들에 대한 혐오와 가짜뉴스 확산을 통해서 그들의 존엄성을 함부로 훼손하는 일을 했다. 그 당시 예멘은 3년 반이 넘도록 내전을 치르고 있었고, 예멘의 전체 인구 2,900만 명 중 3/4에 해당하는 2,200만 명이 원조와 보호가 필요한 상태였다. 100만 명이 콜레라에 감염되었고, 전투로 인해 1만 명이 피살되고, 4만 명의 부상자가 발생했다.

자신이 살던 고향을 떠나 '난민'이 된다는 것은 버티고 버티다가 택하게 되는 최후의 선택이다. 이러한 난민의 수는 매해 증가하고 있다. 세계 곳곳의 국가들은 이 난민 문제를 해결하고자 노력한다. 그런데 한국에 온 난민들에 대하여 무관심하고 적대하고 혐오하는 사람들 중 기독교인들이 많다. 그들을 돌려보내야 한다는 주장까지 하는 이들도 있다. 이러한 기독교인들은 "당신 자신을 사랑하듯 이웃을 사랑하십시오"라는 예수의 가르침을 따른다고 하면서, 사랑과 환대가 아닌 난민 혐오에 앞장서고 있다. 예수의 이름으로 예수를 배반하는 이들이다.

단지 이슬람교를 믿는다는 이유로 난민을 혐오하고 적대하는데 호명되는 난민 혐오의 '예수'는 한국 교회는 물론 세계 곳곳에 있다. 기독교인이 아니라는 이유로, 많은 보수 기독교인이 난민 혐오에 앞장서고 있다. 난민들은 법적으로나 현실적으로 사회의 가장 주변부로 밀려날 수 있는 약자 중의 약자다. 그런데 '난민은 불법 체류자, 잠재적 테러리스트, 범죄자들, 성폭력 범죄를 저지를 사람들'이라는 가짜뉴스가 판을 치면서 그들에 대한 혐오와 배제가 난무하고 있다.

난민이야말로 예수가 환영하라고 하는 "낯선 사람들(the stranger)"(마태 25:35)이다. 배고프고, 헐벗고, 병든 이들을 환대하고 그들과 연대하는 것이 바로 "나에게 한 것입니다"(마태 25:40)라고 하는 예수의 이름으로 난민을 포함한 제3세계 이주 노동자들이나 미등록 이주자에 대한 기독교인들의 무관심 내지 혐오는 예수의 가르침을 거스르는 행위다.

9) 성소수자 혐오의 예수

한국 사회에서 주변부 중의 가장 주변부인이 있다면 성소수자다. 성소수자는 제도적으로 차별을 받고, 사회문화적으로도 차별과 혐오의 대상이 되고 있다. 학교나 직장에서, 또는 교회와 같은 종교기구에서 여전히 커밍아웃하지 못하는 성소수자들이 많다. 그리고 커밍아웃했을 경우 갖가지 혐오 시선과 제도적 차별을 받고 있다. 이성애가 아니면 모두 지옥 가고 저주받는다고 하는 기독교인들은 도처에 있다. 성소수자와 연대하는 소수의 신학생, 신학대학 교수, 목회자 등은 교회와 신학대학, 그리고 교단에서 '주홍글씨'가 붙여지고 제도적 심판을 받는다. 이 모든 것이 '예수의 이름으로' 하는 기도로 시작되고 끝내는 회의에서 제도적 권력을 가진 사람들에 의해 결정된다. 이들에게 예수는 성소수자 혐오자다.

21세기 우리는 심각한 다층적 위기에 직면하고 있다. 우리가 살고 있는 이 사회는 '두 계층사회(two-tiered society)'로 이루어져 있다. 소수의 '승자(winner)'와 다수의 '패자(loser)'로 구성되어 있는 사회다. 물론 이것은 결코 새로운 이야기가 아니다. 한국에서는 '금수저-흙수저'라는 말까지 등장했는데, 이 두 계층 간의 갈등과 거리는 더욱 심각해지고 있다. 소수의 승자는 다수의 패자들의 분노와 환멸을 다양한 통로를 통해 쉽게 조종한다. 그래서 그 다수의 패자들은 자신의 미래를 향한 야망을 시샘과 질투로 바꾸고, 관용을 증오와 혐오로 바꾸면서 우리가 사는 사회 구조와 다양한 관계들에 해를 가하고 있다. 그 다수의 패자는 그들 분노의 표적을 이민자, 미혼모, 성소수자, 타종교인, 장애인 등과 같이 자신과 다른 그룹의 사람들을 향한다. 그들 "때문에" 자신이 이렇게 뒤처져 있고 직간접적으로 희생당하고 있다고 생각하기 때문이다.

나는 구해야 할 '왜곡된 예수'를 아홉 가지로 조명했다. 그런데 우리 각자의 구체적인 정황이나 복잡한 현실 세계의 다양한 측면들과 연결시켜 보면 '구해야 할 예수'의 목록에 여러 가지가 더 첨부될 수 있을 것이다. 현대 사회에서 벌어지고 있는 다양한 얼굴의 혐오와 다층적 위기에 '예수'라는 이름은 그 혐오와 차별의 표적에 대한 폭력을 정당화하는 데 호명되곤 한다. 이렇게 '왜곡된 예수'를 끄집어내서, 진정한 예수의 가르침으로 돌아가야 한다. 이것이 내가 '기독교'라는 종교의 벽 안에 갇힌 예수가 아닌, 우리가 사는 사회의 모든 사람을 위한 '철학자 예수'로 조명하고자 하는 의도다.

【왜곡된 예수】

① 반유대주의의 예수
② 식민주의의 예수
③ 백인 우월주의의 예수
④ 기독교 제국주의의 예수
⑤ 자본주의의 예수
⑥ 여성 혐오의 예수
⑦ 타종교 혐오의 예수
⑧ 난민 혐오의 예수
⑨ 성소수자 혐오의 예수

예수, "나는 누구인가"

예수는 누구인가. 아니, 예수는 '나에게' 누구인가. '예수'라는 이름은 듣는 사람마다 각기 다른 생각을 하게 한다. 그렇기에 예수는 제자들에게 "당신은 나를 누구라고 생각합니까"라고 묻는다. 3년여 예수를 따라다니며 함께했다는 제자들도 예수가 누구인가에 대하여 각기 다른 이해를 했다. 2천여 년이 지난 지금도 아마 '예수가 누구인가'라고 묻는다면 사람마다 매우 다른 이해를 가지고 있다는 것을 알게 된다.

예수는 유대인으로 태어났고 유대인으로 죽었다. 예수가 후에 자신의 이름을 중심에 놓고서 '기독교'라는 제도화된 종교가 이 세계에 엄청난 권력을 지니고 존재하게 될 것이라 인지하지 못했을 것임은 당연한 일이다. '예수'와 제도화된 종교로서의 '기독교' 사이에 커다란 거리가 존재하는 이유다. 미국의 자동차 범퍼 스티커에 등장하는 "예수는 답이다(Jesus is the Answer)"는 보다 근원적인 질문을 전제로 해야 한다. 예수가 '답'이라고 암송만 한다고 신앙이 좋은 것도, 신앙이 깊어지는 것도 아니다. '답'은 질문이 무엇인가에 따라서 예수가 답이 될 수도 있고 전혀 답이 안 될 수도 있다. 이런 의미에서 보자면 예수는 '해답'이 아니라 '질문'을 던진다. '예수는 나의 구세주요, 모든 것의 해답'이라는 신앙고백을 하기 전에, 나의 질문은 무엇인가라는 성찰을 해야 하는 이유다. 내가 지닌 질문의 특성은 나는 예수를 누구라고 생각하는가의 단서를 제공해 준다.

예수는 '나는 누구인가'라는 질문을 두 단계로 던진다(마가 8: 27~29). 첫째, 사람들은 나를 누구라고 합니까(Who do people say that I am?). 둘째, 당신은 나를 누구라고 생각합니까(Who do you say that I am?). 예수가 던진 이 두 단계의 질문은 매우 중요하다. 이 두 단계의 질문은 결국 그렇다면 예수는 '나에게' 누구인가라는 핵심과 만나게 하기 때문이다.

첫째, '사람들'은 예수를 누구라고 생각하는가. 예수의 제자들은 '세례자 요한', '엘리야', '예레미야 또는 예언자'라고 여긴다고 대답했다(마태 16:14). 이렇게 사람들이 X를 무엇이라고 생각하고 이해하는가에 우리는 관심해야 한다. 그래서 특정한 주제나 인물에 대한 다양한 해석을 담은 글을 읽고, 강연을 듣는다. 그런데 거기에서 끝나면 안 된다. 이 모든 것은 결국 '나는 X를 어떻게 이해하는가'에 도달하고자 하는 과정이기 때문이다. 예수는 이어서 다음 질문을 한다.

둘째, 그렇다면 정작 '당신'은 예수를 어떻게 이해하고 생각하는가. 예수의 질문에 베드로는 나에게 당신은 "메시아"라고 답한다(마태 16:16, You are the Messiah, the Firstborn of the Living God). 예수는 베드로의 답변이 끝난 후 "내가 메시아라는 것을 다른 사람들에게 말하지 마십시오(마태 16:20, Then Jesus strictly ordered the disciples not to tell anyone that he was the Messiah)"라고 한다. 예수는 왜 사람들에게 말하지 말아야 하는지 그 이유를 밝히지는 않는다. 그렇다면 '나에게' 예수는 누구인가.

이 지점에서 "메시아"라는 의미가 현재 기독교 안에 있는, 사람들이 생각하는 '죽어서 천당' 가게 하는 의미의 '메시아'가 아닌 것임을 기억해야 한다. 예수와 예수의 제자들은 유대교 전통에서 살았다. 유대교 전통에서 '메시아'는 '죽어서 천당' 가게 하는 존재가 아니다. 메시아는 유대인들에게 평화와 안녕을 가져오고, 예루살렘의 성전을 재건하고, 흩어진 유대인을 모아서 이스라엘 땅으로 복원시키는, 의롭고 공정한 지배자 역할을 하는 존재다. 따라서 예수를 그 당시 제자들이나 사람들이 '메시아'라고 볼 수 있다는 것은 의외가 아니다. 다시 상기해야 할 사실은 예수가 사용하는 언어들은 현재 기독교 교리에서 사용하는 의미가 아니라는 것이다. 예수의 두 번째 질문, "당신은 나를 누구라고 생각합니까"가 우리가 씨름하고 있는 중심적 주제라고 할 수 있다.

예수는 스스로 글을 쓰지 않았다. 그렇기에 예수에 "의한(by)" 글이 아니라, 예수에 "관한(about)" 글에서 우리는 예수가 누구인가에 대한 단서를 간접적으로 접할 수 있을 뿐이다. 기독교의 성서에는 66권의 책이 있다. 그리고 그 66권의 책은 《구약성서》와 《신약성서》로 나뉘어져 있다. 예수의 행적과 가르침에 관해서 나와 있는 것은 소위 '복음서'라고 불리는 4권의 책에서다. 마태복음, 마가복음, 누가복음, 이 세 복음서에 소개되는 예수는 조금씩 다르기도 하지만 유사성이 있기에 '공관 복음서(Synoptic Gospels)'라고 한다. 여기에서 '공관共觀'이란 "공통 관점"을 의미한다. 이 공관 복음서에 들어가지 않은 요한복음에서 소개되는 예수는 예수에 대한 초점, 구체적인 묘사, 그리고 접근 방식에서 세 복음서와 다르다. 이렇게 예수가 누구인가를 알 수 있는 정보는 매우 제한되어 있다.

그런데 설사 예수 스스로 쓴 글이 있다고 해도, 그에 대한 우리의 해석이 읽는 사람 모두 동일할 수 없다. 우리의 읽기, 보기, 쓰기, 해석은 각자가 지닌 가치관이나 해석의 렌즈를 통하며 모두 다르기 때문이다. 이 점에서 니체가 "사실이란 없다, 오직 해석만이 있을 뿐"이라고 한 것은 시사하는 바가 크다. 예수에 '관한' 정보들을 통해서 대부분의 사람이 생각하는 예수는 언제나 '기독교'라는 제도화된 종교가 조직화하고 구성한 '교리화된 예수'다. 기독교의 영어(Christianity)는 예수가 아닌 '그리스도'가 들어간다. 예수가 들어간 '예수교(Jesuseanity)'가 아니라, '그리스도'가 들어간 '그리스도교'라는 명명은 '예수'와 제도화된 종교로서의 '기독교'가 일치하는 것은 아님을 의미한다. '예수'와 '기독교'는 동일한 것이 아니며, 이 둘 사이에는 언제나 거리가 있는 것이다. 예수는 '종교적 교리'의 토대를 구성하려고 한 것이 아니라, '어떻게 살아야 하는가'를 가르쳤다. 반면 기독교는 '무엇'이라는 교리적 전통을 구축하면서 그 존재 의미를 이어왔다.

21세기 기독교의 '예수'는 이슬람교, 유대교, 불교, 힌두교 등 다른 종교의 중심 존재와는 그 위상에서 완전히 다르다. 그리스도교는 서구와 분리 불가하다. 기독교가 현재 막강한 권력을 지닌 이유는 서구의 종교이기 때문이다. 서구가 21세기에 온 세계를 지배하고 있는 것처럼, 서구 종교인 기독교는 이 세계를 지배하고 있다. 예수와 연계되는 것은 세계 곳곳에서 그 중요한 자리를 차지하고 있다. 예를 들어서 바흐의 수난곡과 같은 음악, 미켈란젤로의 미술 작품, 밀톤의 시, 도처에서 공연되는 앤드루 로이드 웨버의 뮤지컬 〈지저스 크라이스트 수퍼스타〉 등은 이제 서구 것만이 아니라 '세계적인 것'이 되었다. 예수 탄생을 축하하는 크리스마스 같은 기독교의 절기는 자본주의의 상업주의에 힘입어 세계적인 명절처럼 자리 잡고 있다. 예수와 연결되는 십자가 목걸이 같은 다양한 모양의 장신구는 물론, 열거할 수 없을 정도의 많은 조각상, 물건들, 장식품 등이 세계 문화 깊숙이 자리 잡고 있다. 불교의 붓다 같은 존재와 비교해 보면, 기독교의 예수가 미치고 있는 영향력은 우리의 상상을 뛰어넘어서 막강한 문화 권력, 정치 권력, 그리고 종교 권력의 중심에 있음을 알수 있다.

기독교 2천 년 역사에서 '예수'는 매우 상충적인 기능을 해 왔다. 한편으로 예수는 외국인 혐오, 여성 혐오, 타종교 혐오, 성소수자 혐오, 장애 혐오 등 다양한 차별과 혐오를 확산하고 정당화하는 기독교인들에 의해서 호명된다. 그런데 또 다른 한편으로 마틴 루터 킹이나 여성 운동가, 노예제도 폐지 운동가 등 인권 운동가들에 의해서 예수는 모든 인간의 평등과 존엄성을 확장하는 '해방과 개혁의 지지자'로 호명된다. 현실 세계에서의 종교 기능과 마찬가지로 '예수'는, 억압과 차별을 정당화하는 존재인 동시에 모든 인간의 해방과 정의를 확장하는 존재로 기능하게 되는 것이다. 그렇다면 도대체 예수란 누구인가.

예수는 '어떻게 함께 살아가는가'에 대하여 가르치고 살아왔다. 그런데 그 예수 정신은 기독교가 조직화되고 제도화되면서 종교 안에서 왜곡되어 왔다. 기독교는 종교 자체의 존재를 위해 복잡한 교리, 예전, 기도문, 성직자 중심주의 등을 예수와 연결시켜서 '기독교'라는 거대한 조직을 만들었다. 그 기독교의 지도자가 되기 위해 매우 복잡한 훈련 과정을 거치고, 시험을 치른다. 그리고 종교 조직으로서의 기독교 지도자들이 기대하는 '정답'만이 올바른 방식으로 예수를 따르는 것이라고 한다. 21세기인 지금도 여전히 한국의 지하철에서, 길거리에서 기독교를 전도하는 이들은 "예수 천당, 불신 지옥"이라는 말을 외치고 있다. 그런데 무수한 교회에서 가르쳐지고 있는 예수는, 적어도 4복음서에서 나타나는 예수의 삶이나 가르침과는 전혀 상관이 없다. '예수'를 기독교 교리 속에서 소개하는 고정되고 화석화된 존재가 아니라, 복음서 속에서 행적과 말로 가르치는 살아있는 예수로 분리해 보아야 한다.

니체는 《안티 크라이스트(The Anti-Christ)》에서 '기독교' 교리 속의 예수가 아니라, 복음서 속에 나타난 예수에 주목한다. 복음서에서 볼 수 있는 예수는 '제도화된 종교'에 대하여 그 어떤 관심도 보이지 않는다. 예수가 관심하는 것은 어떻게 이 삶을 충일하게 살아가는가이다. 예수가 종종 언급하는 '신의 나라'는 이 지구가 아닌 어느 곳에 위치한 지리적 또는 물리적 장소나 공간이 아니다. '신의 나라'는 니체의 말대로 우리의 "마음 상태(a state of the heart)"다. 예수는 '신의 나라가 이 땅 위에 이루어지기를'(마태 6:10) 바랐다. 이 땅 위의 신의 나라란 무엇인가. 죽어서 가는, 어딘가로 공간 이동해서 가는 '장소'가 아니라는 것이다. '신의 나라'가 우리 마음의 상태라면, 그러한 신의 나라의 경험은 어떻게 가능한가. 예수는 그의 행적과 가르침을 통해 '신의 나라'는 바로 타자와의 연대, 연민, 타자를 향한 책임성을 지켜내며 모든 이의 평등, 자유, 그리고 정의가 이루어지는 세계라는 것을 보여준다.

내가 예수를 '철학자'로서 조명하고자 하는 이유는 하나다. 제도화된 종교와 예전 속에 갇힌 '교리화'된 예수, '기독교'라는 울타리에 갇힌 예수, 혐오 정치·다양한 폭력과 분쟁 도구로 이용되고 있는 예수를 자유롭게 하여, 그의 철학이 기독교만이 아니라 기독교의 담을 넘어 보다 나은 세계를 만드는 하나의 도구가 되길 바라기 때문이다. 예수의 가르침이 '기독교'라는 울타리 안에 갇혀서 혐오 정치를 정당화하는 '무기'로 기능한다면, 예수를 '메시아' 또는 인간의 '구원자'라고 하는 의미란 도대체 무엇인가. 우리의 일상 세계에 '예수'가 자리 잡는다는 것이 내가 나 자신을 보고, 타자와 관계하는 일에 어떤 의미를 지니는가. 예수는 과연 누구인가. 사람들은 예수를 누구라고 하는가. '나'는 예수를 누구라고 생각하는가. 그 '사람들' 속에 '나'가 들어갈 수도 있으며, '나'는 그 '사람들'일 수 있다. 예수의 두 단계 질문은 우리에게 예수가 누구인가에 대한 절대적인 정답은 없음을 상기시킨다.

'예수'는 서구 문명의 토대를 놓은 제도화된 종교로서의 '기독교' 출현에 중심적 위치를 차지한다. 3세기 이후 기독교는 서구만이 아니라, 이 세계 곳곳에 강력한 정치적·종교적 영향력을 행사하며 타종교 박해와 정치적 식민주의를 정당화해 왔다. 초대교부들로부터 시작된 기독교 '변증'은 예수의 삶과 메시지를 고정된 틀 속으로 집어넣는 역할을 했다. 사회적 주변부인들과 함께 살아가고 연대와 책임을 나누는 예수의 삶과 가르침은 초월적인 종교적 구원론으로 탈바꿈되어서, '지금 여기'에서의 삶으로부터 유리시키는 기능을 하게 된 것이다.

예수는 종교적 교리에 나온 것처럼 수동적인, '초월적 구원'에 대하여는 그 어느 곳에서도 언급하지 않았다. 그의 '신의 나라'는 예수가 가르친 '주기도문'에 나온 바대로 '하늘'이 아니라 '이 땅'이다. 예수는 환대, 사랑, 책임, 용서, 생명, 정의, 연민 등의 가치를 삶과 메시지 속에 담아낸 존재다. 즉 예수의 삶과 가르침은 언제나 '어떻게 살아가는가(How to live)'에 관한 것이지, '무엇을 얻는가'가 아니다. 예수를 '철학자'로 호명하는 것은, 지난 2천여 년 역사에서 고착시키고 왜곡시킨 기독교 교리에서의 예수를 자유롭게 하고, 예수가 제시한 '길'을 따르는 것이 현실 세계에서 무엇을 의미하는가를 찾기 위한 장치라고 할 수 있다.

제3장

사랑의 철학

〈예수의 말소리, 철학자의 글소리〉

① 나는 여러분에게 새로운 계명을 전하고자 합니다:
서로 사랑하십시오. 내가 여러분을 사랑하는 방식으로, 여러분도 서로 사랑하십시오. 여러분이 진정으로 서로를 사랑할 때, 여러분이 나의 제자라는 것을 비로소 모든 이가 알게 될 것입니다. —예수(요한 13:34~35)
(I give you a new commandment: Love one another.
And you're to love one another the way I have loved you. This is how all will know that you're my disciples: that you truly love one another.)

② 당신의 이웃을 당신 자신처럼 사랑하십시오. —예수(마태 22:39)
(You must love your neighbor as yourself.)

③ 여러분에게 당부합니다. 원수를 사랑하십시오. 당신을 증오하는 사람들을 잘 대해주십시오. 여러분을 저주하는 사람을 축복하고, 학대하는 사람을 위해 기도하십시오. 당신의 뺨을 치는 이에게 다른 뺨도 돌려 대십시오. 당신의 외투를 빼앗는 사람에게는 당신의 옷까지 주십시오. 당신으로부터 무엇인가를 달라고 하는 사람에게는 모든 것을 주십시오. 누군가가 당신의 것을 빼앗을 때, 다시 돌려 달라고 하지 마십시오. 당신이 다른 사람에게 기대하는 것처럼, 당신도 다른 이들에게 그렇게 대하십시오. 만약 당신이 당신을 사랑하는 사람들만을 사랑한다면, 그것이 무슨 의미가 있습니까? 하다못해 죄인들도 자신을 사랑하는 사람을 사랑합니다. —예수(누가 6:27~32)
(To you who hear me, I say: love your enemies. Do good to those who hate you, bless those who curse you, and pray for those who mistreat you. When they slap you on one cheek, turn and give them the other; when

they take your coat, let them have your shirt as well. Give to all who beg from you. When someone takes what is yours, don't demand it back. Do to others what you would have them do to you. If you love those who love you, what credit is that to you? Even sinners love those who love them.)

④ 사랑하지 않는 사람은 그 누구든, 신을 알지 못합니다. —요한(요한1서 4:8)
(Whoever does not love does not know God.)

⑤ 결국 최후까지 남는 것은 믿음, 희망, 사랑입니다. 그런데 이 중 가장 중요한 것은 사랑입니다. —바울(고린도전서 13:13)
(There are, in the end, three things that last: faith, hope, and love. But the greatest of these is love.)

⑥ 사랑의 존재는 삶을 의미와 목적으로 채울 수 있고, 사랑의 부재는 삶을 공허한 사막으로 만들 수 있다. —로버트 와그너
(The presence of love can fill life with meaning and purpose, and the absence of love can turn life into an empty desert.)

⑦ 사랑은 삶 그 자체이며, 한 인간이 무엇을 사랑하고 어떻게 사랑하느냐는 그 사람이 누구인가를 측정하는 척도다. —플라톤
(Love is life itself, and what a person loves and how he (sic) loves are the measure of himself.)

⑧ 사랑은 의미의 새로운 원리, 즉 좋은 삶에 대한 새로운 개념을 구성하는 원리다. 사랑은 사상의 역사, 그리고 삶의 역사에서 새로운 시대를 시작하게 한다. —뤼크 페리

(Love is a new principle of meaning, a principle that shapes a new conception of the good life: love inaugurates a new era in the history of thought and of life.)

⑨ 사랑에 대한 좋은 소식은 그것이 삶을 의미 있게 만든다는 것이다. 나쁜 소식은 항상 지불해야 할 대가가 있다는 것이다. —로버트 와그너

(Good news about love is that it makes life meaningful. The bad news is that there is always a price to be paid.)

⑩ 사랑은 온전함을 추구하고 완전해지고자 하는 우리의 열망을 가리키는 이름이다. —로버트 와그너

(Love is the name for our pursuit of wholeness, for our desire to be complete.)

⑪ 신은 사랑의 이름이다. 신은 우리가 사랑하는 것의 이름이다. —존 카푸토

(God is the name of love. God is the name of what we love.)

⑫ 신은 삶의 열정, 나의 삶에 대한 열정, 나의 모름에 대한 열정, 불가능성에의 나의 열정이다. —존 카푸토

(God is the passion of life, the passion of my life, the passion of my unknowing, my passion for the impossible.)

⑬ 사람을 사랑하는 것만이 살 가치가 있는 유일한 것이다. —키르케고르

(Loving people is the only thing worth living for.)

⑭ 종교는 사랑하는 사람들을 위한 것이다… 종교적인 사람의 반대는 사랑이 없는 사람이다. —존 카푸토

(Religion is for lovers⋯ The opposite of a religious person is a loveless person.)

⑮ 사랑한다는 것은 고독을 넘어서, 세상에서 존재를 불어넣을 수 있는 모든 것과 함께, 투쟁하는 것을 의미한다. ㅡ알랭 바디우
(To love is to struggle, beyond solitude, with everything in the world that can animate existence.)

왜 사랑인가: 존재의 춤, 사랑

사랑은 인간의 삶에서 가장 중요한 경험으로 도처에서 찬양되고 거론된다. 인간의 삶에서 사랑이 차지하고 있는 심오한 의미에 대하여 반기를 들 사람은 없을 것이다. 사랑은 우리에게 놀라운 기쁨을 가져오기도 하고, 지독한 고통을 가져오기도 한다. 사랑은 살아감에 의미와 목표를 가지게 함으로써 삶을 채워준다. 동시에 사랑의 결여나 부재는 우리의 삶을 황량한 사막으로 몰아넣는다. 사랑의 패러독스다.

인간은 외딴섬에서 홀로 살아가는 존재가 아니다. 인간은 '홀로의 삶'과 '함께의 삶'이 모두 필요한 존재다. 우리는 타자로부터 완전히 분리되어 '홀로'만으로 자기충족적 삶을 살 수 없고, 또는 다양한 타자들과 언제나 '함께'함으로 모든 문제가 사라지는 것도 아니다. 사유하고, 성찰하기 위해서는 홀로 고독(solitude)

의 시공간이 필요하다. 일상 세계에서 고독은 종종 외로움과 유사한 개념으로 이해하는 경우들이 많은데, '고독'은 '외로움'과 다르다.

한나 아렌트는 나치의 반유대주의를 피해 1933년 독일을 떠나 체코와 스위스를 거쳐서 프랑스로 피신한다. 1937년 독일 국적이 말소되어서, 아렌트는 1937년부터 1950년까지 '무국적자(stateless)'로 살아야 했다. 독일이 프랑스를 점령하자 아렌트는 1941년에 프랑스를 탈출해 포르투갈을 거쳐 미국으로 들어오게 된다. 1950년 미국 시민권을 취득할 때까지 아렌트는 13여 년을 무국적자로 산 것이다. 학문이 추상 세계가 아니라 언제나 구체적인 현실 세계에 굳건히 뿌리내릴 때 비로소 의미가 있다는 것이 아렌트에게 중요한 입장이라는 점에서, 나는 아렌트의 이러한 추방자, 망명자, 무국적자로서의 경험이 그의 학문 세계에 큰 영향을 미쳤다고 본다. 아렌트는 1951년 《전체주의의 기원(Origin of Totalitarianism)》이라는 중요한 책을 출간한다. 이 책의 마지막 장에서 아렌트는 고립(isolation), 외로움(loneliness), 그리고 고독(solitude)을 심도 있게 다룬다. 이 세 개념은 한 개인의 내면 세계에서만 경험되는 매우 사적인 감정 같다. 그러나 아렌트에 따르면, 이러한 내면 세계의 경험은 우리가 몸담고 살아가면서 연결되는 외면 세계, 즉 사회정치 세계와 밀접하게 연결되어 있다.

고립은 자의적이든 타의적이든, 또는 육체적이든 정신적이든 외부 세계로부터 분리되어 혼자 있음을 나타낸다. 고립은 공포의 시작일 수 있다. 고립은 정치적 영역에서 일어나는 반면, 외로움은 사회적 관계의 영역에서 일어난다고 할 수 있다. 외로움은 어쩌면 인간의 삶 전체와 관련되어 있다. 고립은 타자로부터 분리되어 일어나지만, 외로움은 타자들과 함께 있을 경우에도 뚜렷하게 드러난다. 내가 그 타자들과 아무런 연관성을 찾기 힘들거나, 그들의 적대감과 무관심을 지속적으로 경험할 때, 나는 외로움을 느낀다.

반면 고독은 홀로의 시공간 속에서 '스스로와 대화(talking with oneself)'할 수 있는 인간의 능력을 작동시키면서 '자신과 함께(together with oneself)'할 수 있게 된다. 즉 고독이란 '나 홀로, 나 자신과 함께(by myself, together with myself)' 있는 것이다. "한 존재 안에 두 존재(two-in-one)"가 있는 상태다. 반면 외로움은 타자들에게 버림받고 '나 혼자 있는 것(one-in-one)'이라고 할 수 있다. 외로움을 느낄 때 '존재의 결여'를 경험하는 반면, 고독의 시공간은 '자신과의 충만함'을 경험하게 된다.

그렇다면 우리 삶 전반에 다층적 영향을 미치는 이러한 고립과 외로움은 어떻게 넘어서는가. 사실상 이 질문에 대한 답은 단순해 보인다. 어쩌면 모든 이가 그 답이 '사랑'이라는 것을 알 것이다. 인간의 삶에 가장 중요한 의미를 제공해 주는 것, 그것은

'사랑'이다. 그래서 "사랑은 온전함을 추구하고 완전해지고자 하는 우리의 열망을 가리키는 이름"(로버트 와그너)이며, 더 나아가 "의미의 새로운 원리"(뤼크 페리)라고 할 수 있다. 그런데 '사랑'이라는 것이 매우 단순하고 자명한 답 같지만, 우리의 구체적인 현실 세계에서 사랑의 의미는 매우 다양하고 복잡하다.

우리는 '홀로의 삶'과 '함께의 삶' 사이를 오가며 '존재의 춤'을 추는 존재다. 플라톤에서부터 시작해 인간은 다양한 영역에서 그 사랑에 대하여 논의하고, 표현하고, 연기하고, 상상해 왔다. 그래서인가. 인류 문명사에서 가장 빈번하게 사용되는 개념들의 리스트를 만들자면, 그중 하나는 '사랑'이라고 할 수 있다. 사랑은 종교 영역은 물론 철학, 문학, 음악, 미술 등 다양한 분야에서 중요한 주제로 자리 잡아왔다. 그뿐인가. 일상 세계를 살아가는 이들은 각양각색의 관계에서 '사랑'이라는 이름을 호명한다. 자식 사랑, 부모 사랑, 연인 사랑, 친구 사랑과 같이 개인들 간의 관계를 사랑의 이름으로 규정한다.

사랑은 이토록 우리의 살아감에 가장 중요한 자리를 차지해왔다. 그러나 그 사랑이라는 개념은 인류의 역사 속에서 낭만화되고 이상화되어 왔다. 이렇게 '낭만화된 사랑'은 다양한 정황에서 특정인이나 그룹이 은밀하게 또는 노골적으로 그 권력을 행사하곤 한다. 이러한 '낭만화된 사랑'이나, 사랑을 매개로 하는 다층적 권력 행사 등의 문제를 비판적으로 조명하는 것이 바로 '사랑의 정치'라는 개념으로 전개되고 있다.

　현대의 다양한 담론에서 정치 또는 정치학으로 번역되는 용어는 여러 차원에서 등장했다. 사랑의 정치학, 정체성의 정치학, 지식의 정치학, 기억의 정치학, 위치의 정치학, 대변의 정치학 또는 언어의 정치학 등이다. 이 같은 개념들에서 사용하고 있는 '정치학'은 사랑, 정체성, 지식, 기억, 위치(location), 대변(representation), 언어처럼 '자연적인 것'으로 이해하던 것들이, 구체적인 사회정치적 정황에서는 다층적 권력구조와 연계되어 있음을 드러내고자 하는 비판적 시도다. 탈낭만화와 탈자연화의 기능을 하는 매우 중요한 이론적 조명이라고 할 수 있다. 따라서 사람들이 일반적으로 자연스럽게 생각하는 것들이 실제로는 은밀하게 또는 노골적으로 배제, 차별, 혐오 등의 가치관을 주입함으로써 현상 유지와 권력 확장이라는 기능을 하기도 한다. 이런 맥락에서 '○○○의 정치학'이라는 것은 기존의 개념과 제도적 실천에 문제를 제기하면서 새로운 변화를 모색하고 보다 복합적인 의미 부여를 하고자 하는 것으로 사용한다.

　'사랑의 정치'라는 개념은 사랑의 이름으로 행사되는 권력 불균형과 남용 등을 비판적으로 조명하고자 하는 시도다. 사랑에 대한 이해, 사랑의 구체적인 실천 등에 있어서 '권력'의 문제가 개입되고 있다는 것, 그래서 사랑을 '탈낭만화'하는 것으로부터 사랑에 대한 복합적 조명이 시작된다는 것을 인지해야 한다. 사랑은 도처에 있는 것 같지만 동시에 그 어느 곳에도 없는 것 같다. 자본주의 사회에서 사랑은 종종 '기브 앤 테이크(give and take)'라는 교환경제의 틀에서 이해될 뿐이다. 이렇게 왜곡되고 오용된 말, 그러나 인간의 삶에서 가장 중요한 의미가 되는 사랑을 근원적으로 다시 조명해야 하는 이유다.

종교 영역만이 아니라 사회나 개인 간의 관계에서도 '사랑'이라는 개념은 빈번히 왜곡되고, 오용되고, 정치화되고 또한 상업화되어 회자되어 왔다. 종교는 '신 사랑'의 이름으로 그 자체의 존재 의미를 절대화하기도 한다. 국가는 '국가 사랑'의 이름으로 구성원들에게 '충성'을 요구하며 갖가지 권력 행사를 정당화하기도 한다. 부모는 '자식 사랑'의 이름으로 자신의 욕망을 자식에게 투사하면서 보이지 않는 폭력을 행사한다. 연인들은 사랑의 이름으로 상대방에 대한 집착과 소유의식을 정당화한다. 이렇게 도처에서 사용되는 사랑을 면밀하게 들여다보면, 사랑은 흔히 생각하듯 장밋빛의 낭만적 의미로서만 존재하지 않는다. 사랑의 이름으로 다층적 권력구조가 개입되고 행사되기도 한다. '사랑의 정치'라는 개념이 등장하는 이유다. 여기에서 '정치'란 권력의 개입을 의미한다.

종교와 철학자들은 인간에게 중요한 그 사랑이 무엇인가에 대하여 다양한 방식으로 접근해 왔다. 그럼에도 불구하고 '진정한 사랑'이 과연 무엇인지 그 누구도 절대적인 개념을 제시하기 어렵다. 사랑에 관한 작업을 하는 학자들이 모두 동의하는 '사랑 개념'이란 존재하지 않는다. 다만 분명한 것이 있다. 인류는 사랑에 대하여 다양한 방식으로 고민해 왔으며, 사랑은 시대와 문화를 초월해서 인간 삶의 가장 중요한 주제로 자리 잡아 왔다는 것이다. 동시에 누군가의 사랑 또는 누군가에 대한 사랑은 우리의 삶을 의미롭게 만든다는 것이다. 사랑은 인간의 삶에 가장 중요한 경험으로 간주되고 있다. 물론 사랑이 기쁨이나 희열만이 아니라, 고통과 아픔을 가져오는 것이기도 하다는 것은 부정할 수 없다. 로버트 와그너가 강조한 "사랑의 존재는 삶을 의미와 목적으로 채울 수 있고, 사랑의 부재는 삶을 공허한 사막으로 만들 수 있다"는 말은 시사하는 바가 크다. 그렇다면 예수의 '사랑의 철학'은 무엇인가.

　　기독교는 흔히 "사랑의 종교"라고 불린다. 기독교 중심에 있는 예수 가르침의 핵심을 하나로 한다면 '사랑'이라고 할 수 있기 때문이다. 예수는 유대교 전통에서의 사랑 이해를 급진적으로 확장하면서, '나 사랑-이웃 사랑'만이 아니라 '원수 사랑'까지 하라고 한다. 그리고 이 사랑이 '신 사랑'과 연결된다고 가르친다. 여기에서 주목할 것은 예수의 '이웃' 범주는 유대교에서와 같이 종족적 동질성을 공유하는 '유대인'만이 아니라는 점이다. 예수가 이 사랑의 범주에 소위 '원수'까지 포함시켰다는 것, 그리고 예수의 다양한 가르침들을 보면, 그 '이웃'에는 '모든 인간'이 포함된다. "사랑하지 않는 사람은 그 누구든, 신을 알지 못합니다"(요한1서 4:8)라는 요한의 말은 예수의 사랑 철학의 깊이와 넓이를 잘 담아내고 있다. 이러한 맥락에서 존 카푸토는 "종교란 사랑하는 이들을 위한 것"이라고 규정한다. 또한 기독교의 초석을 놓았다고 간주되는 바울은 "최후까지 남는 것은 믿음, 희망, 사랑"인데 이 세 가지 중에서 "가장 중요한 것은 사랑"(고린도전서 13:13)이라고 강조한다.

이렇듯 사랑은 예수를 중심으로 한 기독교는 물론 인간의 모든 영역에서 중요하게 자리 잡고 있다. 그런데 예수가 자신의 가르침과 삶으로 전하고자 했던 사랑이란 무엇인가. 철학적으로 조명하는 다양한 모습의 '사랑'과 예수가 전하는 '사랑'은 어떻게 유사하고 또는 상이한가. 이 세계에서 "예수"라는 이름이 행사하고 있는 그 영향력을 생각해 볼 때, 예수의 사랑 철학이 21세기를 살아가는 우리에게 어떠한 의미로 자리 잡을 수 있는가를 조명해 보는 것은 중요하다. 제도화된 기독교의 교리적 틀에서 예수를 끄집어내어서, 그의 사랑의 가르침을 우리의 구체적인 삶과 연결시키는 것이 필요한 이유다.

사랑, 의미 창출의 새로운 원리

사랑이란 무엇인가. 사랑은 모든 곳에 있기도 하고, 그 어느 곳에도 없는 것 같다. 그런데 '사랑이란 ○○○이다'라고 규정하는 순간, 그 규정을 우리의 복잡한 현실적 정황에 바로 적용하는 것은 불가능하다는 걸 알게 된다. 개념 규정의 '더블 바인드 (double bind)', 즉 '필요성'과 '불가능성'이 여기에서 작동된다. 한편으로 우리는 사랑이 무엇인가, 라는 그 개념을 지속적으로 생각해야 할 '필요성'이 있다. 그러나 또 다른 한편으로는 개념 규정의 '불가능성'을 언제나 중요하게 인식해야 한다. 사랑이란 어쩌면 우리가 죽음에 이르기까지 구체적 정황에 따라 생각하고, 다시 생각해야 할 가장 중요한 개념이라고 할 수 있다.

전통적인 철학적 또는 기독교적 논의에서 사랑은 아가페 (agape), 필리아(philia) 그리고 에로스(eros) 등 세 종류로 나누곤 한다. 그런데 사랑을 이렇게 세 종류로 나누어 범주를 정하는 것이 구체적인 삶에서 과연 가능하며 또 적절한가. 각기 다른 것 같은 세 가지 사랑이 인간의 복잡한 관계들을 규정할 수 있는가. 세 가지 사랑의 경계는 어떻게 그을 수 있는가. 사랑에 대한 복합적인 조명이 필요한 이유다. 편의상 이렇게 나눌 수 있지만, 이 개념들은 사랑을 성찰하는 출발점으로 생각할 수 있을 뿐 그 성찰과 실천의 고정된 도착점이 되어서는 안 된다.

〈당신에게 필요한 건 사랑뿐(All You Need is Love)〉이라는 비틀스의 노래가 있다. 만약 이 노래 제목처럼 우리에게 진정 필요한 것이 궁극적으로 사랑이라면, 왜 사랑에는 이토록 복잡한 혼선이 있고, 잘못된 길로 가기도 하고, 무수한 대립과 갈등이 존재하는 것인가. 사랑에 대한 '탈낭만화'가 중요한 이유다. 우리에게 필요한 모든 것이 사랑으로 귀결된다고 해서, 그 사랑이 장밋빛의 아름다움으로만 구성되지는 않는다는 것이다. '낭만화된 사랑'은 그 사랑의 행위와 과정에서 벌어지는 갖가지 어두운 현실을 보지 않으려 하기에 위험하다. 밝고 아름다운 면만이 아니라, 어둡고 추한 면까지 담아내는 것이 바로 '사랑'이기 때문이다.

사랑은 "다른 사람 속에서 자신을 찾는 것"(로버트 와그너)이라고도 한다. 즉 사랑과 자아(selfhood)는 분리 불가분의 관계라고 할 수 있다. 어떤 형태의 사랑이든 사랑은 '나'로부터 출발하며,

그 '나'가 지닌 인간관, 가치관, 세계관, 그리고 개별성의 존재로서 이 삶에 기대하고 염원하는 것과 연결되어 있다. 이런 의미에서 보자면 '사랑—일반(love in general)'이란 존재하지 않는다.

딕Kirby Dick과 코프만Amy Ziering Kofman이 감독한 다큐멘터리 필름 〈데리다(2002)〉를 보면 사랑에 대하여 질문하는 장면이 나온다. "사랑에 대하여 말해 주겠어요?"라는 질문을 받자, 자크 데리다는 인터뷰어를 잠시 바라보다가 "적어도 질문을 해 주세요"라고 하면서, 이어서 "나는 '사랑—일반'에 대하여 아무것도 말할 수 없다"고 답한다. 그런데도 인터뷰어가 계속 말해달라고 하자, 데리다는 "무엇(the what)과 누구(the who)의 차이에 대하여 말할 수 있을 뿐"이라고 한다. 사랑이 그 사람이라는 존재가 품고 있는 '누구'에 대한 사랑인가, 아니면 그가 지닌 '무엇'에 대한 사랑인가. 이 말은 사랑에 대한 이해에서 매우 중요하다. 특히 지금 우리가 살고 있는 사회는 모든 것이 '교환경제'의 틀에서 구성되고 있기 때문이다.

〈데리다〉 필름에서의 이 단순한 듯한 장면은 시사하는 바가 깊다. '사랑은 ○○○이다'라는 일반 이해가 실제 나에게 구체적으로 전하는 것은 없기 때문이다. 그렇기에 "예수의 사랑 철학"에 대하여 성찰하고 조명하는 것은 '절대적 해답'의 제시가 아니다. 오히려 사랑에 대해 '새로운 질문'을 하려는 시도다. 그리고 그 질문을 예수의 다양한 가르침 속에서 조명하고 해석하면서

'나의 삶'과 지속적으로 연결하려는, 새로운 사랑을 연습하는 초대장의 의미를 지닌다.

이 글을 읽는 여러분이 '사랑이 무엇인가'라는 질문을 받는다면 어떻게 답하겠는가. 그 질문을 지금, 5년 후, 10년 후, 그리고 이 삶의 여정이 끝나고 있다는 생각이 드는 시점에 받는다면 나의 답은 어떻게 달라질 것인가, 아니면 동일하게 남아있을 것인가. 결국 질문이나 답은 언제나 '정황 특정적(context-specific)'이고 동시에 '자서전적'이다.

자본주의 사회에서 사랑이 어떻게 규정되고 범주화되는지 살펴보기 위해 결혼정보회사에서 나온 자료들을 보자. 결혼정보회사에서 제공하는 자료들은 데리다의 용어를 따르자면, '누구(who)'를 '무엇(what)'으로 대체하는 것을 매우 '자연스러운 것'으로 만드는 전형적인 예다. 인터넷을 살펴보니, 한국의 한 결혼정보회사에서 나온 '등급표'가 있다. 그 등급은 결혼 대상자의 연령, 연 수입, 학력, 직업, 신장 등으로 구분되고 있다. 한 인간이 완전히 '상품'이 되어서 1등급부터 15등급으로 분류되고 있다. 또한 남성의 등급 기준과 여성의 등급 기준은 완전히 다르다. 남성과 여성에 대한 기준이 다르다는 것은 무엇을 의미하는가.

이 결혼정보회사의 등급 분류 방식은 한국의 가부장제 양상을 적나라하게 보여주고 있다. 1등급 남성은 'S대 법대 출신의 판사'다. 2등급은 S법대 출신의 검사나 5대 로펌 변호사, 3등급 역시 S의대 출신의 의사, 또는 대형 로펌 변호사 등이다. 그렇다면 여성의 등급은 어떻게 설정되는가. 흥미롭게도 여성의 등급은 여성 자신이 아니라, 1등급부터 3등급까지가 모두 '부모'의 직업과 자산 규모 등으로 결정된다. 남성 등급은 그 남성의 교육 권력과 정치 권력에 의해서, 반면 여성 등급은 여성 자신이 아니라 그 여성의 부모가 지닌 정치적 권력, 재정 능력 그리고 사회적 위치에 의해서 결정된다.

결혼정보회사에서 나온 '결혼에 성공한 남녀의 표준 모델'을 보면 더욱 적나라하다. 결혼에 성공한 남자의 수입, 교육 배경, 직업, 키, 그리고 출신 지역이 그 항목이다. 남자와 여자의 이상적인 키 차이는 대략 12cm로 나온다. 이러한 '결혼에 성공한 표준 모델'과 '직업별 등급'의 도표를 보면 성차별, 학력 차별, 외모 차별, 지역 차별, 직업 차별, 가정 배경 차별, 그리고 장애 차별 등이 노골적으로 또는 암묵적으로 혐오와 함께 고스란히 드러나고 있다. 이러한 결혼정보회사들은 '사랑 산업'을 통해 막대한 부를 축적하고 있으며, '이상적인 결혼 상대자'가 될 남성과 여성에 대한 등급을 마치 매우 상식적이고 당연한 것으로 만든다. 물론 이러한 결혼정보회사가 제시하는 기준을 따르는 이들은 지극히 극소수일 것이다. 그럼에도 불구하고, 이러한 '사랑 산업'은 '교환경제로서의 사랑'의 전형적인 하나의 예를 보여준다.

"사랑 산업(love industry)"이라고 할 수 있는 한국 결혼 문화에서 남성과 여성은 고유한 개별성을 지닌 한 '인간(the who)'이 아니다. 규격화되고 상품화되는 '대상(the what)'일 뿐이다. 이러한 현상은 여러 가지를 시사한다. 한국 사회의 어느 특정한 부류의 사람들에게나 적용되는 것이라고 치부하기에는 그 문제가 매우 심각하다. 이와 유사한 '사랑의 상품화'가 은밀하게 또는 노골적으로 작동되고 있기 때문이다. 이렇게 '누구'가 아닌 '무엇'에 의해 시작된 친밀성의 관계는, 그 '무엇'의 내용에 변화가 있다든가 기대와 다를 때, 우리가 부르는 '소위 사랑(so—called love)'은 사라지거나, 왜곡되거나, 파괴된다.

'환대'의 진정한 의미가 '환대 산업(hospitality industry)'이라 불리는 호텔, 관광, 여행 등의 계통에서 '교환경제'의 의미로 왜곡되는 것과 동일하다. 금전을 지불하는 이들에게만 환대가 이루어지기 때문이다. 상대방이 가진 학력, 재력처럼 만져지고 보이는 가치인 '무엇'이 아니라, 그 사람의 존재 전부를 의미하는 '누구'로부터 시작된 '사랑의 관계'에 들어가게 될 때, 그 사랑의 관계는 평소에는 대면하지 않았던 자신의 존재에 대한 근원적인 질문을 하게 한다. 물론 스스로 이러한 질문을 글이나 말로 표현하는 것은 아니다.

누군가와의 진정한 사랑의 관계는 "내가 존재한다는 것은 무엇인가" 또 "우리의 존재란 무엇인가" 등과 같은 '뿌리 질문(root question)'과 마주하게 한다. 그 누구, 또 그 무엇으로도 대체 불가능한 개별성을 지닌 '나'와 '너'의 관계는 두 사람이 지닌 '무엇'의 차이로 인해 위협받기도 하고, 그 차이를 넘어서게 될 때 관계의 성숙으로 나아가게도 한다. 이렇게 사랑의 개념을 규정하는 것의 어려움에도 불구하고 한 가지 분명한 것이 있다. 사랑은 삶의 의미를 창출하게 하는 언제나 새로운 원리라는 것이다. 이렇듯 사랑이 중요한 의미를 지닌 것이라면 사랑의 종교라고 하는 기독교, 그 기독교의 중심에 있는 예수, 그리고 예수 가르침의 중심에 있는 사랑이란 무엇인가를 조명하는 것은 복합적인 의미에서 중요성을 지닌다. 이러한 맥락에서 보자면, 사랑에 대하여 조명해 본다는 것은 결국 삶의 의미란 무엇인가, 또한 종교란 무엇인가에 대한 조명이라고 할 수 있다.

그렇다면, 사랑은 무엇인가. 인류 역사에서 사랑은 다양한 방식으로 조명되어 왔다. 서구 전통에서 전개되는 사랑에 대한 논의는 플라톤으로부터 시작한다. 플라톤 전통에서의 사랑은 에로스적 사랑, 기독교적 사랑이라고 하는 아가페적 사랑, 중세의 낭만적 사랑(romantic love) 또는 아리스토텔레스의 필리아(philia) 등으로 분류한다. 그러나 사랑에 이러한 분류를 대입한다고 해도, 사랑이 어떻게 인간 삶의 주요 토대가 되는가의 물음에 자동적으로 답을 제시해 주는 것은 아니다.

전통적으로 사람들이 자신의 목숨을 내건 것이 있었다. 신, 국가, 그리고 혁명이다. 종교의 전쟁, 국가의 전쟁, 그리고 혁명에서 사람들은 죽음을 마다하지 않고 목숨을 걸었다. 그러나 이렇게 중요한 위치를 차지하고 있었던 신/종교, 국가/민족, 또는 혁명에 대하여 사람들은 지독한 실망을 하게 된다. 그토록 지고한 의미를 부여했던 종교, 국가, 혁명이 결국 개별인의 삶을 자동으로 행복하게 하거나 의미롭게 만드는 것은 아님을 알게 된 것이다. 21세기에 들어서 이제 종교, 국가, 혁명의 자리에 '사랑'이 자리 잡게 된다. 아마 이렇게 '사랑'이 사람들의 삶에 의미 부여를 하는 중요한 자리가 된다는 주장을 선뜻 이해하기는 쉽지 않을 것이다. 왜냐하면 그 '사랑'이란 매우 추상적으로 들리기도 하고, 또한 지극히 사적이고 개인적인 일로 생각하게 되기 때문이다.

한편으로는 현대의 자본주의 사회에서 개인들이 매우 이기적으로만 살아가는 것처럼 보인다. 그런데 다른 한편으로 이 시대는 이전과 전혀 다르게 다양한 양태의 인도주의(humanitarianism)가 부상하고 있다. 이러한 현상은 지극히 개인적이고 사적으로만 간주하던 '사랑'이 어떻게 사적 영역의 범주를 넘어서서 공적 영역으로 확장되고 실천될 수 있는가를 잘 보여준다. 예를 들어서 〈국경 없는 의사회(Doctors without Borders)〉, 〈국제 적십자사(International Red Cross)〉, 〈세이브더칠드런(Save the Children)〉, 〈케어 인터내셔널(Care International)〉, 〈유니세프(UNICEF)〉, 〈세계 식량 계획(World

Food Program）〉, 〈월드 비전(World Vision)〉, 〈직접 구호(Direct Relief)〉, 〈기아 퇴치(Action Against Hunger)〉, 〈국제 의료봉사단(International Medical Corps)〉 등 셀 수도 없는 많은 기관이 인도주의적 활동을 펼치고 있다. 이러한 인도주의적 행동의 부상은 무엇을 의미하는가. 가까운 가족이나 친구에 대한 관심을 넘어서서, 전혀 모르는 사람에 대한 인도주의적 관심과 개입은 "타자에 대한 동료 감정(fellow-feeling for the other)"이라고 부를 수 있다. 국경·젠더·인종·종교·학력 등의 경계를 넘어서 그들 모두를 '동료-인간'으로 보고 함께 살아감의 철학을 실천하는 것은, 예수의 사랑의 철학과도 맞닿아 있다고 할 수 있다.

예수의 사랑의 철학

1) 사랑, 예수의 새로운 계명

예수의 가르침의 핵심은 무엇인가. 물론 다양한 해석이 나올 수 있다. 그럼에도 불구하고 예수의 핵심 메시지를 한 개념으로 수렴한다면 '사랑'이라고 할 수 있을 것이다. 이러한 맥락에서 예수를 중심에 놓고 구성된 기독교를 '사랑의 종교'라고 하기도 한다. 그런데 이 사랑이라는 개념은 사용하는 사람마다 참으로 다르다. 그래서 더욱 사랑의 의미와 그 적용의 함의를 복합적으로 조명할 필요가 있다. 기독교 교회에서는 신 사랑, 예수 사랑, 이웃 사랑, 교회 사랑 등의 이름으로 사랑을 언제나 호명한다. 그러나 정작 그렇게 호명되는 '사랑'의 정체가 무엇인지, 구체적인 우리의 삶과 어떻게 연결되는지는 성찰하지 않는다. 종종 이러한 사랑의 강조는 매우 추상적으로, 또는 제도적 권력의 확장을 위해 사용되고 왜곡되곤 한다.

예수를 중심에 두고 구성된 기독교는 어떠한 종교인가. 도스토옙스키는《백치(The Idiot)》에서 기독교를 "사랑의 종교", 보다 구체적으로는 "무한한 사랑의 종교(religion of unbounded love)"라고 한다. 여기까지는 많은 이가 상투적으로 표현하는 기독교에 대한 이해와 유사하다는 생각이 들 것이다. 기독교는 '사랑의 종교'라고 많은 이가 말하기 때문이다. 그런데 도스토옙스키가 말하는 이러한 "무한한 사랑"은 '비극'이다. 그 '무한한 사랑'의 이름으로 기독교는 우리의 관심을 오로지 개인의 사적 세계로만 제한하게 했기 때문이다. 그렇다면 예수의 사랑 철학은 무엇인가. 도스토옙스키가 우려하는 부정적인 의미의 사랑인가.

예수는 "서로 사랑하십시오"라는 그의 메시지를 다음과 같이 "새로운 계명"이라고 명명한다. 그런데 예수는 이미 일반적으로 잘 알려졌을 이 사랑의 가르침을 왜 "새로운 계명"이라고 하는가. 그리고 예수는 왜 자신이 "우리를 사랑하듯" "서로 사랑"하라고 하는가.

나는 여러분에게 **새로운 계명**을 전하고자 합니다:

내가 여러분을 사랑하는 방식으로, 여러분도 서로 사랑하십시오.

여러분이 진정으로 **서로**를 사랑할 때,

여러분이 나의 제자라는 것을 비로소 모든 이가 알게 될 것입니다.

— 예수(요한 13:34~35)

종종 사람들은 예수의 사랑 개념을 아가페, 즉 '무조건적인 사랑'의 범주로 넣곤 한다. 우리의 통상적인 이해는 아가페란 신의 인간을 향한 사랑이라고 생각한다. 그런데 우리는 신이 '나'를 사랑한다는 것을 어떻게 느끼고 경험하는가. 아가페 사랑을 하는 신의 무조건적 사랑을 인간은 어떻게 경험할 수 있는가. 그 '신'은 어떤 특정 종교의 독점적 존재인가. 키르케고르는 그의 《사랑의 작업(Works of Love)》에서 아가페 사랑에 대하여 심도 있게 다룬다. 키르케고르에 따르면, 아가페 사랑을 의미하는 '기독교적 사랑'은 낭만적 사랑이나 에로스적 사랑과는 근원적으로 다르다. 에로스적 사랑이나 낭만적 사랑은 개인의 욕망과 선호(desire and preference)에 근거한 반면, 아가페 사랑은 오직 신의 사랑에서만 가능하다. 그런데 예수의 사랑에 대한 가르침을 이렇게 '아가페 사랑'의 범주에 넣을 때 한계가 있다.

첫째, 예수를 기독교에 절대적으로 소속한 존재로 본다면 그 '아가페 사랑'은 '기독교인'이라는 범주에만 적용되어야 한다. 즉 그 사랑은 불교인, 무교인, 이슬람교인, 힌두교인 또는 무종교인에게는 적용될 수 없다. 결국 '무조건적' 사랑이 아니라, 종교적 조건이 맞아야 하는 '조건적' 사랑이 되어버린다. 무조건적 사랑이라는 이 개념 자체가 작동되지 않는 것이다. 둘째, 신은 비가시적 존재이므로 아가페적 사랑은 지극히 주관적이고 추상적인 개념 속으로 제한된다. 누군가가 "나는 신의 무한한 사랑을 경험한다"고 했을 때 그것은 구체적인 우리의 현실 세계에서 무엇을 의미하는가. 지금도 세계 곳곳에서 기아에 시달리고 있는 사람들에게 그 '무조건적 사랑'은 어떻게 경험되고 작동되는가. 예수의 사랑에 대한 가르침을 신의 무조건적 사랑이라고 하는 '아가페 사랑'의 범주에 넣을 때 이러한 심각한 문제와 한계가 생긴다.

예수는 "나는 여러분에게 새로운 계명을 전하고자 합니다: 서로 사랑하십시오"라고 한다. 예수가 자신의 사랑에 대한 가르침을 "새로운 계명"이라고 명명하는 이유는 무엇인가. '이웃 사랑'의 가르침은 구약성서의 〈레위기〉에도 나온다. "당신이 자신을 사랑하듯, 당신의 이웃을 사랑하십시오(You shall love your neighbor as yourself)."(레위기 19:18) 표면적으로 예수의 이웃 사랑 가르침과 구약성서에 나오는 이웃 사랑 가르침은 동일하게 보인다. 예수가 구약성서에도 이미 나오는 가르침을 반복하는 것이라면 예수는 왜 굳이 "새로운 계명"이라고 하는가. 결국 예수의 "이웃"과 구약성서의 "이웃"의 범주는 동일한 것이 아님을 의미한다.

레위기에 등장하는 '이웃'은 이스라엘 유대인 공동체에 속한 사람들이다. 예수는 소위 "선한 사마리아인"(누가 10:30~35) 비유에서 이러한 종족중심적 경계를 넘어선다. 강도를 만나 어려움에 빠진 사람에게 사랑을 베푸는 사람의 모범으로서, 유대인이 아닌 '이방인'을 등장시킨다. 현대 상황에서 보면 특별한 일이 아닐 수 있다. 그러나 예수가 활동하던 시대의 사회문화적·종교적 정황 속에서 유대인이 아닌 '이방인'을 모범적 인물로 등장시키는 것은 매우 급진적인 인식의 전환이며 인습타파의 기능을 한다. '유대인'만이 신에 의해 '선택된 민족'이라는 의식이 마치 절대적 진리처럼 여겨지던 시대 한 가운데서, 예수는 비유대인을 모범 인물로 등장시킨 것이다. 이러한 의미에서 예수의 사랑의 메시지는 전적으로 "새로운 계명"이다. 유대인과 비유대인의 경계를 홀연히 넘어서서 전통적으로 내려오던 '이웃'을 근원적으로 재구성하는 것이다. 또한 사랑을 '원수-사랑'까지 넓힘으로써 사랑의 범주를 급진적으로 확장하고 있다. 이러한 의미에서 예수의 사랑에 대한 명령은 전적으로 '새로운 계명'이라고 할 수 있다.

2) '서로'는 누구인가: '포용의 원'의 급진적 확대

예수의 사랑 철학은 상투적이고 추상적인 개념이 아니다. 만약 예수의 가르침을 익숙하게 암송하여 되풀이하는 방식으로 상투적으로 해석한다면, 2천 년 기독교 역사에서 그토록 호명되고 강력한 영향력을 행사한 예수 존재 자체를 무의미하게 전락시키게 된다. 예수가 누구이며 그의 가르침은 어떠한 의미를 지니는가에 대하여, 절대적이고 고정된 틀을 제공할 수 있는 사람은 없다. 다만 어떠한 근거에서 어떤 해석을 창출하고 나눌 수 있는가를 의미 있게 만드는 것은, 우리의 '변혁적 해석'에 기반한다. 한국의 많은 기독교회가 예수에 대한 '왜곡된 해석'을 한다. 그래서 난민, 여성, 성소수자, 장애인, 또는 타종교에 대한 다층적 혐오의 정치를 정당화하고 있다. 왜곡된 해석으로부터 예수를 끄집어내서, 우리가 몸담고 살아가는 세계를 보다 낫게 만드는 데 기여하는, 그런 가치를 제시하는 예수로 해석해야 한다. 이러한 입장을 출발점으로 해서, 예수가 "새로운 계명"이라고 명명하는 "서로 사랑하십시오"를 21세기의 우리는 어떻게 해석해야 하는가. 이 "서로"를 어떻게 바라보아야 하는가. 사랑해야 할 '이웃'의 범주는 어떻게 설정할 것인가. 우리가 씨름해야 할 지속적 과제다.

신이 모세를 통해서 이스라엘 공동체에 주었다는 "십계명"이 있다. 이 십계명은 교회마다 조금씩 다른 구성을 하고 있지만, 주로 〈출애굽기〉 20장의 내용을 중심으로 십계명을 만들고 있다. "이웃의 아내를 탐내지 마시오"(출애굽기 20:17 앞 단락)를 별개의 항목으로 만든 교회도 있고, "이웃의 집, 아내, 남종, 여종, 소, 나귀 등 모든 소유물을 탐내지 마십시오"(출애굽기 20:17)를 하나의 항목으로 만든 교회도 있다. 그런데 이 구절이 "이웃의 집, 이웃의 아내, 남종, 여종, 소, 나귀 등 모든 소유"라는 범주로 묶여져 하나의 계명으로 등장할 때, 21세기에 사는 우리가 비판적으로 성찰하고 물어야 할 질문은 보다 명확해진다. 여기에서 '이웃'은 '모든 사람'이 아닌 '유대인'이라는 사실을 기억하면서 다음과 같은 두 가지 질문을 생각해 볼 수 있다.

첫째, '이웃의 남편'은 왜 언급되지 않고 있는가. 남편이 언급되지 않는다는 것은 성서의 '규범적인 청중'이 남성이라는 전제를 드러낸다. 성서의 저자들은 남성중심적 가부장제가 마치 신으로부터 부여받은 것으로 생각하는 시대에 살았던 사람들이다. 여성은 규범적 인간의 범주에 속하지 않아 사람 수를 헤아릴 때 그 숫자에도 들어가지 못한 "제2등 인간"이었다. 이러한 사실은 성서가 쓰여진 시대의 사회문화적·종교적 가치를 담아내고 있다.

둘째, '이웃의 아내'를 탐내지 말라는 계명에서 그 "아내"는 누구·무엇인가. 내가 '누구'만이 아니라 '무엇'을 함께 쓴 이유가 있다. '이웃의 아내'를 탐내지 말아야 한다는 것은 그 '아내'의 인간으로서의 존엄성을 존중하라는 것이 아니다. "이웃의 집, 아내, 남종, 여종, 소, 나귀 등 이웃의 모든 소유물을 탐내지 마십시오"(출애굽기 20:17)라는 구절에서 볼 수 있듯이 "이웃의 아내"는 이웃의 집, 종, 소, 나귀 등과 같은 '소유물'에 들어간다. 즉 이스라엘 공동체에서 '아내'는 고유한 인격을 지닌 한 인간이 아니라, 남편이 마음대로 할 수 있는 '소유물'이다.

이러한 극도의 남성중심적이고 위계적이며, '여성'이나 '종'과 같은 특정 그룹의 인간을 소유물로 생각하는 사회종교적 정황에서 "당신이 자신을 사랑하듯 이웃을 사랑하십시오"를 "새로운 계명"이라고 하는 예수의 가르침은 의미심장하다. 여기에서 그 "새로운 계명"은 '주어진 것(given)'이 아니라 우리에게 주어진 '과제(task)'임을 기억해야 한다. 즉 어떻게 예수의 '새로운 계명'의 의미를 만들어 가고 실천하는가는 우리가 지속적으로 수행해야 할 '과제'다. 21세기를 살아가는 우리가 '어떻게' 해석하고, 구체적인 정황에서 '어떻게' 실천해야 하는가는 일상 세계에서 씨름하고 개입해야 할 중요한 과제인 것이다.

3) 예수의 새로운 계명: 나-이웃-원수-신 사랑의 분리 불가성

예수의 사랑 철학을 나의 구체적인 현실 세계에서 실천하고자 한다면, 우선 다음의 두 가지 전단계 과정을 거쳐야 한다. 그렇지 않다면 예수의 사랑 철학은 내가 살아가는 일상 세계에서 아무런 적절성을 담보하지 못한다.

첫째, 탈상투화의 과정이다. '상투화'는 사랑의 새로운 의미를 적극적으로 찾는 것이 아니라, 외부에서 주어진 해석을 그대로 반복하여 암송하는 것이다. 많은 이가 교회의 예배에서, 모임에서 "이웃을 사랑하십시오"에 '아멘'을 한다. 그런데 정작 '이웃 사랑'을 자신의 일상에서 어떻게 적용하고 실천해야 하는지, 무엇을 어떻게 해야 하는지 아무런 생각을 하지 않는다. 이런 경우가 '상투화'의 전형이다. 성서에 나온다고, '예수님의 말씀'이라고, "성경 말씀대로 산다"고 하면서 성서 구절을 암송하며 아는 것 같지만, 우리의 현실 세계에서 상투화시킬 때 그 중요한 의미는 죽는다. '탈상투화'의 과정은 평소에 묻지 않았던 질문을 하고, 연결시키지 않았던 문제들과 연결시켜 보는 시도로 시작할 수 있다. "나-이웃-원수-신을 사랑한다"는 것이 내가 사는 이 현실 세계에서, 내가 접하는 사건들에서 무엇을 의미하는가.

예를 들어서 2018년 제주도에 예멘 난민이 도착했다는 뉴스를 접하고, 그 난민의 정착 문제와 '사랑'을 연결시킬 때 나는 어떠한 입장을 가져야 하는가. 그 당시 많은 기독교인이 예멘 난민이 이슬람 국가에서 왔다는 이유로 반대했었다. 그런데 과연 '예수가 나의 구세주'라고 고백하는 기독교인들이 '이웃'만이 아니라 '원수'까지 사랑하라고 한 예수 사랑의 가르침을 어떻게 이 사건과 연결시킬 것인가. 또 성소수자의 권리를 확장하기 위한 집회가 있을 때, 장애인들이 기본 이동권 보장을 위해 투쟁할 때, 내가 '신을 사랑하고 이웃을 사랑한다'는 것을 이러한 문제들과 어떻게 연결할 수 있는가.

둘째, 탈낭만화의 과정이다. 탈낭만화를 이해하기 위해서 우선 낭만화가 왜 문제인가를 생각해 보자. 낭만화는 어떤 정황에서 늘 밝은 면만을 부각시킨다. 현실 세계의 어두운 면이나 복합적인 면들은 보지 못하거나, 보지 않는다. 연애를 하고 있는 두 사람이 있다고 가정해 보자. 분위기 좋은 카페에 가고, 맛집을 찾아다니면서 맛난 음식을 먹고, 함께 경치 좋은 곳에서 즐거운 시간을 갖는다. 그런 기분 좋은 경험만을 공유하면서 '나는 당신을 사랑한다'는 고백을 한다. 그런데 어느 날 예상치 않았던 갈등 상황에 놓이게 되면서, 논쟁도 하고 의견의 차이 때문에 관계가 소원해지기도 한다. 그러한 갈등 상황을 겪으면서 '나는 당신이 이런 사람인 줄 몰랐다'고 헤어지자고 선언한다. 단순한 묘사지만, 이러한 과정을 많은 이가 겪기도 한다. 즐겁고, 신나고, 아무런 갈등도 없는 그러한 관계가 두 사람 간의 사랑의 관계라고 생각한다면, 그것이 바로 '낭만화된 사랑'이다.

이러한 '낭만화'는 개인 간의 관계에서만이 아니라, 공적 영역에서도 벌어진다. 인간이 누구인가에 대한 복합적인 이해가 부재할 때, 낭만화는 도처에서 생긴다. 인간이란 백지장 같은 '순수한' 존재가 아니다. 다양한 편견들, 욕망들, 상충하는 가치관과 인생관 속에서 자아가 구성되고 전개되는 존재다. 그렇기에 사적 관계든 공적 영역에서의 문제든 그 어느 곳에도 권력의 문제, 불균형이나 갈등의 문제가 없는 곳이 없다. 연인 관계, 친구 관계, 또는 부모와 자식 관계, 친척 간의 관계에서도 각기 다른 권력 문제가 개입되고 행사되는 것이 인간의 일상 세계라는 것이다. 무엇보다도 우리가 살아가는 현실은 소위 장밋빛이 아니다. 언제나 밝은 면과 어두운 면이 공존하고, 여러 가지가 복합적으로 얽히고설켜 있다. 정치적 권력의 자리에 있는 이들은 종종 '애국'의 이름으로 자신들의 권력 확장을 강화하고자 한다. 종교 지도자는 '사랑과 헌신'의 이름으로 자신의 종교 공동체에서의 권력을 확장하는 욕망을 실현하고자 한다. 이러한 맥락에서 예수의 사랑의 메시지를 '사랑합시다'라는 공허한 외침으로만 단순히 낭만화할 때, 예수의 "서로 사랑하십시오"를 "새로운 계명"으로 이해하고 실천하는 것은 불가능하다. 탈낭만화해야 하는 이유다.

탈상투화와 탈낭만화의 단계를 지나고 나면 '사랑'이라는 이름의 복합성을 보게 된다. 우리의 일상은 의식하든 하지 못하든 언제나 사회적이고 정치적인 문제들과 연결되어 있기 때문이다.

"개인적인 것은 정치적인 것"이라는 페미니즘의 모토는 단지 성차별의 문제에만 제한되지 않는다.

예를 들어 내가 집에만 있다고 하자. 나의 사적 공간인 집에 있다고 해서 집이 '개인적인 공간'만은 아니다. 집에서 TV를 보고, 신문을 보고, SNS를 하면서 집 안에 있는 나는 외부 세계와 영향을 주고받는다. 또한 나의 아이를 학교에 보내고, 내가 직장생활을 하면서, 나의 개인적인 세계가 나 개인에게 제한될 수는 없다. 내가 뽑은 대통령, 국회의원, 시장 또는 시의원 등이 만드는 정책은 나의 아이, 나의 가족에게 직간접적으로 영향을 미친다. 나의 아이를 사랑하는 행위는 이렇게 공적인 영역에서의 교육제도, 종교기구, 지역 행정 또는 국가 정책 등과 언제나 내가 의식하든 하지 못하든 연결되어 있다.

또한 나의 가족이나 친구 중에 성소수자가 있다고 하자. 그 성소수자가 누군가와 결혼하고자 할 때 그 관계는 국가가 정한 정책에 따라서 '불법' 또는 '합법적 관계'가 될 수 있다. 건강보험이나 연금 혜택을 파트너와 나눌 수도 있고, 그 혜택에서 배제될 수도 있다. 나의 가족 중에 또는 나 자신이 '난민'이 되는 상황에 있을 때, 그 나라가 어떤 난민 정책을 가지고 있느냐에 따라서 나 또는 나의 가족이 인간으로서의 권리를 누릴 수도 있고, 또는 추방되어서 비인간적 삶을 살아가야 할 수도 있다. 나를 사랑하듯이 이웃 또는 타자를 사랑한다는 것은 이렇게 치열한 현실 세계와의 개입을 통해서 그 포괄적인 진정성을 확보할 수 있다.

예수가 "당신 자신을 사랑하듯, 이웃을 사랑하고, 원수를 사랑"하라는 의미를 나의 일상생활에서 실천한다는 것은 우리의 생각보다 더욱 복합적이고 치열한 정치적 행위의 의미를 지니곤 한다. 예수의 사랑 계명이 나에게 익숙하고 친근한 가족 또는 같은 교회, 같은 학교 출신, 같은 직업 또는 같은 기독교인을 향해서만 잘 대하는 것이라면 예수의 사랑의 철학은 결코 '새로운 계명'이 아니다. 예수가 예리하게 지적하듯이 그러한 사랑은 누구나가 다 하는 일이기 때문이다. 예수의 사랑 철학은 내가 잘 아는 가족이나 친구만이 그 적용 대상이 아니다. 또는 나의 사적인 관계에서만 적용되는 것도 아니다. '나'는 무수한 '너'들과 연결되는 삶을 살아간다. 개인적 정황과 사회정치적 정황은 분리불가하다. 예수의 사랑 메시지를 "새로운 계명"의 의미로 만드는 것은, 그 사랑의 적용 지평을 복합화하고 확대하는 것이 요청된다. 이러한 맥락에서 예수의 사랑 철학을 적용하는 범주를 지속적으로 확장하는 의도적인 시도가 필요한 것이다.

현대 세계에서 난민 문제는 심각한 위기 중 하나다. 이러한 난민 문제에 예수의 사랑 철학을 적용한다면 어떻게 해야 하는가. 난민을 온전한 인간으로 대우하는 정책을 만들어 가는 것, 그러한 생각을 가진 정치가를 선출하는 것도 '사랑'의 방식이다. 모든 사람이 제2등 인간 또는 '죄인'이라고 보는 삭개오 같은 사람, 우물가의 사마리아 여성 같은 사람을 예수는 온전한 존엄성을 지닌 고유한 인간으로 대했다. 내가 난민 또는 미등록 이주민을 존엄한 인간으로 여기고 다양한 방식으로 연대하는 것 역시 예수 사랑의 실천 방식이다. 한국 사회에서 다층적으로 차별받는 성소수자를 온전한 인간으로 대우하는 제도와 사회적 인식을 정착하도록 하는 캠페인을 벌이고, 연대하는 정치가를 선출하는 것도 사랑의 방식이다. 이동권을 확보하기 위해서 투쟁하는 장애인과 연대하는 것도 예수 사랑의 실천 방식이다. 매주 교회에 나가서 '나는 하나님을 사랑하고 예수님을 사랑한다'라고 고백하고 찬송한다고 해서, 그 사람이 소위 '구원'을 받는 것인가. '구원받는다'는 것은 무엇인가. 죽음 이후 '저쪽'에 있는 '천당'에 가는 것인가. 그런 '천당'이라고 하는 '물리적 공간'이 있는가. '신을 사랑한다'는 것은 도대체 무엇인가. 이러한 '뿌리 질문' 없이는 새로운 인식에 도달하기 어렵다.

"당신은 신을 사랑합니까, 또는 예수를 사랑합니까?"와 같은 질문은 의미 없는 질문이다. 이런 종류의 질문에는 '예' 또는 '아니오'의 대답만 가능하다. 그런데 이런 단답 형식의 질문은 '나쁜 질문'의 전형이다. 왜냐하면 첫째, 신에 대한 이해, 또는 예수에 대한 이해가 무엇인가에 따라서 그 답의 의미가 완전히 달라지기 때문이다. 둘째, '사랑한다'는 것을 어떻게 이해하는가는 개별인마다 모두 다르기 때문이다. 신과 예수를 사랑한다고 하면서 물질적 성공을 사랑하는 것으로 이해하는 사람, 만사가 다 잘될 거라고 생각하는 사람, 교회의 목사나 신부 등 종교 지도자가 하라는 대로 하는 것이 신·예수 사랑이라 생각하는 사람이 참으로 많다. 그래서 어거스틴은 "나는 신을 사랑하는가"라는 질문을 "내가 나의 신을 사랑할 때, 나는 무엇을 사랑하는가(What do I love when I love my God?)"라는 질문으로 전환한다. 존 카푸토는 '무엇(what)'만이 아니라, '어떻게(how)'를 넣는다. '무엇'만이 아니라, '어떻게'까지 생각하는 것은 이 질문의 폭과 깊이를 다양한 방향으로 확대한다.

이 점에서 내가 신을 사랑한다고 할 때 과연 '무엇을' 사랑하며, '어떻게' 사랑하는가는 매우 중요한, 좋은 질문이다. '좋은 질문'은 우리를 보다 심오한 사유 세계로 초대하는 반면 나쁜 질문은 '예' 또는 '아니오'와 같은 단답형의 대답만이 가능하다. 그런데 어거스틴의 질문처럼 '좋은' 질문을 받은 사람은 단순한 답이 아니라 오랜 시간 비판적 성찰을 해야 한다. 설사 질문에 대한 답을 말할 수 있다고 해도, 그 답은 언제나 잠정적이기에 지속적으로 성찰해야 한다. 어거스틴의 질문에 카푸토는 '어떻게'를 첨부함으로써 어거스틴의 질문을 복합화하고 심오하게 만든다. 좋은 질문은 여러 세계로 잇는 '성찰의 다리'와 같은 기능을 한다.

21세기를 살아가는 우리는 2천여 년 전에 구성된 기독교와 그 기독교의 출현을 가능케 한 '예수'를 폭넓게 이해하기 위해서 좋은 질문과 지속적인 씨름을 하는 것이 요청된다.

여기에서 어거스틴의 이 질문을 좀 더 세밀하게 들여다보면 다음과 같은 표현이 등장한다. 그가 일반적인 표현으로 '신(God)'이라고 하지 않고, '나의 신(my God)'이라고 한 점이다. '나'라는 표현이 있는 것과 없는 것에는 차이가 있다. '신'이라는 이름을 호명한다고 해서, 모든 사람이 그 신에 대한 동일한 이해를 하는 것은 아니다. '나'의 신에 대한 이해는 '너'의 이해와 유사할 수 있지만, 전혀 다른 경우도 많다. 그리고 나의 신에 대한 이해가 있다고 해서 그것을 절대화해서는 안 된다. 그렇기에 '나의 신'이라는 것은 '인식론적 겸허성'을 담아내고 있다. 즉 지금 내가 호명하는 신은 '누구에게나' 적용되어야 하는 신이라기보다, 오직 '나의 이해'에 따른 신이라는 함의를 지닐 수 있다.

물론 내가 어거스틴과 직접 대화를 나눈 것은 아니다. 그러니 "사실이란 없다, 해석만이 있을 뿐"이라는 니체의 말은 여기에서도 작동된다. 따라서 나의 해석이 절대적으로 옳다거나 누구나 동의해야 한다고 주장할 생각은 전혀 없다. 또한 그 누구도 '절대적으로 올바른 해석'을 제시할 수는 없다. 오로지 '나의 해석'일 뿐이다. 존 카푸토는 이러한 어거스틴의 질문이 충분하지 않다고 하면서 다음의 질문을 더 한다. "내가 나의 신을 사랑할 때 나는 어떻게 사랑하는가(How do I love when I love my God?)."
왜냐하면 사랑이란 '무엇(what)'에 관한 것만이 아니라, '어떻게
(how)'에 관한 것이기도 하기 때문이다. 신을 사랑한다고 하면서
물질, 명예, 권력, 성공을 사랑하는 이들이나 교회가 얼마나 많은
가. '당신은 신을 사랑합니까?'라는 물음에 힘차게 '아멘'하면서
결국 그들의 기도 내용은 물질적 축복과 성공, 선거에서 이기는
것, 입시에서 좋은 대학 가고, 월급 높은 직장에 취직하는 것이
라면, 그들의 '신'은 결국 '성공 만능'의 다른 이름일 뿐이다.

   한국에서 대학 입시 때마다 볼 수 있는 특이한 장면이 있다.
바로 대형 교회나 사찰에서 여는 합격 기원 '기도회'다. 백일 기
도회를 진행하기도 하고 인터넷에 보면 '수능 기도문'까지 등장
한다. 이 기도회의 사진들을 보면 참석자의 99%가 여성들, 어머
니들이다. 각 교회에서 소개하는 '수능 기도문'의 일부를 보면,
기독교인들을 지도한다는 종교 지도자들의 신 이해가 참으로
암담하다. 한 수능 기도문을 살펴 보자. 매우 긴 기도문이 다음
과 같은 문장으로 시작한다.
   "하나님, 오늘 대한민국의 언론과 내 주변의 모든 이웃과 친척
들은 수능 성적이, 그리고 이어지는 대학 입시 결과가 인생을 좌
우한다고 말합니다. 하지만 하나님, 수능이든 대입이든 그것이
아무리 아이의 인생에 큰 영향을 미친다 해도, 그것 역시 전능하

신 하나님의 손 안에 있음을 믿습니다."

수능 점수나 입시의 당락 여부가 "전능하신 하나님"이 결정하는 것이라고 굳건히 믿는 게 '하나님에 대한 믿음과 사랑'인가. 기도를 마칠 때 "예수의 이름으로 기도합니다"라고 호명하면 '예수 사랑'인가. 어느 사찰에 보면 "기도하면 행복해집니다"라는 현수막이 걸려있다. 그런데 이러한 '상투화된 기도'의 의미를 탈상투화하려면, 그러한 글귀에 다시 질문해야 한다. 여기에서 등장하는 '기도'는 무엇을 위한 기도인가, 또한 '행복해진다'는 의미는 무엇인가. 마약을 먹어도 행복감을 느낄 수 있고, 알코올을 섭취해도 행복감을 느낄 수 있다. 도대체 '행복해진다'는 것은 무엇인가. 이러한 표현은 불교의 사찰이든 기독교의 교회에서든 도처에서 발견되는 것들이다.

내가 이렇게 구체적인 예를 드는 이유는 한 가지다. 아무리 거창한 철학, 신학, 또는 종교 이론이라 해도 그것이 우리의 일상과 연결되지 않는다면, 공허한 자기 위로와 타자에게 해를 가하는 파괴성으로 작동될 수 있기 때문이다. 종교의 이름으로 혐오와 배제를 정당화하고, 철학의 이름으로 현실 세계에의 치열한 개입을 외면하는 경우가 참으로 많다. 지적 우월감을 지닌 이들이 모여 이 세계의 '진리'를 논한다고 하면서 구체적으로 식사를 준비하고, 시장을 보고, 먹거리를 고민하고, 여러 가지 실패와 좌절을 경험하는 일상 세계에 개입하지 않는다. 이렇게 일상과 분리되어 존재하는 철학이나 종교가 무슨 의미가 있는가.

이러한 맥락에서 보자면 예수의 행적과 가르침은 플라톤의 아카데미 안에서 토론하고 논쟁하던 전통적 철학자들의 행적과 매우 다르다. 예수의 가르침은 언제나 매우 구체적이고 다양한 '사람들과의 만남'에서 시작한다. 학자나 종교 지도자들과 같은 사람들과의 토론과 논쟁을 통해서가 아니라, 구체적인 사람들과의 교류를 통해서 그 가르침과 실천이 나온다. 군이 분류해 보자면, "밑으로부터의 철학"이라고 할 수 있다. 이 땅에 굳건히 발을 내딛고서, 구체적인 일상 세계에서 '어떻게 사랑을 실천하는 것인가'를 자신의 실천 속에 체현된(embodied) 가르침을 전하는 것이다.

어거스틴과 카푸토의 '신 사랑'에 관한 질문을 '예수 사랑'으로 돌려보자.

❶ 내가 나의 예수를 사랑할 때, 나는 '무엇을' 사랑하는가.
❷ 내가 나의 예수를 사랑할 때, 나는 '어떻게' 사랑하는가.

이 두 질문은 예수의 '사랑의 철학' 이해를 확장하는 데 중요한 '출발점'이라고 할 수 있다. 또한 언제나 상기할 것이 있다. 예수에게 있어서 자기 사랑, 이웃 사랑, 원수 사랑은 신 사랑과 분리 불가하다는 점이다. 예수는 도처에서 이러한 사실을 확인시키곤 한다. 예수는 "최후의 심판"이라고 알려진 비유에서(마태 25:31~46), 이러한 사실을 강조한다. 가장 소외당한 이들, 도움이 필요한 이들, 즉 주변부에 있는 이들을 사랑하고, 관심하고, 연대하고, 돌보는 것이 바로 '최후의 심판관'인 '나/신'에게 하는 것이라는 것이다. 예수의 이 비유는 심오한 의미를 지닌다. 이러한 맥락에서 보면, 예수의 사랑의 철학은 다음의 도표로 표현할 수 있다.

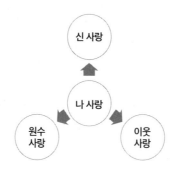

예수의 사랑 철학의 핵심은 바로 나-이웃-원수-신에 대한 사랑은 분리 불가하며 "사랑하지 않는 사람은 그 누구든, 신을 알지 못한다"는 심오한 세계다.

제4장

용서의 철학

〈예수의 말소리, 철학자의 글소리〉

① 나의 친구여, 당신의 죄들이 용서받았습니다. —예수(누가 5:20)
(My friend, your sins are forgiven.)

② 예수는 그 여성에게 말했습니다. "당신의 죄들이 용서받았습니다."
—예수(누가 7:48)
(Then Jesus said to the woman, "Your sins are forgiven.")

③ 예수는 중풍 병자에게 말했습니다, "…당신의 죄들이 용서받았습니다." —예수(마태 9:2)
(Jesus said to the paralyzed person, "…your sins are forgiven.")

④ 당신들이 당신의 자매와 형제들을 진심으로 용서하지 않으면, 하늘에 계신 신도 똑같은 방식으로 당신들을 대할 것입니다. —예수(마태 18:35)
(My Abba in heaven will treat you exactly the same way unless you truly forgive your sisters and brothers from your hearts.)

⑤ 신이여, 저들을 용서해 주십시오. 그들은 자신들이 무엇을 하는지 알지 못합니다. —예수(누가 23:34)
(Abba, forgive them. They don't know what they are doing.)

⑥ 만약 당신이 타자의 잘못을 용서한다면, 신도 당신의 잘못을 용서해 줄 것입니다. 만약 당신이 타자를 용서하지 않는다면, 신도 당신을 용서하지 않을 것입니다. —예수(마태 6:14~15)
(If you forgive the faults of others, Abba God will forgive you yours. If

you don't forgive others, neither will Abba God forgive you.)

⑦ 베드로가 예수에게 와서 물었습니다. "자매나 형제가 내게 잘못하면 몇 번이나 용서해야만 합니까? 일곱 번인가요?" "아닙니다, 일곱 번이 아닙니다; 나는 당신에게 말합니다. 일흔 번씩 일곱 번이라도 해야 합니다."
―예수(마태 18:21~22)
(Peter came up and asked Jesus, "When a sister or brother wrongs me, how many times must I forgive? Seven times?" "No." Jesus replied, "not even seven times; I tell you seventy times seven.")

⑧ 새롭게 태어나지 않는다면, 그 누구도 신의 나라를 볼 수 없습니다.
―예수(요한 3:3)
(No one can see the kindom of God unless they are born again.)

⑨ 인간사의 영역에서 용서 역할의 발견자는 나사렛 예수였다. ―한나 아렌트
(The discoverer of the role of forgiveness in the realm of human affairs was Jesus of Nazareth.)

⑩ 오직 사랑만이 용서할 수 있는 힘을 가지고 있다. 왜냐하면 사랑만이 그 사람의 존재를 있는 그대로 받아들이기 때문이다. ―한나 아렌트
(Only love has the power to forgive because only love is fully receptive to who somebody is.)

⑪ 용서란 오직 용서할 수 없는 것을 용서하는 것이다. ―자크 데리다
(Forgiveness is to forgive only the unforgivable.)

왜 용서인가

용서는 전형적으로 종교적 또는 심리학적인 현상이라고 간주되어 왔다. 그렇기 때문에 용서 문제는 종교학자들과 인간의 행동을 연구하는 학자들이 다루는 주제였다. 또한 도덕 철학자들의 연구들을 살펴보면 흥미롭게도 '처벌'이라는 개념이 주요한 주제로 관심받고 있는 것에 비해, '용서'라는 개념은 큰 주목을 받지 않아 왔다.

이러한 용서에 대한 제한된 관심이 제2차 세계대전과 홀로코스트 이후에 바뀌었다. 어떻게 인류가 그러한 잔혹성을 가지고 다른 인간을 파괴하는 일을 자행할 수 있었을까. 철학자들, 정치학자들, 법조인들, 그리고 다른 분야의 전문가들은 '용서'라는 주제에 관심하기 시작했다. '용서'가 제2차 세계대전 후 드러나기 시작한 다층적 불의, 악, 폭력 등에 응답이 될 수 있는가에 대한 관심이 확산된 것이다. '인류에 대한 범죄(crime against humanity)'라는 개념은 제2차 세계대전 후에 국제법에서만이 아니라, 다양한 정황에서 사용되면서 대중화되었다. 특히 제2차 세계대전 이후 나치 관리들을 기소하기 위해 열린 뉘른베르크 재판에서 "인류에 대한 범죄"라는 용어가 법적으로 정의되고, 널리 알려지고, 사용되기 시작했다.

2023년 7월 영화감독 크리스토퍼 놀란Christopher Nolan이 만든 영화 〈오펜하이머(Oppenheimer)〉와 다큐멘터리 필름인 〈모든 전쟁을 종식하기 위해: 오펜하이머와 원자폭탄(To End All War: Oppenheimer & the Atomic Bomb)〉이 나왔다. 제2차 세계대전은 이전의 전쟁과 근원적으로 다른 점이 있는데 그것은 인간이 인류에 대한 대량 학살이 가능하게 되었다는 것이다. 그 점을 이 두 필름은 분명하게 보여준다. 이 필름은 갖가지 파괴와 살상을 가져오는 전쟁을 끝내기 위해서, 더 강력한 폭탄을 통해 파괴와 살상을 해야 한다는 아이러니를 다시 상기시킨다. 1945년 원자폭탄 발명으로 인간이 인류 전체를 살상할 가능성의 문을 열었다는 것에 대하여 놀란 감독은 2023년 8월 14일 미국 공영 라디오 방송 NPR과 한 인터뷰에서 "좋든 싫든, 우리는 오펜하이머의 세계(Oppenheimer's world) 속에 살고 있다"는 말을 한다.

"원자폭탄의 아버지"라고 불리는 로버트 오펜하이머의 원자폭탄 발명 이후, 이제 인류역사상 돌이킬 수 없는 살상이 가능하게 되었다. 1945년 7월 16일에 뉴멕시코주 로스앨러모스(Los Alamos)에서 첫 원자폭탄 실험을 했고, 약 한 달 후에 이 원자폭탄은 연합군에 항복하지 않는 일본의 히로시마와 나가사키에 사용되었다. 제2차 세계대전을 종식시키기 위해 만들어진 원자폭탄은 일본에서 20만여 명의 사람들이 사망하면서, 결국 일본의 항복을 끌어내는 무기로 사용되었다. 이 영화는 전쟁을 끝낼 도구가 될 것이라고 믿으면서 수천 명의 연구자들이 흥분하며 기대했던 "집단적 꿈"과 동시에 그 원자폭탄의 파괴적 위력을 실제로 경험하면서 가지게 된 "집단적 악몽(collective nightmare)"에 관한 것이라고 놀란 감독은 말한다. 문제는 이러한 '악몽'이 우리가 살아가고 있는 이 21세기에 더욱 강력한 위력을 가지고 일상에 자리 잡게 되었다는 것이다. 오펜하이머가 이 원자폭탄 테스트를 "삼위일체 테스트(Trinity Test)"라고 명명했다는 점은 매우 흥미롭다.

"삼위일체"는 기독교의 교리로서, 신은 유일신이지만 '성부, 성자, 성령'이라는 세 인격으로 구성된 존재라는 교리다. 오펜하이머는 원자폭탄 테스트의 이름을 "삼위일체 테스트(트리니티 테스트)"라고 명명해야겠다는 통찰을 존 던John Donne의 시, 〈거룩한 소네트: 내 마음을 때리소서, 거룩한 삼위일체 하나님(Holy Sonnet:

Batter My Heart, Three-Person'd God)〉에서 받았다고 한다. 한 역사학자는 오펜하이머가 그의 연인이었던 진 태틀록과 침대에서 존 던의 시를 읽곤 했다며, 이 "트리니티"라는 이름은 1944년에 죽은 진 태틀록에 대한 헌사일 것이라고 본다.

시인 존 던은 그의 시에서 신에 대한 '믿음'을 강력한 망치로 문을 부수고 들어가는 것에 비유했다. 성공회 신부이기도 했던 존 던은 자신의 시에서 "삼위일체의 신이여, 내 마음을 두드리소서. 아직은 문을 두드리고, 숨 쉬고, 빛나고, 고치려 하십니다. 내가 일어나 서고, 나를 뒤엎고, 당신의 힘으로 꺾어 깨뜨리고, 불태우고, 새롭게 하소서"라고 한다. 오펜하이머는 원자폭탄을 만드는 트리니티 테스트를 이러한 '믿음'의 행위라고 생각했다. 또한 과학자들과 엔지니어들은 세계대전을 끝낼 무기를 테스트하는 "맨해튼 프로젝트"의 완성으로서의 "트리니티 테스트"는, 원자폭탄의 '세례'가 될 것이며, 인류 역사의 새로운 시대를 열 것이라는 믿음을 가지고 있었다. 과학자들이 실험을 하면서 인간은 물론 지구 위에 거하는 모든 생명체를 대량 학살할 수 있는 원자폭탄을 만들어 테스트하는 것을 기독교적 용어인 '세례'와 '믿음', 그리고 대표적 교리 중 하나인 '트리니티'와 연결시키고 있다. 이것은 '기독교'가 역사에서 다층적 폭력과 파괴, 또한 살상을 거룩한 소명으로 정당화하는 기제로 사용되어왔음을 상징적으로 보여준다.

지배적 위치에 있는 이들의 권력에의 욕구, 국가적 팽창에의 욕구, 또는 특정 집단에 대한 혐오 등을 '세계 평화' 또는 '세계 정의'의 이름으로, 또는 '신의 이름'이나 '예수의 이름'으로 파괴적인 무기나 폭력 사용을 정당화하는 경우가 얼마나 많은가. 십자군 전쟁, 마녀 화행, 종교 재판 등은 표면적으로는 신의 이름으로, 예수의 이름으로 자행되었지만 실제 이유는 권력 독점과 확장의 욕망이 근저에 있었다. 오펜하이머의 "트리니티 테스트"에 개입해 온 사람들은 의식·무의식적으로 전쟁을 종식하기 위한 '거룩한' 과제를 수행하고 있다고 생각했을 수 있다.

한편으로 이 원자폭탄의 발명으로 제2차 세계대전이라는 전쟁을 끝낼 수 있었지만, 또 다른 한편으로 인류를 대량 학살할 가능성의 문을 활짝 열어놓게 된 것이다. 아이러니컬하게도 '전쟁 종식'의 수단으로 생각하며 했던 "트리니티 테스트"는 더욱 끔찍한 폭력과 파괴의 수단이 되어버렸다. 그 파괴적 기능과 결과는 오펜하이머의 원래 의도와 상관없이 진행되어 왔다. '삼위일체 신'을 의미하는 '트리니티'처럼, '예수의 이름'은 인류 역사에서 다양한 얼굴의 폭력, 살상, 차별 등의 정당화를 위해 오용되어 왔고, 지금도 현재 진행형이다. 이러한 문제를 용서와 연결시켜 보자.

제2차 세계대전 이후 부각되기 시작한 개념인 '인류에 대한 범죄'를 저지른 나치 전범들 같은 사람들을 용서하는 것은 가능한가. 남아공의 인종차별 정책에서 희생된 사람들이 '가해자'를 용서하는 것은 가능한가. 그런데 피해자가 죽었다면, 누가 누구를 용서하는 것인가. 제2차 세계대전 후, '용서'라는 주제는 종교 분야는 물론 사회·정치 등의 분야에서 다양하게 논의되기 시작했다. 용서는 공적인 정치 영역에서만이 아니라, 사적 차원에서 끊임없이 우리의 일상 세계를 찾아온다. 왜냐하면 인간은 되돌릴 수 없는 과오를 저지르곤 하기 때문이다. 그 어떤 인간도 완벽하지 않다. 내가 나에게 과오를 저지르기도 하고, 타자에게 하기도 한다. 또한 타자가 나에게 잘못을 하기도 한다. 의도하든 의도하지 않든 되돌릴 수 없는 과오를 저지른 사람들이 어떻게 자신이나 타자를 그 과오가 벌어진 '과거의 감옥'에 가두지 않고, 현재와 미래에서 새롭게 살아갈 수 있을까. 우리의 살아감에는 언제나 '누군가'를 용서해야 하는 일이 있다.

용서란 무엇보다 두 가지 의미에서 중요하다. 첫째, 내가 '과거의 감옥'에 갇히지 않고, 새로운 삶을 만들어 갈 수 있는 전환점의 의미를 지닌다. 둘째, '가해자'가 자기 자신이든 타자든, 한 인간으로서 새로운 삶의 가능성을 인정하는 의미를 지닌다. 용서에는 자기를 용서하는 것, 타자를 용서하는 것과 같은 지극히 개인적 차원의 용서도 있고, 사회정치적 사건에서 벌어지는 집단적·정치적·공적 차원의 용서 등 복잡한 차원에서 전개되는 것도 있다.

용서는 과거, 현재, 미래라는 시간 개념을 가진 존재에게서만이 가능한 사건이다. 이러한 시간 개념이 부재한 존재들에게는 '용서'라는 개념 자체가 들어올 가능성이 없다. 용서란 '과거'에 대한 성찰을 통해서, 잘못된 것이나 바로잡아야 하는 것 등을 생각하고 판단함으로써 '용서'라는 행동에 이르게 한다. 과거에 대한 성찰이 부재할 때 용서는 등장할 필요도 없을 것이며, 미래는 단지 과거의 단순한 연장으로 머물게 된다.

이러한 의미에서 '용서'는 인간을 동물로부터 구분하게 하는 인간 고유의 사건이라고 할 수 있다. 그런데 우리가 기억해야 할 것이 있다. 용서에 대한 다양한 개념이 있다고 해도, 그러한 용서 이해는 참고사항일 뿐이라는 점이다. 우리의 얼굴이 각기 다른 것처럼 용서에 대한 이해, 용서가 필요한 상황, 전개되고 진행되는 과정 또는 용서라는 사건이 벌어진 '용서–이후'의 정황 등은 모두 다르다는 것이다.

그런데 '용서'라는 말을 들으면 당신은 어떤 것이 맨 먼저 떠오르는가. 자신에게 떠오르는 것이 무엇인지를 간략하게 적어 보면서 이 용서에 대한 조명을 해 보자. '나는 용서를 무엇이라 생각하는가'를 자신에게 먼저 물어보는 것이다. 누군가가 일방적으로 하는 용서에 대한 글을 읽거나 강연을 듣는 것은 물론 도움이 된다. 그런데 다른 사람의 생각만을 읽거나 듣는 것으로 끝나면, 용서에 대한 '정보'를 입력하는 것으로 그친다는 한계가 있다. 스스로 질문을 가지기 시작해야 그 질문만큼의 '답'을 가질 수 있다고 나는 본다. 예수가 "사람들은 나를 누구라고 합니까"라는 질문에 이어서, "당신은 나를 누구라고 생각합니까"(마태 16:13~15)라고 두 단계의 질문을 했다는 것은 이 점에서 매우 중요하다.

'나는 용서에 대하여 어떤 생각을 하고 있는가'를 먼저 생각해보면서 용서의 문을 열어보자. 용서라는 주제를 생각할 때 우리는 매우 복합적인 질문들과 대면할 수밖에 없다.

① 용서란 무엇인가. '용서'와 '묵인'은 어떻게 다른가.
② 용서는 왜 필요한가.
③ 용서가 필요 없는 삶이란 가능한가.
④ 용서에 전제 조건이 있는가. 예를 들어서 '뉘우침' 또는 '용서를 구하는 것'과 같은 전제 조건이 있는 것인가.
⑤ 용서의 주체는 누구인가. 누가 '용서자'가 될 수 있는가. 피해자가 또는 가해자가 더 이상 존재하고 있지 않다면, 누가 용서자가 될 수 있는가. 가족인가, 아니면 민족이나 국가인가. 또는 피해자 집단과 가해자 집단이 있을 때, 피해자 개별인이 '가해자 집단'을 용서할 수 있는가. '집단적 용서'는

가능한 것인가, 또는 불가능한 것인가.

⑥ 용서의 대상이 되는 행위란 무엇인가.

⑦ 한 개인의 해로운 행위, 그리고 국가·조직·회사·종교 단체
등과 같은 '집단'의 해로운 행위를 용서한다는 것은 무엇인
가. 개인이 대상일 때와 집단이 대상일 때, 용서 행위는 어
떻게 비슷하고 또 다른가.

⑧ 개인이 아닌 집단을 용서해야 할 행위가 있는가. 예를 들어
서 식민종주국, 위안부 문제, 나치의 동성애자·장애인·유
대인 등에 대한 박해와 학살 같은 문제에서 용서할 수 있는
주체는 누구인가. 한 개인이 '용서했다'고 해서, 그 집단의
행위가 '용서'될 수 있는가.

⑨ 용서는 누가 할 수 있는가.

⑩ 용서의 대상은 누구인가.

⑪ 용서는 요청되어야만 하는가. 즉 용서를 구하는 사람만이 용
서의 대상인가. 그렇다면 자신이 한 일이 누군가에게 해로운
행위라는 걸 모르는 사람을 용서하는 것이 가능한가.

⑫ 용서 행위의 함의는 무엇인가. 용서한 후에 용서자나 용서
받은 사람에게 어떠한 일이 벌어지는가.

⑬ 용서하기를 거부하는 것은 윤리적으로 올바르지 않은 것
인가.

⑭ 용서 불가능한 행위가 있는 것인가.

⑮ 용서가 정치적으로, 종교적으로 남용되고 왜곡되는 경우
는 무엇인가.

⑯ 예수에게서 '용서'는 왜 중요한 주제인가.

⑰ 예수는 왜 능동태가 아니라, "당신의 죄들이 용서받았습니
다(your sins are forgiven)"라는 수동태의 표현을 사용했는가.
용서의 주체가 누구인지 드러나는 능동태가 아니라, 수동
태를 사용한 것을 어떻게 이해해야 하는가.

⑱ 예수는 가해자의 회개나 뉘우침 또는 용서를 구하는 것과
같은 '용서의 전제 조건'을 제시하는가.

내가 생각하는 이러한 용서 관련 질문들의 리스트는 물론 열
여덟 가지 항목으로 끝나지 않는다. 각기 다른 정황에서 그 특별
한 정황과 연결된 질문이 나올 수 있기 때문이다. 용서와 연관되
어 생각해야 하는 측면의 리스트가 언제나 이미 '미완성'인 이유
다. 이러한 질문들을 생각해 보면서, 예수의 '용서의 철학'이 지
닌 그 의미와 중요성, 그리고 심오한 복합성을 생각해 보자.

용서는 다양한 측면에서 접근할 수 있다. 나는 자기 용서, 대인관계적 용서, 정
치적 용서, 종교적 용서, 용서의 오용 등 용서에 대하여 복합적으로 조명했는
데, 보다 상세한 내용은 강남순, 《용서에 대하여: 용서의 가능성과 불가능성》
을 참고하면 된다.

용서와 새로운 탄생의 가능성

1) 용서의 오용: 용서의 정치화와 종교화

용서는 주로 개인적인 사적 영역, 그리고 종교적 영역에서 논의되었었다. 그런데 그 '용서'라는 주제가 20세기부터 정치적 영역에도 등장하기 시작했다. 과거 다양한 전쟁의 불의, 독재, 인종 말살, 나치의 유대인 학살, 원주민들에 대한 학대 등에 대한 문제들이 국제적으로 논의되기 시작하면서부터다. 남아프리카 공화국의 넬슨 만델라는 대통령으로서 남아공의 인종차별정책(Apartheid)의 지도자를 '용서'했다. 또한 데스몬드 투투 감독은 남아공의 〈진실과 화해 위원회〉의 위원장으로서 "용서가 없다면 미래가 없다(no future without forgiveness)"라고 설교했다. 또한 우간다, 시에라 리온, 독일, 북아일랜드, 칠레, 엘살바도르, 과테말라,

르완다, 한국 그리고 다른 지역들에서도 이렇게 용서가 정치 담론으로 등장하기 시작했다.

정치에 등장한 용서 담론에 대하여 두 가지 입장이 있다. 하나는 용서의 정치화는 '불의(unjust)'하다는 입장이다. 용서가 개인의 사적 영역이 아니라 공적 영역인 정치에의 등장은, 과거의 불의에 대한 진상규명을 오히려 제한함으로써 정의 구현을 가로막는다는 것이다. 용서의 정치화는 폭력과 인권유린의 과거 피해자들에게 '수습의 짐'을 강요하는 기능을 하게 된다. 용서의 정치화 과정은 과거 사태의 '수습'을 목표로 한다. 그러면서 피해자가 아닌 가해자에 집중하게 되면, 결과적으로 '희생자'를 망각하게 된다. 신시아 오지크Cynthia Ozick는 용서에 관한 한 심포지엄에서 다음과 같이 말한다.

> 용서란 무자비하다. 용서는 피해자를 망각한다. 용서는 피해자가 가지는 자기 삶의 권리를 망각한다. 용서는 고통과 죽음을 모호하게 한다. …용서는 살인자에 대한 민감성을 작동시키면서, 피해자에 대한 무감각성(insensitiveness)을 그 대가로 치르게 되는 것이다.

용서의 정치화에 대한 상반된 입장에 대한 논의는 다음을 참고하면 상세하게 볼 수 있다. 신시아 오지크, "The Symposium" in 《The Sunflower》, 213-220.

이렇게 용서가 정치적 영역에 들어오는 것에 매우 부정적인 입장과는 달리, 긍정적 입장도 있다. 용서가 정의 구현을 막는 것이 아니라, 정의 구현에 개입하는 과정이라고 보는 것이다. 정의 구현에 용서가 중요하다는 입장은 '올바른 관계' 회복의 측면이 포함된다. 이러한 의미의 포괄적 정의는 유대교·기독교·이슬람교와 같은 종교의 전통과 텍스트들에서 찾아볼 수 있다. 용서가 이렇게 확장된 의미의 정의를 위해 필요하다고 보는 입장에서 용서란, 특히 사회정치적 영역에 등장한 용서란 무엇인가.

정치적 용서를 부정적으로 보는 입장, 그리고 긍정적으로 보는 입장 모두에게 용서는 많은 경우 사면(amnesty), 즉 정부가 소위 범죄자·가해자에게 주는 법적 특사와 동일시되곤 한다. 그런데 법적 조치의 하나로서 의미를 지닌 사면이란 용서가 아니다. 정치적 영역에 등장하는 용서는 대인관계에서 벌어지는 용서와 매우 다른 차원에서 전개된다는 것을 주지할 필요가 있다. 많은 철학자가 용서란 자신에게 해로운 일을 한 가해자가 그 일로 저주받으면 좋겠다는 그 '분노의 극복'이라고 한다. 물론 모든 '분노'가 부정적인 것은 아니다. 분노에는 세 가지가 있다. 본능적 분노, 파괴적 분노, 그리고 성찰적 분노다. 용서의 단계에서 반드시 극복이 필요한 분노는 '파괴적 분노'다. '성찰적 분노'는 진정한 용서에서 무엇보다도 중요하다. '성찰적 분노'란 누군가가 한 잘못된 행위가 왜 잘못되었는지 복합적으로 조명하고, 그 행위가 빚어내는 불의함과 불공평성에 대하여 분노하는 것이다. 그렇다고 해서 그 성찰적 분노가 자신의 인간됨을 파괴하는 가해자를 맹목적으로 악마화하거나 저주하는 '파괴적 분노'로 확장되어서는 안 된다.

두 종류의 피해자가 있다고 할 수 있다. 한 종류의 피해자는 가해자가 자신에게 한 일을 계속 기억하고, 복수하고 싶은 마음을 가지면서 가해자를 악마화한다. 가해자는 그 어떤 새로운 삶의 가능성조차 지니지 않은 '전적 악인'이다. 또 다른 종류의 피해자는 가해자가 자신에게 한 행위가 왜 잘못되었는지 성찰하면서도, 그 가해자 역시 한 인간으로서 과거의 잘못된 행위 속의 자신을 새롭게 '회복'할 가능성이 있는 사람으로 본다. 가해자를 '악마화'하는 것은 결국 그 가해자만이 아니라 피해자의 인간됨까지 파괴하게 된다.

용서란 잘못된 행위의 묵인이나 망각이 아니다. 무엇이 잘못된 것이며, 왜 잘못된 것인지 분명한 성찰을 하면서, 동시에 그 가해자 역시 인간이라는 이해로부터 출발한다. 이러한 인간 이해에서 출발하기에 자신에게 해로운 행위를 한 가해자일지라도 그 오류와 잘못에서 벗어나 새로운 삶을 살아갈 가능성을 지닌 존재임을 생각할 수 있다. 이렇게 '탈악마화'를 하면서, 가해자를 한 인간으로 보며 용서는 시작된다. 그리고 그러한 용서의 과정에서 피해자 자신이 '피해자 의식'에서 새로운 삶을 향한 '변화의 주체자 의식'으로 전이하는 일이 가능하게 되는 것이다.

우리가 분명하게 기억할 것이 있다. 용서한다는 것은 잊는다는 것이 결코 아니다. 용서한다는 것은 잘못을 묵인하거나 외면하는 것이 결코 아니다. 또 용서한다고 해서 가해자와 예전과 같은 관계를 유지해야만 하는 것도 아니다. 예를 들어 배우자에게 가정 폭력을 당한 사람이 가해자를 용서했다고 해서, 그 배우자와 이전과 같은 관계를 유지해야만 하는 것은 아니다. 사업 관계에서 사기를 쳤던 사람을 용서했다고 해서, 그 사람과 반드시 사업 관계를 다시 이어가야 하는 것은 아니다. 물론 용서가 이루어진 후에 관계의 일부가 다시 회복될 수는 있지만, 이전과 동일한 관계로 회복되어야만 하는 것은 아니라는 것이다. 용서는 이렇게 구체적인 정황에서의 함의가 매우 다르게 구성될 수 있다.

피해자는 과거에 어떤 일이 있었는가를 지속적으로 기억하게 된다. 그러면서 동시에 더 이상 가해자가 한 해로운 행위로 인해 자신의 삶이 파괴되지 않는 것이다. 즉 '피해자 의식'으로부터 과감히 벗어나 새로운 삶을 만들어 가고자 하는 '주체자 의식'으로 전이하고자 용기와 결단을 작동시키는 것이다. 또한 가해자를 '악마'가 아닌 한 인간, 즉 새로운 삶을 살아갈 가능성을 지닌 사람으로 보면서 가해자를 그 행위 안에 가두지 않는 자세를 가지는 것이다. 용서는 '정당화'가 아니다. 왜 피해자는, 특히 정치적 영역에서 가해자를 용서하는 '연기'를 해야 하는가. 통상 정치 영역에서의 용서는 '정상 회복' 등의 개념으로 요청되곤 한다. 예를 들어서 남아프리카공화국에서 〈진실과 화해 위원회〉는 이러한 용서 행위가 마치 극장에서 연극하는 것처럼 '연기(perform)'되었다. 데리다는 이것을 "용서의 극장"이라고 표현한다.

그렇다면 용서는 과연 정의를 실현하는 것인가. 이러한 주장은 국제 사회가 가지고 있는 정의의 지배적인 패러다임을 거스르는 주장이라고 할 수 있다. 특히 계몽주의에 토대를 둔 존 로크, 에마뉘엘 칸트, 존 스튜어트 밀, 그리고 존 롤스의 보수적 자유주의에 근거한 입장에서 보면, 자유주의적 평화는 인간의 권리, 법치주의, 그리고 사법적 처벌을 강조한다. 이러한 자유주의 사상에 근거한 정의의 시각에서 용서는 자리 잡기 어렵다. 즉 용서와 정의는 양립하기 어렵다는 것이다. 무엇보다도 용서는 가해자의 권리나 자격이 아니다. 그렇기에 어떤 해로운 일을 한 가해자는 정의의 관심사가 아니다. 오히려 이러한 자유주의적 평화에서 용서는 정의와 모순되거나, 정의를 포기하거나, 정의를 뛰어넘거나, 또는 정의와 다른 것이 된다. 이러한 맥락에서 보자면, 정의가 권리 또는 받아야 할 처벌 이상의 어떤 것을 의미할 때만 용서는 정의를 구현한다.

이런 정의 개념은 성서는 물론 현대의 회복적 정의 개념에서도 발견할 수 있다. 이 정의 개념을 수용하는 종교 전통과 담론의 입장에서 보면 정의란 의로움(righteousness) 또는 올바른 관계(right relationship)를 의미한다. 용서 담론에서 종종 등장하는 '화해(reconciliation)' 역시 '올바른 관계'를 의미한다. 용서는 올바른 관계를 회복하는 건설적 행위이며 화해의 정의에 참여한다. 그런데 보다 비판적 성찰이 필요한 지점이 있다. 이러한 '올바른 관계'를 어떻게, 누가 규정하는 것인가의 문제다. 이 문제는 다른 차원의 복합적인 조명과 해석이 요청된다. 가족, 이웃, 친구, 사회, 세계 또는 신과의 '올바른 관계'란 무엇인가를 규정하는 것은 결코 단순하지 않기 때문이다. '누가' 규정하는 '올바른 관계'인가라는 문제와 동시에, 특별한 정황에 따라서 '올바른 관계'나 '의로움'이 다른 것을 의미할 수도 있음을 주목할 필요가 있다.

정치적 용서에는 구체적인 정황 속에서 고려하고 조명해야 하는 다양한 문제들이 있다. 예를 들어서 용서는 가해자의 사과가 선행되어야 하는가. 동일한 사건의 피해자가 개인적으로 그 가해자를 용서하는데 다른 피해자는 용서하지 않는 경우, 용서는 성립되는가. 또는 대통령과 같은 한 나라의 수장이 나라나 국민을 대표해서 '집단 용서(collective forgiveness)'를 행할 수 있는가. 이러한 복합적인 딜레마와 씨름해야 하는 것이 바로 용서의 정치화와 용서의 종교화 현장에서 볼 수 있다. 이러한 맥락에서 보자면, 용서가 종교 영역으로 들어왔을 때도 정치 영역과 유사한 다양한 문제들이 자리 잡게 된다. 그 어떤 잘못을 했어도 "신께서 용서하신다"는 '신의 용서' 남용은 특히 기독교 역사에서 무수한 오류와 잘못을 바로잡지도 않은 채, 방치하는 기능을 하곤 한다.

한국 대형교회 남성 목회자의 성적 또는 금전적 비리가 드러나는 경우가 종종 있다. 그 비리의 주체인 목회자는 '하나님께 용서를 구했다'며 자기 잘못에 대한 제대로 된 인정이나 책임을 회피하는 경우가 많다. 또한 신도들은 '목사님도 인간이다'라며 '우리 모든 죄인'이라는 서사를 동원해 여러 가지 문제가 있는 목회자를 위해 기도하고 '누구든지 회개만 하면 하나님께서 용서해 주신다'며 모든 문제를 무마하곤 한다. 인간은 모두 '죄인'이며, '회개만 하면 용서해 준다'는 용서의 레토릭은 전형적인 왜곡된 용서다. 그렇게 쉽게 '하나님의 용서'를 차용하는 이들이 예를 들어서 '여성 목회자'에게 동일한 비리가 밝혀졌다면, 그 반응은 전적으로 다르다. '주의 종인 목회자가 어떻게 그럴 수 있는가' 또는 '역시 여자는 안 돼'라는 선별적인 성차별적 '용서'를 적용한다. '용서'가 구체적인 현실 세계에서 어떻게 적용되고, 어떤 방식으로 실천되는가의 문제는 다양한 차원을 동시적으로 조명하면서 접근해야 하는 복합적인 주제임을 보여준다.

2) 예수의 탄생성의 철학: 용서의 발견자 예수

예수는 다양한 은유를 사용했다. 그렇기에 그의 가르침을 문자적으로 해석하는 것은 오히려 예수의 가르침을 왜곡하게 되는 위험성이 있다. 따라서 '성서를 잘 읽는다'는 것은 성서에 쓰인 문자 그대로 받아들이는 것을 의미하는 게 아니다. 예수의 은유적 표현들이 의미하는 것이 무엇인가를 생각하면서, 자기 삶의 정황과 일상 세계와 연결시키면서 그 실천적 함의를 해석하고 관점을 구성하는 것이 필요하다.

예수가 사용한 은유 중 교회에서 가장 많이 왜곡된 것 중 하나가 있다면 그것은 "거듭남(새롭게 태어남, born again)"이라고 사용되는 은유다. 교회에서는 예수의 '거듭남'을 타종교로부터 기독교로 '귀의'하는 것으로 해석하곤 한다. 예수가 이러한 '거듭남'을 언급한 배경은 기독교가 아니라 '유대 사회'에서라는 것을 상기해야 한다. 즉 예수의 거듭남의 가르침이 흔히 교회에서 말하는 '기독교로 개종'하는 것이 아니라는 점이다. 이 '거듭남'이라는 은유가 등장하게 된 배경은 다음과 같다.

'니고데모'라는 당대 최고의 지식을 갖춘 사람이 "밤에" 예수를 찾아온다(요한 3:1~2). 그가 왜 대낮이 아닌 '밤에' 찾아왔는가는 읽는 이들 각자의 해석과 상상이 필요하다. 그는 예수와 첫

대면을 하면서 정작 자신이 왜 찾아왔는지를 밝히지 않는다. 다만 주변을 맴도는 공허한 듯한 '찬사'로 예수에게 인사를 건넨다. "우리는 당신이 신으로부터 온 선생님(Rabbi)으로 알고 있습니다. 왜냐하면 그 누구도 당신이 한 것 같은 일들을 하지 않았습니다." 그런데 예수는 이에 다소 동문서답의 답변을 한다. "거듭나지 않는다면, 그 누구도 신의 나라를 볼 수 없습니다."(요한 3:3) 여기에서 우리는 두 가지 질문을 하게 된다. 첫째, '거듭남'이란 무엇인가. 둘째, 거듭나야만 경험하고 볼 수 있는 '신의 나라'란 무엇인가.

예수의 단순한 듯한 이 말은 심오한 의미를 지닌다. 대부분의 교회들은 '거듭남'을 타종교에서 기독교로의 개종을 의미하는 것으로, 또는 교회에 다니지 않던 사람이 교회에 등록해 공식적인 '기독교 신자'가 되는 것으로 해석하곤 한다. 그러나 이런 해석은 예수의 말의 심오한 의미를 왜곡하고 훼손시키기까지 한다. 왜냐하면 그런 해석은 예수 가르침의 정황과 전혀 상관없는 '탈정황화'의 오류에서 출발하기 때문이다. '기독교'라는 종교의 존재, '교회'라는 거대한 제도에 대해 전혀 인지하지 않았던 예수가 이 '거듭남'을 마치 기독교나 교회와 직접적으로 연결해 말했다고 해석하고 있다. 그 해석 자체가 예수의 가르침을 근원적으로 왜곡시킨다. 도대체 예수는 왜 대낮이 아닌 밤에 찾아온 니고데모에게, 묻지도 않았는데 마치 어떤 질문에 응답하는 듯한 말을 한 것인가. 요한복음의 기록만 보면, 예수는 니고데모에게 찾아온 이유도 묻지 않고 독백하듯 '거듭남'에 대한 선언을 한다.

예수의 '거듭남' 메시지는 '새롭게 태어남'의 의미를 지닌다. 물론 니고데모는 예수가 이 표현을 은유로 사용하고 있다는 것을 전혀 생각하지 못한다. 그래서 "이미 한 번 태어났는데 어떻게 어머니의 자궁으로 다시 들어갈 수 있습니까?"(요한 3:4)라고 예수에게 되묻는다. 니고데모가 유대 최고 법정인 산헤드린의 일원이라는 것은 그가 유대 사회에서 권력을 지닌 인물임을 의미한다. 니고데모가 또한 '바리새인'이라고 하는 것은 엄격한 유대교의 율법을 준수하는 사람임을 드러낸다. 즉 니고데모는 유대 사회에서 종교적이고 사회정치적 권력과 영향력을 지닌 사람으로서 여러 가지 차원의 결정권을 지녔다는 것이다. 현대 사회에서의 위치로 보자면 대법원 판사 또는 고위 정부 관료와 유사한 위치의 사람일 것이다. 이러한 니고데모가 왜 예수를 찾아왔을까. 그것도 낮이 아닌 밤에 찾아왔는가.

성서는 이러한 배경들에 대하여 상세한 설명을 하지 않는다. 그렇기에 성서를 읽는다는 것은 쓰인 것만이 아니라, 쓰이지 않은 부분까지 유추하며 주변 정황에 따라 새로운 해석을 하는 '상상의 해석학'이 요청된다. 니고데모가 왜 예수를 찾아왔는지, 낮이 아닌 밤에 찾아왔는지에 대한 해석은 물론 읽는 사람마다 다를 수 있다. 니고데모가 예수를 찾아가겠다고 생각한 것은 어쩌면 무엇이 의미 있는 삶인가에 대한 목마름과 배고픔이 있기 때문은 아니었을까. '의미에의 목마름과 배고픔'이 니고데모가 예수와 만나보겠다는 생각을 하게 된 것이라고 나는 해석한다. 대낮이 아닌 '밤'에 찾아갔다는 것은 구체적인 정황에서는 낮에 주변 사람들에게 보이는 것이 꺼려졌기에 은밀하게 사람들의 눈을 피해서 갔다는 해석도 할 수 있다. 그런데 '밤'이라는 것을 하나의 '상징'이라고 보자면, 모든 것이 암흑 속에 가려져서 영혼과 정신이 피폐함을 경험하는 상태, 이 삶의 의미에 대하여 깊은 회의와 좌절에 빠진 상태라는 것을 암시하는 상징적 중요성을 가진다고도 할 수 있다.

밤에 찾아온 니고데모, 사회정치적으로 그리고 종교적으로 최고의 권력자이기도 한 니고데모는 예수가 '새롭게 태어남'에 대하여 말하자 "어떻게 그런 일이 가능할 수 있습니까"(요한 3:9)라고 예수에게 묻는다.

성서는 니고데모가 예수와 만난 이후 그에게 어떤 일이 일어났는지 서술하고 있지 않다. 즉 니고데모에게 예수를 만나기 전과 후에 어떤 삶의 변화가 있었는지 우리는 모른다. 예수가 말한 "거듭나지(새롭게 태어나지) 않는다면 그 누구도 신의 나라를 볼 수 없습니다"라는 상징적 표현들을 그는 어떻게 해석하고, 자신의 삶에 적용시킬 수 있었을까. 아니면 예수와의 만남이 그의 삶에 아무런 변화도 일으키지 않았을까.

예수의 이 '거듭남', 즉 '새롭게 태어남'에 철학적 의미를 부여한 사람은 한나 아렌트다. 아렌트는 예수의 '새롭게 태어남'의 의미를 '탄생성(natality)'의 철학으로 확장한다. 많은 철학자가 인간의 죽음성(mortality)에 집중했지만, 탄생성에 집중한 사상가는 아렌트다. 아렌트는 예수의 '새롭게 태어나야 한다'는 가르침인 '탄생성'을 그의 정치철학의 중요한 개념으로 만든다. 과거의 감옥으로부터 벗어나 새로운 현재와 미래를 구상하고 만들어 가는 것은 자신과 타자에게서 새로운 탄생의 가능성을 받아들이지 않으면 불가능하다. 예수가 '새로운 계명'이라고 선언한 "당신 자신을 사랑하듯 서로 사랑하십시오"는 이러한 새로운 시작에 대한 가능성, 새로운 탄생에 대한 가능성을 받아들이고 행동하지 않으면 불가능하다.

지속적인 '자기 사랑'은 자신의 인간으로서의 불완전성, 스스로의 과오와 자기 불신 등을 넘어서서 그러한 자기를 '용서'해야 가능하다. 자기를 사랑하듯 타자를 사랑하는 것, 더 나아가서 '원수'까지 사랑하는 것은 어떻게 가능한가? 다양한 오류를 범하고, 실수와 잘못을 하고, 상처를 주는 인간으로서의 타자, 이웃, 그리고 나를 어떻게 사랑할 것인가. 또한 내게 '원수'처럼 된 사람을 사랑하는 것은 어떻게 가능한가. 나 자신은 물론 타자와 소위 원수에게서 새로운 삶, 새로운 탄생의 가능성을 받아들이지 않으면, 사랑이란 불가능하다. 사랑의 전제 조건이 되는 것은 자기, 타자, 원수 속에서 '거듭남', 즉 '새로운 탄생'의 가능성을 보는 것이다. 그 가능성을 보면서 과거의 잘못과 실수를 '용서'하고서야 비로소 사랑이 가능하게 된다. 이러한 맥락에서 보자면, 예수의 '새롭게 태어남의 철학', 즉 '탄생성의 철학'은 용서를 가능하게 하고, 이어서 사랑으로 이어지는 가교의 기능을 하는 것이다.

　한나 아렌트는 그의《인간의 조건(The Human Condition)》에서 예수를 매우 특별한 각도로 조명한다. 예수를 우리의 일상 세계에서 용서 역할을 발견한 '용서의 발견자(the discoverer)'라고 해석한다. 예수의 용서 철학은 기독교라는 종교적 구조 안에서만 조명될 필요가 없으며, 그 종교 너머의 세계에서 중요한 의미가 있다고 아렌트는 본다.

　예수의 용서는 기독교의 전유물이 아니다. 아니, 전유물이 되어서도 안 된다. 아렌트가 예수를 '용서의 발견자'라고 하는 것은 예수의 용서가 인간사에 가장 중요한 사랑과 연민의 공동체 창출을 하는 데 매우 중요한 핵심적 요소라고 보기 때문이다. 예수의 용서 가르침의 중심적 요소들은 이러한 '새로운 존재로 다시 태어남'을 받아들이면서 과거의 과오를 용서하고 새로운 삶으로 나아가는, 사랑의 세계를 가능케 하는 출발점이 된다. 유대인인 아렌트는 물론 기독교인이 아니다. 아렌트는 예수를 '종교적 인물'로 가두지 않는다. 자신의 책《인간의 조건》에서 예수를 기독교라는 종교 범주 안에만 갇힌 존재로 보는 게 아닌, 사회정 치적 정황에서 중요한 용서 의미를 전하는 존재로 확장한다.

예수의 용서의 철학

1) 예수의 용서 선언: "당신의 죄들이 용서받았습니다"

용서라는 행위가 벌어질 때 사용되는 일반적인 용서의 양식이 있다. "나는 당신을 용서합니다(I forgive you)." 즉 용서하는 '주체(나)'가 있고, 용서를 받는 '대상(너)'으로 구성되는 양식이다. 이러한 용서 양식을 보면 용서 행위를 하는 '나'와 용서받는 '당신'의 관계 사이에는 분명한 '윤리적 위계'가 존재한다. 용서가 진행되기 이전에는 '나-피해자' 그리고 '너-가해자'로서 '가해자'는 다층적 권력의 상층부에 있던 사람이다. 용서를 받는 '너'는 이전에 가해자였다. 그런데 이제 상황이 바뀌어서 위계가 전도된다. '나-용서자'는 '너-용서받는 자'보다 윤리적으로 우월한 존재라는 윤리적 위계가 매우 '자연스럽게' 형성된다는 것이다.

이전의 나는 누군가의 가해를 받는 '약자'였고, 너는 누군가에게 가해를 가할 수 있는 '강자'였다. 그런데 이제 상황이 전도되어서 그 '강자-약자'의 위계가 바뀌게 된 것이다. 이러한 맥락에서 보자면 '나는 너를 용서한다'는 방식은 피하기 어려운 윤리적 위계주의 문제가 있다.

그런데 예수가 용서 선언을 한 것을 보면 매우 특이한 사항이 있다. 이러한 전통적인 용서의 공식과는 달리, 용서하는 주체가 나타나 있지 않다. 예수는 "나는 당신의 죄를 용서합니다"와 같이 주어와 목적어가 있는 능동태를 사용하지 않는다. 대신 용서의 주체가 누구인지 드러나지 않는 수동태를 사용한다. 예수인 '나'인지 또는 '신'인지 용서 주체가 전혀 나타나 있지 않은 것이다. 이 점에서 수동태를 사용하는 예수의 용서 선언은 매우 특이하다. 예수에게 고침을 받고자 온 중풍 병자에게 용서를 선언하는 장면(누가 5:20, 마태 9:2, 마가 2:5), 그리고 예수의 발에 입을 맞추고, 향유를 바르고, 자신의 머리카락으로 예수의 발을 닦은 사람에게 용서를 선언하는 장면에서(누가 7:48) 예수는 한결같이 "당신의 죄들이 용서받았습니다(Your sins are forgiven)"라는 수동태를 사용한다. 용서를 선언할 때 매번 용서의 주체가 누구인지 밝히지 않는 이러한 예수의 수동태 사용은 어떠한 의미를 지니는가.

자크 데리다는 "나는 당신을 용서합니다"라는 용서 양식에 대하여 매우 비판적이다. 용서의 주체를 "나"라고 선언하는 것은 '용서자'와 '용서받는 자'의 윤리적 위계주의를 자연스럽게 설정하기 때문이다. 즉 과거에 피해자였던 '나'는 이제 용서를 베푸는 관대한 사람으로서, 용서를 받는 '이전의 가해자'보다 윤리적으로 더 우월한 위치에 서게 된다.

수동태를 사용한다는 것은 용서의 주체가 누구인지 드러나지 않는다는 특성을 지닌다. "당신의 죄들이 용서받았다"는 선언을 예수가 하지만, 예수가 용서한 주체라면 "내가 당신의 죄를 용서해 주겠습니다"라고 해야 한다. 용서의 주체를 표기하지 않았다는 것은 주체가 누구인가보다 '용서받았다'는 사실이 부각되는 것이다. 주어가 부재한 수동태 용서 양식에서는 용서자와 용서받는 자에 대한 위계가 구성될 수 없다.

그렇다면 용서의 주체는 누구인가. 예수는 용서 사건에서 우선적 주체는 우리 '인간'임을 강조한다. 예수는 "당신들이 당신의 자매와 형제들을 진심으로 용서하지 않으면, 하늘에 계신 신도 똑같은 방식으로 당신들을 대할 것입니다"(마태 18:35)라고 함으로써, 신의 용서는 인간이 타자에 대한 진정한 용서가 선행되어야 가능하다는 것을 강조한다. 이러한 예수의 용서 이해에 따르면 용서란, 인간이 수행해야 하는 과제이며 의무이기도 하다.

2) 예수의 용서: 무조건적 용서

예수의 용서 철학을 조명하기 위해 대화 상대자로 등장하는 아렌트와 데리다의 용서 이해는 출발점과 도착점이 다르다. 그렇다면 이 두 접근 방식으로 볼 때, 예수의 용서 철학은 어떻게 해석할 수 있을까. 아렌트와 데리다의 용서 이해가 지닌 유사성을 찾아보자. 첫째, 용서가 인간의 상호관계에서 매우 중요한 결정적 측면이라는 것을 강조한 점이다. 둘째, 용서가 인간을 과거의 감옥으로부터 끄집어내서 새로운 삶의 가능성을 제시하는 것임을 부각시킨 사상가라는 점이다. 그런데 아렌트와 데리다는 그 출발점이 다르다.

아렌트는 저서 《인간의 조건》에서 용서에 대하여 세밀하게 다룬다. 인간이라면 누구나 돌이킬 수 없는 과오를 저지르기에 그것을 넘어서는 방식으로써 용서는 필연적인 과정이다. 이런 맥락에서 아렌트가 용서를 조명하고 개입하는 영역은 정치적이며 관계적인 것이다. 동시에 사적이며 공적인 문제이기도 하다. 구체적인 인간의 상호관계와 사회정치적 영역에서 용서는 새로운 관계와 행동으로 전이하게 하는 중요한 요소다. 특히 아렌트의 용서는 인간의 사유, 판단 그리고 행동을 통한 변화를 만들어 내는 인간의 능력이라고 할 수 있으며, 따라서 공공 세계에서 사회정치적 연대와 변혁을 모색하게 하는 의미를 지닌다. 그런데 아렌트의 용서에서는 '전제 조건'이 있다. 즉 가해자/잘못한 사람이 자신의 잘못을 인정하고 참회가 있어야 한다. 용서는 포괄적인 의미에서 개인적인 것만이 아니라, 정치적인 행위가 된다.

데리다는 그의 《코즈모폴리터니즘과 용서에 관하여》라는 책에 포함된 용서 강연, 그리고 다른 용서에 관한 글에서 용서에 대해 세밀한 조명을 한다. 데리다는 보다 근원적인 문제로 용서를 다룬다. 그의 용서는 '가능한 불가능성(possible impossibility)' 또는 '불가능한 가능성(impossible possibility)'이라는 패러독스의 영역에서 들여다보아야 한다. 그가 자주 사용하는 표현인 '한편으로는… 그리고 또 다른 한편으로는'으로 전개되는 '더블 제스처'가 작동되는 이유다. 용서의 패러독스는 '자기 용서'의 경우에도 적용이 된다. 데리다는 '당신은 자신을 용서할 수 있는가'라는 '자기 용서'에 대한 질문을 받는다. 그 질문에 데리다는 '더블 제스처'의 구조에서 답변한다.

한편으로 나는 언제나 나를 용서할 수 있습니다.

그러나 다른 한편으로 나는 나를 결코 용서할 수 없습니다…

나는 나 자신과 하나가 아닙니다.

첫째, 데리다의 이 말은 한 인간의 복합성을 심오하게 드러낸다. 인간이란 흑과 백으로 분명하게 하나의 색채만을 지니는 존재가 아니다. 나 자신을 포함해서 나의 용서가 필요한 '가해자' 모두 다층적 결을 지닌 인간이라는 것이다. 그래서 어거스틴은 "나는 나 자신에게 질문이 되고 있다(I have become a question to myself)"라는 말을 한다. 타자를 포함하여 외부 세계에 대한 비판적 성찰만이 아니라 모든 사유, 판단, 행동의 주체인 '나'에 대한 비판적 질문과 성찰을 지속해야 하는 이유다.

둘째, 데리다의 이 말은 인간의 복합성뿐만이 아니라, 용서의 복합성 차원을 보여준다. 현재 '나는 용서한다'고 해서 용서가 일시적으로 완성되는 것이 아니다. 진정한 사랑은 지속적인 과정이고 그 온전성은 언제나 '도래할 것(to-come)'이다. 이와 마찬가지로, 진정한 용서란 언제나 '도래할 용서(forgiveness to-come)'이다. 용서의 의미와 깊이를 확장하면서 지속적으로 이루어져야 할 '과정 중의 용서'이기도 하다. 데리다 역시 예수처럼 무조건적 용서를 강조한다. 그런데 유한성을 지닌 인간에게 '무조건성'이란 가능한가. 그렇기에 용서의 불가능성과 가능성은 언제나 더블 제스처 속에서만 이해할 수 있다. 예수의 용서도 이러한 '도래할 용서'의 측면에서 접근해야 비로소 그 용서의 심오한 의미를 이해하게 된다.

이러한 맥락에서 예수의 용서 철학을 살펴보면, 아렌트의 용서 이해보다는 데리다의 용서 철학과 훨씬 가깝게 맞닿아 있다고 나는 본다. 왜냐하면 아렌트의 용서 이해는 실천적이고 사회

정치적 측면에 중점을 둔 반면, 데리다의 용서는 존재론적이며
윤리적 측면에서 용서의 복합성을 드러내기 때문이다. 그럼에도
불구하고 용서에 대한 포괄적인 조명과 적용은 이 두 개의 축,
즉 실천적이고 사회정치적인 축과 존재론적이며 윤리적인 축을
모두 연결시켜야 한다고 볼 수 있다. 이러한 복합적인 정황을 고
려하면서 예수의 용서 철학을 좀 더 구체적으로 조명해 보자.

  첫째, 예수의 용서는 '무조건적 용서', '불가능성의 용서'다. 그
런데 용서는 어떻게 가능하고, 동시에 불가능한가. 또한 예수의
용서는 왜 무조건적 용서이며, 불가능성의 용서인가. 예수는 "당
신의 원수를 사랑하고, 당신을 박해하는 사람들을 위해 기도하
십시오"(마태 5:44)라고 한다. 그런데 '원수'는 물론 나를 박해하는
사람을 위한 '기도'가 가능하기나 한가. 이러한 이들을 사랑하기
위해 선행되어야 하는 것이 있다. 바로 용서다.
  이러한 사랑의 선행단계로써 용서에 필요한 것은, 소위 나의
'원수/박해자'를 볼 때, 그들의 잘못된 행위를 비판적으로 문제
제기하면서도 악마화하지 않고, 한 인간으로서 새로운 시작의
가능성을 보는 것이다, 즉 예수의 표현대로 '새롭게 태어남'의
가능성, 아렌트의 표현인 '탄생성'의 가능성을 보는 것이다. 새롭
게 태어남의 가능성을 인정할 때 비로소 그들을 나의 원수나 박
해자가 아니라 나와 같은 한 '인간'이라는 것을 보게 된다. 그래

서 그 사람의 과거 잘못된 행위들로부터 그 사람을 절연시키고, 새로운 사람으로의 탄생 가능성을 받아들일 때 '용서'가 작동한다. 그리고 그 용서 이후에, 비로소 '사랑'의 가능성의 문이 서서히 열리게 된다. '원수' 또는 '박해자'라는 표지로 그 사람을 계속 고정시킬 때 사랑이란 불가능하기 때문이다. 데리다에게서 용서란 '용서할 수 없는 것(the unforgivable)을 용서하는 것'이다. 용서란 '용서할 만한 것(the forgivable)'을 용서하는 것이 아니라 '용서할 수 없는 것'을 용서하는 것, 즉 '무조건적 용서'다. 도무지 용서할 수 없는 '원수'까지 사랑하라고 하는 예수의 사랑과 용서의 철학과 데리다의 용서 이해는 이 점에서 매우 유사한 맥락에 서 있다.

예수의 제자 베드로가 예수에게 묻는다. "자매나 형제가 내게 잘못을 하면 몇 번이나 용서해야만 합니까? 일곱 번인가요?" 그러자 예수는 "아닙니다, 일곱 번이 아닙니다; 나는 당신에게 말합니다. 일흔 번씩 일곱 번이라도 해야 합니다."(마태 18:21~22)라고 답한다. 예수가 "일흔 번씩 일곱 번"이라고 하는 것은 베드로가 "일곱 번"이라고 했기 때문이다. 베드로가 "일곱"이라는 수를 언급하는 것은 여러 가지 이유가 있을 수 있다. 예수와 마찬가지로 베드로 역시 유대교 전통에서 태어나고 살고 죽은 '유대인'이라는 것을 상기할 필요가 있다. 우선 유대교 전통에서 '일곱(7)'은 완벽한 숫자로 간주된다.

신이 이 세계 창조를 끝내고 일곱 번째 날에 안식했기에 '안식일'은 일주일의 일곱 번째 날이다. 유대교 전통에서 숫자 '일곱'은 완전함이나 완벽함을 의미할 수 있다. 예수는 '일곱 번까지 용서해야 하는가?'라고 묻는 베드로에게 '일흔 번씩 일곱 번 용서'하라고 한다. 이것은 문자적으로 일흔 번씩 일곱 번, 즉 490번까지만 용서하라는 것이 아니다. 예수는 이러한 표현으로 용서의 무한성을 강조하는 것이다. 즉 '일흔 번씩 일곱 번'이란 용서에는 끝이 없다는 것, 용서는 '무한하게' 하라는 것, 용서는 '계산-너머'에 있다는 것을 은유적으로 표현하는 '용서의 무조건성'의 강조인 것이다.

둘째, 예수의 용서는 용서의 전제 조건을 설정하지 않는 '전제 조건 없는 용서'다. 이러한 입장은 데리다의 용서 이해와 매우 유사하다. 데리다는 "진정한 용서란 용서할 수 없는 것을 용서하는 것"이라는 '용서의 패러독스'를 강조한다. 많은 용서 담론은 가해자의 뉘우침이나 회개, 또는 용서를 구하는 행위가 선행되지 않는다면 용서받을 수 없다고 한다. 즉 용서에는 선행되어야 하는 전제 조건들이 있어야 한다는 것이다. 아렌트의 용서에는 전제 조건이 있다. 즉 잘못한 사람이 자신의 잘못을 인정하고 참회가 있어야 비로소 용서받을 수 있다.

아렌트와는 달리 데리다는 이러한 용서의 전제 조건을 설정하자마자 용서의 진정한 의미를 상실하게 된다고 강조한다. 데리다에게서 이러한 전제 조건을 내세우는 조건적 용서란 자칫 '교환경제의 용서'가 될 가능성에 노출된다. 즉 '용서를 구하면, 그때 용서해 주겠다'는 '기브 앤 테이크'의 용서라는 지극히 제한된 용서만 가능할 뿐이다. 데리다에게서 용서는 마치 진정한 선물과 같다. 데리다는 '진정한 선물'은 선물을 주는 사람이 자신이 누군가에게 선물을 주었다는 사실 자체를 기억하지 않는 것이다. 즉 선물을 주었다는 것은 '보상의 빚(debt of return)'을 넘겨 주는 게 아니라는 것이다. 내가 누군가에게 선물을 주면서, 이렇게 선물을 했으니 받은 사람도 보답해야 한다고 기대한다면 이미 '교환경제의 선물'일 뿐이다. 적어도 내게 '고마움을 표시'해야 한다든가, 다음에는 당신이 내게 선물을 줄 차례라든가 하는 식의 '기대와 채무'를 설정하는 것은 선물을 '교환경제의 도구'로 변모시키는 행위가 된다.

'용서학(Forgiveness Studies)'이라는 연구 분야가 있다. 용서학에서 중요한 논쟁적 이슈 중의 하나는 용서에 '선행조건'이 있는가 아닌가의 문제다. 용서학 학자들은 둘로 나누어진다. 한쪽에서는 용서란 가해자의 뉘우침과 용서를 구하는 선행단계가 있어야만 가능하다고 본다. 그리고 다른 한쪽에서는 그렇게 선행조건을 내세우는 순간 그 용서는 진정한 용서가 아니라 '교환경제'로서의 용서, 즉 지극히 조건적인 용서일 뿐이라는 입장을 견지한다. 그렇다면 예수는 어느 입장에 서는가. 예수의 용서는 전제 조건을 설정하지 않는다는 점에서 두 번째 입장에 선다. 아렌트의 용서는 첫 번째 입장을 견지하고 있는 반면, 데리다의 용서 이해는 예수와 같이 두 번째 입장에 서 있다.

예수의 용서 이해는 다양한 결을 지닌다. 예수가 십자가 선상에서 한 용서구함의 행위는, 예수의 용서가 그 어떤 전제 조건이 없는 것임을 보여준다. 예수의 용서 이해를 들여다볼 수 있는 의미심장한 장면이다. 예수는 십자가 처형 과정에서의 그 고통스러운 순간에, 신에게 타자의 잘못에 대한 용서를 구한다. 자신을 괴롭히고 '십자가형'이라는 극도의 고통에 몰아넣고 있는 이들에 대한 용서를 구하는 것이다. "신이여, 저들을 용서해 주십시오. 그들은 자신들이 무엇을 하는지 알지 못합니다."(누가 23:34) 예수가 신에게 용서를 구하는 이 장면에서 예수의 용서 이해는 전형적으로 무조건적 용서를 보여준다. 즉 가해자가 잘못에 대한 인지, 그 잘못에 대한 뉘우침이나 회개, 또는 용서를 구한다든가 하는 그 어떤 '전제 조건'이 없다는 것이다.

십자가 선상의 예수가 신에게 용서를 구한 '가해자'들은 자신들이 무엇을 하는지, 이것이 잘못된 일인지 알지 못했다. 뉘우치거나 회개하는 것도 아니었고 용서를 구하지도 않았다. 죽음으로 가는 처절한 고통의 현장에서 그들은 예수의 옷을 나누어 갖고, 예수를 조롱했다. 이러한 이들을 위해서 용서를 구하는 예수의 용서 이해는 '전제 조건 없는 무조건적 용서'의 전형이다.

　그런데 이러한 무조건적 용서가 가능한 것인가. 그것이 쉽게 가능하다면 굳이 '용서'라는 말을 할 필요조차 없다. 그래서 데리다는 "그 개념에 걸맞은 가능한 개념이 있다면, 그것은 오직 불가능한 개념뿐이다"라고 한다. 이 말이 쉽게 이해되기 어렵겠지만, 예수도 사랑에 대하여 그러한 말은 이미 했다. 누구나 다 하는 사랑은 그 의미가 없다는 것 "만약 당신이 당신을 사랑하는 사람들만을 사랑한다면, 그것이 무슨 의미가 있습니까?"(누가 6:32)라고 한 맥락과 유사하다. 즉 쉽게 '가능한 사랑'이 아니라, 거의 '불가능한 사랑'이야말로 바로 진정한 사랑의 의미라고 하는 것이다. 용서도 마찬가지다. 용서할 만한 것을 용서하는 것은 이미 용서라는 말을 붙일 필요가 없다. 사랑하기 어려운 사람을 사랑하는 것이 '사랑'이라는 소중한 개념을 사용할 가치가 있는 것처럼, 진정한 용서란 데리다의 말처럼 "오직 용서할 수 없는 것을 용서하는 것"이다.

　예수는 스스로 글을 쓰지 않았다. 그 누구도 예수와 직접 대화한 사람은 없다. 기독교인들이 "기도 중에 계시를 받았다"는 '간증'을 할 때, 그들이 받은 계시는 누구로부터 받은 것일까. 그 '계시'는 어떤 언어로 이루어졌을까. 한국어인가, 한국에 기독교를 전해준 나라의 언어인 영어인가, 독일어인가, 중국어인가. 아니면 예수가 사용했다고 알려진 아람어인가, 또는 복음서가 쓰인 희랍어인가. "예수의 이름으로 기도한다"는 것은 무슨 의미인가. '예수 믿는다'는 신앙 고백, 또는 교회에서 쉽게 들을 수 있는 '기도 중에 응답을 받았다' 등과 같은 표현은 종종 왜곡된 자기 투사의 표현일 수 있다. 이러한 매우 '자연적인 것'처럼 보이는 종교적 서사를, 근원적으로 '탈상투화'해야 하는 이유다. 예수의 가르침 역시 마치 처음 대하는 전적으로 '새로운 것'으로 읽고, 해석하고, 자신의 세계에 연결시키는 작업을 해야 비로소 그 의미의 한 줄기를 잡아낼 수 있게 된다.

우리가 접근할 수 있는 예수에 관한 것은 모두 '간접적인 지식'에 근거한다는 한계를 지닌다. 예수는 사랑, 용서, 환대, 정의 등에 대하여 이론적인 개념과 체계를 만들어서 세밀하게 설명하지도 않았다. 일상 세계를 살아가는 사람들과 만나고, 그들의 고통에 연민과 연대를 하고, 사회적으로 따돌림당하는 주변부인들과 '친구'가 되고, '죄인'이라고 손가락질당하는 사람들이 새로운 삶을 살도록 용서와 환대를 실천했다. 예수의 가르침과 실천에 대한 여러 개념이 내가 살아가는 매우 복잡한 21세기 사회에서 어떤 함의를 지니는가 연결하는 것은 이제 오로지 나의 과제다. 예수의 매우 간결한, 그러나 심오한 가르침을 '출발점'으로 삼아서, 이 복잡다단한 현대의 일상 세계에 연결시키는 것은 앞으로도 지속되어야 할 중요한 과제라 할 수 있다.

제5장

환대의 철학

⟨예수의 말소리, 철학자의 글소리⟩

① 내가 굶주렸을 때 당신은 내게 먹을 것을 주었고, 목마를 때 마실 것을 주었습니다. 내가 이방인이었을 때 당신은 나를 환대하였고, 헐벗었을 때 옷을 입혀 주었습니다. 내가 병들었을 때 당신은 나를 위로해 주었고, 감옥에 갇혔을 때 나를 찾아왔습니다… 당신들이 지극히 소외된 자매들과 형제들에게 하는 것이 곧 내게 한 것과 같습니다. —예수(마태 25:35~36&40)

(For I was hungry and you fed me; I was thirsty and you gave me drink. I was a stranger and you welcomed me; naked and you clothed me. I was ill and you comforted me; in prison and you came to visit me… The truth is, every time you did this for the least of my sisters or brothers, you did it for me.)

② 점심이나 저녁 식사를 제공할 때는 친구나 동료, 친척 또는 부유한 이웃을 초대하지 마십시오… 만찬을 베풀 때는 가난한 이들, 몸이 불편한 이들, 또는 눈이 안 보이는 이들을 초대하십시오. —예수(누가 14:12~13)

(Whenever you give a lunch or dinner, don't invite your friends or colleagues or relatives or wealthy neighbors… when you have a reception, invite those who are poor or have physical infirmities or are blind.)

③ 여러분은 '눈에는 눈, 이에는 이'라는 계명을 들었습니다. 그러나 나는 여러분에게 악한 사람에게 저항하지 말라고 권합니다. 누군가가 당신의 오른쪽 뺨을 때리면 돌아서서 다른 쪽 뺨을 내어 주십시오. 누군가 당신의 셔츠 때문에 당신을 고소하면, 당신의 코트까지 건네주십시오. 누군가 당신에게 1마일을 가자고 강요하면, 2마일을 가십시오. 당신에게 구걸하는 이들에게 주십시오. 그리고 당신에게 돈을 빌리기를 원하는 사람을 외면

하지 마십시오. —예수(마태 5:38~42)

(You've heard the commandment, 'An eye for an eye and a tooth for a tooth.' But I tell you, don't resist an evil person. When someone strikes you on the right cheek, turn and offer the other. If anyone wants to sue you for your shirt, hand over your coat as well. Should anyone press you into service for one mile, go two miles. Give to those who beg from you. And don't turn your back on those who want to borrow from you.)

④ "이것을 드십시오." 예수가 말했다. "이것은 나의 몸입니다." 그리고 잔을 들고 감사하면서 제자들에게 주었다. "당신들 모두 이것을 마시십시오." 예수가 말했다. "이것은 나의 피입니다." —예수(마태 26:26~28)

("Take this and eat it", Jesus said. "This is my body." Then he took a cup, gave thanks, and gave it to them. "Drink from it, all of you", he said. "This is my blood.")

⑤ 세금 징수원들과 "죄인들"이 예수의 가르침을 듣기 위해 예수 주위로 모여들자, 바리새인들과 종교 지도자들은 "이 사람은 죄인들을 환영하고 그들과 함께 음식을 먹는다"고 수군거렸다. —(누가 15:1~2)

(The tax collectors and the "sinners" were all gathering around Jesus to listen to his teaching, at which the Pharisees and the religious scholars murmured, "This person welcomes sinners and eats with them.")

⑥ 사람들이 말했다, "이 사람[예수]은 폭식가이자 술주정뱅이이며, 세금 징수원들과 죄인들의 친구입니다." —(마태 11:19)

(They say, "This one is a glutton and a drunkard, a friend of tax collectors and sinners.")

⑦ 우리는 환대가 무엇인지 알지 못한다… 환대는 오직 환대 너머에서 일어날 수 있을 뿐이다. —자크 데리다

(We do not know what hospitality is… Hospitality can only take place beyond hospitality.)

⑧ 기독교에 열려 있는 또 다른 길은 환대와 종교적 토대로서의 선교적 성향을 강조함으로써 보편화 기능을 회복하는 것이다. —잔니 바티모

(The other path open to Christianity is to recover its universalizing function by stressing its missionary inclination as hospitality, and as the religious foundation.)

환대란 무엇인가

1) 동질성의 환대와 다름의 환대

예수의 가르침 중 사랑과 용서와 연결되는 중요한 가치가 있다. 바로 환대(hospitality)다. 환대의 통상적 의미는 타자를 '환영'하는 것이다. 타자에 대한 진정한 환대의 인식적 출발점은 그 타자를 존엄성을 지닌 평등한 '인간'으로 대하는 것이다. 그런데 '타자를 환영한다'는 의미의 환대는, 개인 일상생활의 구체적인 정황에서는 물론 사회정치적 정황, 그리고 국제간의 정황 등 참으로 복잡한 주제들과 연결되어 있다.

환대에 대한 근원적 왜곡의 전형은 "환대 산업(hospitality industry)"을 인터넷에 검색하면 볼 수 있다. '환대 산업'은 호텔, 관광, 요식업, 카페, 카지노, 유람선, 유흥 산업 등 최대의 이득을 극대화하는 산업이다. 그런데 이러한 환대 산업이 '환대'의 의미를 근원적으로 왜곡시키고 있다. 예를 들어서, 대표적인 환대 산업 분야인 호텔에 '손님'이 들어서면 '주인'은 환한 미소로 '환영'한다. 그런데 이러한 환대 산업의 장소에서 환대가 베풀어지기 위해서는 분명한 하나의 전제 조건이 맞아야 한다. 금전 지불이다. 대가를 미리 지불하지 않으면, 또는 대가를 지불할 거라 약속되지 않으면 환대는 없다. 이렇듯 현실 세계에서의 환대는 '주고받기'라는 '교환경제'의 틀에서 이루어진다. 이렇게 금전을 지불해야 미소로 '환영'을 받을 수 있다. 이러한 것이 바로 '환대'라는 이름이 왜곡되고 남용되는 현실이다. 그런데 환대 산업의 경우에만 이렇게 환대가 왜곡되는 것인가. 또 다른 문제가 있다.

대부분의 사람에게 환대는 '동질성(sameness)'을 공유하는 사람들을 향해서만 행사된다. 즉 가족, 친구, 동일한 종교, 동일한 학교 출신, 동일한 국적, 동일한 사회계층, 동일한 지역 출신 등 자신과 동질성을 공유해야 타자를 '환영'한다. 바로 '동질성의 환대(hospitality of sameness)'다. 예수가 가르치는 환대를 실천한다고 하는 이들도 자신과 유사성을 지닌 사람들만 환영한다. 그래서 이성애자, 기독교인, 한국인, 또는 같은 학교, 같은 지역, 같은 계층의 사람들만 환영한다. 그런데 이러한 동질성의 환대는 분명한 한계를 지닌다.

진정한 환대는 자신과 동질성을 공유하는 사람에게만 향하는 것이 아니다. 자신과 '다름'을 지닌 존재에게까지 확장되는 것이 진정한 환대다. 자신과 다른 종교, 다른 성적 지향, 다른 젠더, 다른 계층, 다른 배경, 다른 국적 등을 지닌 사람들을 향한 환영이 '다름의 환대(hospitality of alterity)'다. 그렇다면 환대라는 것이 단순히 '나는 당신을 환영합니다'라는 말만 하면 끝나는 것인가. 아니다. '환영한다'는 의미의 환대를 구체적인 삶의 정황에서 실천한다는 것은 매우 복잡하다. 또한 다층적 딜레마와 씨름해야 함을 의미하기도 한다. 개인들의 사적 공간에서, 또한 정치·교육·사회·문화 등과 연결된 공적 영역에서 행사되는 다층적이고 복잡한 문제라고 할 수 있다. 구체적인 정황에서 '동질성의 환대'가 아닌 '다름의 환대'를 실천하는 것이 실제로 다양한 딜레마와 씨름해야 한다는 것을 보여주는 예를 한번 생각해 보자. 내게 있었던 일이다.

내가 거주하는 집 뒤에는 '트리니티 강'이 흐른다. 그 강가를 따라서 많은 이가 산책하고 자전거를 타기도 한다. 나도 아침마다 그 강가를 산책하곤 했는데, 어느 때부터인가 한 노숙인이 자주 내 눈에 띄기 시작했다. 30대 전후로 보이는 젊은 청년이었다. 내가 학교에서 늘 만나는 나의 학생들을 생각나게 하는 나이여서 더욱 마음이 쓰였다. 가방이 없어서 여러 개의 플라스틱 봉지들에 '살림살이'를 넣어 들고 다니며 강가의 벤치에 앉아 있기도 하고, 이른 아침에는 비를 피할 수 있는 다리 밑의 난간에서 잠을 자는 모습도 종종 보였다. 그래도 날씨가 따뜻한 계절에는 그 노숙인의 모습을 보아도 큰 염려가 되지 않았었다. 그런데 점점 추워지는 늦가을로 접어드는 어느 날, 다리 밑 난간에서 웅크리고 자고 있는 그 노숙인을 다시 만났다.

나는 산책에서 돌아와 집에 있는 담요와 바퀴가 달린 작은 여행 가방을 가지고 다시 집을 나서 그에게 갔다. 그리고 밑에서 "굿모닝, 미스터!"라고 아침 인사를 하며 그 사람을 불렀다. 썰렁한 날씨인데 덮을 것도 없어서 웅크리고 자던 그 사람이, 눈을 뜨고서 자기를 부르는 것인지 확인하려고 나를 내려다본다. 그래서 내가 "당신에게 필요할 것 같아서 담요와 가방을 가지고 왔어요"하면서 가지고 온 것을 내미니, 얼른 일어나서 내려와 웃으며 고맙다고 받는다. 나는 이어서 "잠시 후 저쪽에 있는 피크닉 테이블로 커피와 빵을 가져올 테니, 아침 식사를 하겠어요?"하고 물었다. 그는 환하게 웃으며 '참 좋다'고 하면서 '고맙다'는 말을 계속했다.

내가 노숙인과 이런 대화를 나누고 있는데 자신의 개와 함께 산책하던 이웃 래리Larry가 "남순!" 하고 급한 목소리로 나를 불렀다. 돌아보니 저쪽에서 염려스러운 얼굴로 나를 지켜보고 있었다. 노숙인과 잠시 후에 피크닉 테이블에서 만나기로 한 다음, 나의 이웃 래리에게 다가갔다. 그는 "남순, '위험한 노숙인'과 그렇게 가까이 있으면 안 된다"고 하면서, 무슨 일이 일어날지 모르니 앞으로는 그렇게 가까이 있지 말라고 한다. 자기는 산책할 때마다 비상시를 대비해서 바지 주머니에 언제나 작은 등산용 칼을 지니고 다닌단다.

평생 의사로 일하다가 은퇴한 래리의 염려는 부당한가. 아니다. 이 지역에서 줄곧 살아온 그는 소위 '위험한 노숙인'에 대한 기사를 많이 보았을 것이고, 이것저것 훔치거나 기물을 파괴하고 다른 사람을 공격하는 노숙인에 대하여도 직간접적으로 경험했을 것이다. 이런 위험성도 모르는 것 같은 '순진한 이웃 남순'이 '위험한 노숙인'에게 물건도 가져다주고 가까이 서서 웃으며 대화하는 모습을 발견하고서, 나의 이웃은 내게 행여 무슨 일이 일어날까 걱정한 것이다. 나는 그래서 "염려해 주어서 고맙다"라고 한 후 조심하겠다고 래리를 안심시켰다. 물론 그는 내가 잠시 후에 그 노숙인과 다시 만나기로 한 것을 알지 못한 채, 가던 길을 갔다.

나는 집으로 돌아와 커피를 내려 텀블러에 담고, 빵을 토스터에 굽고, 몇 가지 과일을 챙겨서 피크닉 테이블로 갔다. 그 노숙인은 앉아서 나를 기다리고 있었다. 나는 가져온 것들을 테이블에 펼쳐 놓고서 아침 식사를 하자고 했다. 나는 커피를 마시고 그는 내가 가져간 빵과 과일을 먹으며, 텀블러의 커피도 즐기면서 대화를 나누었다. 그는 한 달만 더 버티면 친구 집에서 함께

지낼 수 있다고 한다. 왜 노숙인 보호소에 가지 않는가 하고 물었더니 그곳에서 매우 좋지 않은 경험을 했다면서 차라리 이렇게 밖에서 캠핑하는 것처럼 지내는 것이 마음 편하단다. 가족이 있는지 물었더니 다른 주에 누나와 형, 그리고 어머니가 살고 있단다. 물론 자신이 이렇게 노숙 생활을 하는 것을 가족들은 모른단다.

우리는 긴 대화를 나눈 후, 그렇게 아침 식사를 마치고 헤어졌다. 그는 이제 주렁주렁 들고 다니던 플라스틱 봉지 없이 내가 가져다준 바퀴 달린 여행 가방과 커피가 있는 텀블러를 들고 어디론가를 향해 다시 떠났다. 내가 뒷모습을 지켜보며 서 있자, 몇 번이고 뒤돌아보며 내게 손을 흔들고 미소를 보낸다. 그런데 내가 나와 동질성이 아니라, 전적으로 다른 노숙인에게 이렇게 '일회성 환대'를 베푼 것으로 나는 '다름의 환대'의 책임을 다한 것인가. 아니다.

환대의 '탈낭만화'란 바로 환대 행위는 언제나 위험의 가능성을 내포하고 있음을 인지하는 것에서 시작한다. 그리고 그 '환대'가 개인적인 친절의 행위로서는 매우 제한되었다는 한계를 보는 것이다. 한 개인이 웃으며 '나는 당신을 환영합니다'라는 것에서 끝나는 게 아니라는 것이다. 동시에 환대의 실천은 다양한 위험의 가능성을 전제로 진행된다. 내가 환대를 베풀려고 하는데 내가 알지 못하는 그 '손님'이 돌연히 강도로 변할 수도 있고, 나의 환대를 이용해서 내게 해를 끼칠 수도 있다. 그래서 환대란 언제나 위험을 감수해야 하는 것이다.

2) 사적 환대와 공적 환대

나의 경험에서 볼 수 있듯, 한 개인이 노숙인과 같은 이들이 장기적으로 안정되게 살도록 환경을 조성하는 데 할 수 있는 일은 지극히 제한되어 있다. 일회성 환대가 그들의 삶에 지속적인 도움이 되기도 어렵다. 환대가 개인의 환영에만 의존할 수 없다는 것이다. 이런 의미에서 포괄적 환대는 구조적이고 제도적인 문제들과 연결되어 있다. 애초에 노숙인이 되고 싶은 사람은 없다. 한 개인의 잘못만으로 노숙인이 되는 것도 아니다. 다양한 문제들의 덫에서 더 이상 돌파구를 찾을 수 없기에, 그렇게 노숙인의 삶을 살게 된 것이다. 예수 역시 노숙인이었다. 예수는 "여우도 굴이 있고, 하늘의 새도 둥지가 있는데, 나는 누울 곳조차 없다"(마태 8:20)고 토로한다.

노숙인과 같은 사람들이 자신의 일을 하면서 보다 인간적인 삶을 살도록 사회정치적 제도가 절실하게 필요하다. 개인적인 환대가 제도적 환대, 국가적 환대로 확장되어야만 한다는 것이다. 노숙인만이 아니라, 현대 세계의 위기 중 하나인 난민 문제는 어떤가. 한 개인이 노숙인 또는 난민에게 '다름의 환대'를 실천하는 것은 분명한 한계가 있다. 개인적 환대만이 아니라, 국가적 환대 그리고 공적이고 제도적인 환대가 개입되어야 하는 이유다. 주변부에 있는 이들의 복지에 관심하고 실천하는 정치 지도자를 잘 선택하는 것도 이러한 다름의 환대의 정치적 실천의 한 방식이다.

대부분 사람은 '환대'라는 말을 언제나 지극히 개인적이고 사적인 영역의 문제라고 본다. 물론 모든 종류의 환대는 '나'와 '너'로부터 시작한다. 그런데 그 '나'와 '너'는 '개별성의 존재(being in singularity)'이면서 동시에 '일반성의 존재(being in generality)'다.

한편으로 '개별성의 존재'로서 나와 너는 누구도, 무엇으로도 대체할 수 없는 유일무이한 존재다. 같은 부모에게서 태어났다고 해도, 비슷한 환경에서 자랐다고 해도 언제나 동질성 속에 있지 않는다. 각자가 고유한 감성, 갈망, 취향 등을 지니고 있다. 나는 A란 음악을 좋아하는데, 너는 A보다는 B라는 음악에 끌린다. 즉 인간이 지닌 개별성에 근거한 성향이나 선호는 절대적 기준이나 합리적 분석으로 생기는 것이 아니라는 것이다. 예를 들어서 나는 베토벤의 교향곡 중 7번 교향곡이 가장 좋은데, 나의 친구는 5번 교향곡이 가장 좋다고 생각할 수 있다. 왜 많은 사람들처럼 '5번'이 아닌 '7번'이 좋은가를 합리적으로 분석해서 나열할 수는 없다. '개별성의 존재'라는 것은 이렇듯 다양한 차원에서 볼 수 있다. 개별성 존재의 다층적 차원이다.

그러나 또 다른 한편으로 나와 너는 '일반성의 존재'다. 즉 언어와 문화를 나누고 동일한 사회와 국가에 속한 존재다. 또한 성별·인종·국적 등과 같은 분류에 따라 특정한 사회 범주에 속한 사람으로 살아간다. 따라서 나 개인의 환대 실천은 국가가 만든 제도나 법규에 의해 제한받기도 한다.

예를 들어서 내가 미등록 이주민을 한 인간으로 대하며 환대를 베풀었다고 하자. 그 미등록 이주민을 내 집에 머물게 하고, 내가 운영하는 가게에서 일하게 하고 급여를 준다고 하자. 개별성의 존재로서 나는 그 사람의 국적이 어떻든, 법적 지위가 어떻든 그를 한 '동료-인간'으로 대하면서 환대를 베풀었다. 그런데 이런 나의 환대가 국가가 제정한 법에 어긋난다고 할 때, '개별성의 존재'로서 나의 환대는 '일반성의 존재'로서 내가 속한 국가의 환대와 대치점에 놓인다. 개인적 환대와 국가적 환대는 우리의 일상 세계에서 종종 긴장하고 대치한다. 내가 베푸는 '개인적 환대'가 법이 정한 '국가적 환대'와 다를 때, 국가적 환대는 그 법적 권력으로 나 개인의 환대를 '범죄 행위'로 규정할 수 있다. 이런 경우 환대를 베푼 나는 돌연히 법을 어긴 '범죄자'가 될 수 있다. 이런 경우 어떻게 해야 하는가.

또 다른 예를 생각해 보자. 내가 한 개인으로서 성소수자를
나와 평등한 온전한 존재로 지지하고 그들의 권리를 제도적으
로 확장하기 위해 연대한다고 하자. 한국에서 동성 결혼은 법적
으로 허용이 안 되는 '불법'이다. 서로 사랑하고 일생을 함께하
려는 나의 성소수자 친구나 동료가 이러한 '불법'이라는 제도로
여러 어려움을 겪는다. 그 두 사람 중 하나가 수술을 해야 하는
데, 법적 가족이 될 수 없어서 수술 동의서에 서명하지 못한다.
두 사람이 일하던 직장에서 은퇴하고 살다가 한 사람이 사망해
도, 남은 동반자는 법적 결혼이 금지되어 있기에 동반자임에도
불구하고, 연금이나 다른 혜택을 전혀 받을 수 없다. 즉 나의 개
인적 환대만으로는 이러한 성소수자의 문제가 아무것도 해결될
수 없는 게 현실 세계인 것이다.

내가 만약 기독교에 속하는 목회자라면 성소수자와 함께하고
자 하는 나의 개인적 연대가 나를 목회자로 활동하지 못하게 할
수 있다. 한국의 기독교에서 빈번히 일어나는 사건이다. 감리교
단의 한 목회자가 퀴어 퍼레이드에서 성소수자 축복 기도를 했
다고 해서 목사직 정직에 이어 교단에서 출교당했다. 또한 한국
의 자칭 '장자 교단'이라고 하는 한 장로교단의 신학대학에서는
몇 명의 학생이 성소수자와 연대를 표현했다는 이유로, 대학교

로부터 정학을 당했다. 그리고 후에 목사고시의 필기시험을 통과했음에도 불구하고, 면접에서 미달 점수를 받아 목사고시에서 불합격했다. 목회자로서의 가능성을 모두 차단시켜버린 것이다. 이러한 것들은 지극히 한 부분의 예다. 성소수자에 대한 나의 '개인적 환대'가, 구체적인 현실 세계에서 이런 '제도적 환대'와 상충할 때, 나의 환대란 어떠한 의미에서 가능한 것인가.

또 다른 예를 보자. 한국 사회는 장애인을 환대하는 사회인가, 적대하는 사회인가. 나 개인이 '장애인'을 환대한다는 것이 사회적으로 어떠한 함의를 지니는가. 한국에서 장애인들이 기본 이동권을 위해 투쟁하는 것을 보면서, 자신의 출퇴근에 차질이 있다는 이유로 그 투쟁하는 장애인을 비난하고, '집에나 있으라'고 조롱하는 것 자체가 장애인과 그 가족에 대한 극도의 적대 행위다.

나·우리는 어떻게 해야 하는가. 비장애인에게는 아무런 문제가 되지 않는 것들이, 장애인에게는 심각한 문제가 되는 현실 구조가 너무나 많다. 엘리베이터 없는 건물, 에스컬레이터나 엘리베이터가 없는 지하철, 장애인의 승차를 꺼리고 때로 승차 거부를 하는 택시, 휠체어에 탄 장애인을 기다려주지 않는 버스 등의 대중교통 자체가 장애인에게 "적대의 현장"이다. 이러한 것 역시, 나 개인의 환대만이 아니라 '제도적 환대'의 영역에서 조명해야 한다. 장애인들을 위한 특수학교를 '혐오시설'이라고 규정하면서 아파트 가격이 하락할까 봐, 또는 다른 이유로 자기 지역에 들어오는 것을 결사 반대하는 사람들에게, 환대란 어떠한 의미가 될까. 그들 중에는 '예수를 믿는다'는 크리스천들도 많을 것이다. 환대의 의미는 이렇게 구체적인 일상적 영역의 크고 작은 문제들과 연결되어 있다.

국가적 환대 제도 앞에서, 한 개별인의 개인적 환대는 무력한 경우가 너무나 많다. 환대는 단지 순수한 '환영의 마음'을 표시하는 것만이 아니다. 또는 어떤 행위를 해서 환대나 적대를 베푸는 것만도 아니다. 해야 할 것을 하지 않는 것 또한 적대가 되는 경우도 많다. '하지 않음의 적대', 또는 '생략에 의한 적대(hostility by omission)'와 노골적인 혐오를 표출하는 '행위를 함으로써의 적대(hostility by commission)'라는 두 가지 차원이 있기 때문이다. 내가 누군가에게 적대를 표현하지 '않았다'는 것이 적대의 행위와 상관없는 것만은 아니다. 결국 '생략에 의한 적대'의 함의를 지니는 경우가 많다. 이렇듯 환대란 매우 복잡하다. 위의 예들은 빙산의 일각에 불가하다. 환대를 단순히 미소로 '타자를 환영한다'는 단순한 감정으로 이해해서는 안 되는 이유다.

예수의 환대의 철학

1) 환대, 새로운 삶으로의 초대

환대가 개인적으로 '나는 당신을 환영한다'고 구호를 외치는 행동에 그치는 것이라면, 예수의 환대 철학을 생각해 볼 필요조차 없을 것이다. 너무나 쉽기 때문이다. 예수가 인류 역사에서 중요한 인물로, 구세주나 메시아로, 위대한 선생 또는 철학자로 간주된다 해도 우리의 일상 세계에서 벌어지는 일들과 그 가르침을 연결시킬 수 없다면 예수의 존재 의미는 없다. 우선 예수의 환대 철학의 주요한 점을 살펴보자. 그의 환대에서 특별한 점은 "새로운 삶으로의 초대"의 의미를 지녔다는 것이다.

간음 현장에서 잡혀 온 여성이 있다. 예수에게 냉소적이고 트집을 잡으려고 기회를 엿보던 바리새인들과 서기관들이 예수가 어떻게 하나 보려고, 간음 현장에서 잡힌 여성을 예수 앞으로 끌고 왔다. 유대 전통이 기반하고 있는 구약성서(토라)의 "순결에 관한 법"에 따르면, 간통이 드러났을 경우 여지없이 온갖 비난과 저주를 받으면서, 사람들이 '돌로 쳐 죽이거나'(신명기 22:21) 또는 '화형시키라'(창세기 38:24, 레위기 21:9)고 나와 있다. 이러한 유대 전통의 맥락에서 보면, 예수는 참으로 곤란한 상황에 처한 것이다. 그런데 놀랍게도 예수는 '돌로 쳐 죽임을 당해도 마땅하다'고 간주되는 '죄인'을 한 '인간'으로 대한다(요한 8:3~11). 예수는 '당신은 죽을죄를 지었으니, 돌로 죽임을 당해 마땅하다'와 같은 심판적 태도를 가지고 그 여성을 대하지 않는다. 다만 그 여성을 비난하고 돌로 쳐 죽일 것처럼 분노하던 이들에게, 예수는 조용히 "만약 당신들 중에 죄 없는 사람(without sin)이 있다면 그렇게 하시오"(요한 8:7)라고 말한다. 사람들은 예수의 이 말을 듣고서 조용히 현장을 떠난다. 예수가 그 여성과 단둘이 남게 되자 예수는 비로소 그 여성에게 얼굴을 돌려서 "나도 당신을 정죄하지 않겠습니다. 이제 당신의 길을 가십시오. 그리고 더 이상 죄짓지 말기를 바랍니다"(요한 8:11)라고 말한다.

모든 사람이 '돌로 쳐 죽여야 한다'며 자신을 예수 앞으로 끌고 왔을 때 그 여성은 얼마나 두렵고 무서웠을까. 그런 끔찍한 일이 벌어질 수도 있었던 바로 그 현장에서, 예수가 자신에게 "나도 당신을 정죄하지 않겠습니다"라는 말을 하며 자신을 '죄인'이 아닌 '인간'으로 대하는 것을 어떻게 경험했을까. 물론 성서는 이 여성이 사람들에게 끌려올 때 어떤 기분 또는 생각이었으며, 예수와 어떤 눈빛이나 대화를 나누었는지와 같은 여성의 경험을 전하지는 않는다. 여성은 존재했음에도 불구하고 이 여성의 목소리는 성서에서 부재하다.

이런 의미에서 보자면, 성서를 '읽는다'는 것은 성서에 '써 있는 것만'이 아니라 '쓰여 있지 않은 것'까지 읽어야 하는 '상상의 읽기'가 필요하다. 예를 들어서 그 '간음 현장'에는 여성만이 아니라, 남성도 있었다(요한 8:3). 그런데 소위 '간음 현장'에서 바리새인들과 서기관들이 예수 앞에 끌고 온 사람은 왜 여성뿐인가. 그 현장에서 이 여성과 함께 있었던 남성은 왜 끌려오지 않았을까. 또한 자기와 함께 있던 여성이 끌려갈 때, 그 남성은 무슨 생각을 하고 어떤 행동을 취했을까. 이러한 질문들은 예수가 활동하던 당시의 사회정치적 또는 문화적 정황에 대한 이해를 하게 만들기에 중요하다. 이 질문들은 예수가 활동하던 시대가 얼마나 극심한 남성중심주의 사회였는가를 드러내고 있다.

고도의 남성중심적 사회에서 끌려온 '여성 죄인'이 중심에 서서 온갖 비난과 정죄를 당하는 극도의 '적대의 사건'을, 예수는 그 사람을 죄인이 아닌 한 인간으로 대하는 '환대의 사건'으로 전이시킨다. 예수는 모든 사람이 저주하고 비난하던 여성을 한 인간으로 대하면서, '새로운 삶'으로 초대한다. 이러한 '새로운 삶으로의 초대'야말로 진정한 환대라고 할 수 있다. 이러한 초대는 그 여성에게만 경험되는 것이 아니었을 것이다. 예수를 곤경에 빠뜨릴 기회라고 생각했을, 소위 전문 법률가이며 종교 지도자라는 사람들도 예수의 "죄 없는 사람만 돌로 치십시오"라는 한 마디를 통해서 변화를 경험한 이도 있었을 것이다. 돌연히 자기 자신을 돌아보면서 이제까지 절대적이라고 믿고, 타자를 정죄하고 죽이는 것을 아무렇지 않아 하던 자신을 근원적으로 다시 성찰하면서, 새로운 인식 세계의 문턱으로 들어서기도 했을 것이다.

예수가 '다름의 환대'를 실천하고 가르친 예들은 많다. 예수는 사람들이 이해하기 쉽도록, 그리고 일상 세계와 연결시키도록 다양한 비유를 통해서 사람들에게 메시지를 전했다. 그중 '탕자의 이야기'(누가 15:11~32)라고 알려진 비유가 있다. 한 아들이 아버지의 재산이 탐나 미리 유산으로 자신에게 재산을 나누어 달라고 한다. 그 아들은 아버지에게 미리 받은 유산을 가지고 집을 떠난다. 그러나 유산을 탕진하고 빈털터리가 되었고 결국에는 집으로 돌아온다. 아버지는 집 나간 아들이 돌아오기만을 매일 기다리며 지내왔다. 어느 날 돌아오고 있는 아들이 멀리에서 보이자, 달려 나가서 아들을 맞이하고 입맞춤으로 환영한다. 그 아버지는 거지 차림이 되어 돌아온 아들에게 '나갈 때는 언제고 이렇게 돌아왔느냐'라든지, '벌써 그 많은 돈을 탕진하고 거지가 되어 돌아왔느냐, 그럴 줄 알았다'든지와 같은 비난을 전혀 하지 않는다. 아무것도 따지지 않고 무조건적으로 그를 환영하고 만찬까지 베푼다. 무조건적 환대의 모습이다. 이 비유에는 다양한 주제가 포함되어 있다. 무조건성의 용서, 사랑 그리고 환대가 어우러진 비유다.

예수는 참으로 창의적인 '작가'인 것 같다. 복음서에 등장하는 예수의 모든 비유 형식 이야기들은 표면적으로는 단순한 것 같지만, 세밀하게 조명해 보면 매우 복합적이고 심오한 철학과 메시지를 담고 있다. "탕자의 비유" 역시 환대는 과거의 과오를 넘어서서 그 사람을 전적으로 받아들이는 것이 중요함을 나타낸다. 더 나아가 새로운 삶과 탄생성의 문, 즉 가능성을 여는 것이야말로 중요함을 보여준다. 진정한 무조건적 환대를 통해서 바로 이런 가능성의 문이 열리게 되는 것이다.

2) 탈경계성의 환대

예수를 중심에 놓고 구성되고 공고한 토대를 다지며 제도화된 기독교는, 이 세계 그 어떤 종교보다도 갖가지 고정된 경계들을 만들었다. 그리고 그 경계 안에 들어오지 않는 사람들을 저주하고, 자신들을 정당화하는 종교가 되어버렸다. '정통-이단'이라는 틀, 또는 '예수 천당, 불신 지옥'의 서사는 타종교 혐오와 소위 전통적 교리에 수긍하지 않는 이들에 대한 인식적 폭력을 정당화해 왔다. 그렇다면 예수는 어떤가. 놀랍게도 4복음서에 나온 예수의 행적과 가르침에는 그 어떤 '경계'도 세우지 않는다. 종교, 성별, 사회적 위치 또는 장애 여부도 예수에게는 아무런 상관이 없었다. 예수가 어떠한 정황에서 '탈경계성의 환대'를 실천했는가의 예는 참으로 많다. 몇 가지만 생각해 보자.

예수가 "우물가에서 만난 여성"(요한 4:7~29)이 있다. 이 여성은 유대 사회에서 주변부 중의 주변부인이었다. 이 여성은 비유대인이며 비남성이다. 그뿐인가. 소위 '정식 결혼'을 하지 않고 '과거에 남편이 5명 있었으며, 지금 함께 사는 사람도 남편이 아니다(요한 4:18). 여러 가지 점에서 이 여성은 주변부 중의 주변부인인 사회적 '죄인'이다. 예수가 활동하던 당시 남성과 여성은 공공장소에서 대화를 나누지 않는 것이 사회적 관습이었다. 결혼 관계의 부부라 할지라도, 공공장소에서 그 둘은 말을 섞지 않는 것이 관습이었다. 이러한 사회문화적 배경에서 유대인이며 남성인 예수가 비유대인인 사마리아 여성에게 먼저 말을 걸었다는 것은 그 시대 관습의 경계를 훌쩍 넘어선다. 그리고 예수가 이 이방인 여성과 나눈 대화의 길이는 예수의 제자들과의 대화보다 훨씬 길다. 성서에 기록된 것을 보면, 한 개인이 예수와 이렇게 긴 대화를 나눈 기록은 없다. 어떤 학자는 이 사마리아 여성을 '최초의 신학자'라고도 해석한다.

예수의 비유 중에 "선한 사마리아인"(누가 10:25~37)이라는 유명한 예화가 있다. 이 비유가 등장한 배경은 한 법률학자가 예수에게 던진 다음과 같은 질문이다. "제가 영원한 생명을 얻으려면 무엇을 해야 합니까?"(누가 10:25) 그러자 예수는 되묻는다. "율법서에는 어떻게 적혀 있고 당신은 그것을 어떻게 읽었나요?" 법률학자는 답한다. "온 마음을 다해서 신을 사랑하고, 당신의 이웃을 당신 자신처럼 사랑하십시오."(누가 10:27) 그리고 묻는다. "누가 나의 이웃입니까?" 이때 예수가 "선한 사마리아인"의 비유로 응답한다. 이 비유는 "나의 이웃"이란 누구이며, 그 이웃을 '사랑한다'는 것은 무엇인가에 대한 예수의 가르침이다.

이웃 사랑이란 추상적 이론이나 이념이 아니다. 또한 이웃 사랑이란 그 '이웃'의 범주를 미리 설정하고서 사랑과 환대를 베푸는 것이 아니다. 예수는 환대란 매우 구체적인 정황에서, 구체적인 실천을 하는 것이라고 가르친다. 예루살렘에서 여리고로 가던 한 여행자가 강도를 만나서 가진 것을 뺏기고, 다치고, 옷도 모두 벗겨져서 길가에 쓰러져 있다. 그런데 그렇게 강도를 만나 길가에 쓰러진 극심한 어려움에 처한 사람을 보고도 많은 이가 그대로 지나쳐 간다. 종교 지도자도 지나가고, 이스라엘 12지파 중 하나인 레위 지파도 지나간다. 그런데 한 사마리아인이 그 자리를 지나가다가 강도 만난 사람의 상처를 치료하고, 자신이 타던 당나귀에 그를 태워서 여관으로 데리고 가 간호를 해 준다. 그리고 다음 날, 여관 주인에게 다친 사람을 잘 보살펴 달라 부탁하고서 돈까지 준다. 뿐만 아니라 비용이 더 들면 돌아오는 길에 갚겠다고 한다.(누가 10:30~35)

그 당시 사마리아인이란 누구인가. 그들은 고대 이스라엘의 후손이지만, 유대인들은 그들을 유대인으로 간주하지 않았다. 왜냐하면 사마리아인은 다른 민족들과 혼인 관계를 맺기도 하고, 그들의 종교 관습을 받아들였기 때문이다. 유대인들은 사마리아인들을 '불결한 사람들'로 간주하고, 예루살렘 성전에서 예배드리는 것조차 허락하지 않았다. 즉 유대인들에게 사마리아인은 유대인의 순수한 피를 오염시킨 '불결한 죄인'이었다. 그런데 예수의 이 비유를 읽으면서 다음의 질문을 해 보자. 예수는 비유를 구성하면서 왜 정통 유대인이 아니라 '불결한 죄인'으로 취급받던 사마리아인을 이웃 사랑 실천의 '모범적인 이웃'으로 만들었을까. 물론 비유는 '사실(fact)'이 아니라, 만들어진 이야기다. 예수는 '모범적 이웃'으로 '사두개인'과 같이 귀족 계급이라든가,

'바리새인'과 같은 율법 해석의 전문가인 종교인을 그 모범적 이웃'으로 만들 수도 있었을 것이다. 그런데 유대교인이 아닌 '타종교인'이며, 따라서 '죄인'이라고 간주되는 사회적 주변부인 사마리아인을 주인공으로 설정한다. 그 당시 종교적 소수자인 사마리아인을 '모범적 이웃'으로 만들었다는 것은, 예수의 분명한 의도가 있다는 것을 알 수 있다.

21세기 한국 정황에서 보면, 사마리아인이란 기독교인이 아닌 비기독교인이다. 또는 목사, 신부, 교황, 추기경과 같은 종교 지도자가 아니라 아무런 종교적 또는 사회적 권력조차 없는 사람이다. 즉 예수는 기독교인도 아니고, 목사나 신부도 아닌 사람, 타종교인이며 혼혈인인 사회적 주변부에 있는 사람을 '모범적 이웃'이라는 '주연'으로 설정한다. 이 비유를 통해서 예수가 전해 주고자 하는 가르침은 과연 무엇인가. 물론 나는 예수에게 직접 질문할 수 없고, 그 누구도 예수의 '원래 의도'가 무엇인지 알 수 있는 사람은 없다. 다만 예수 비유의 의미와 적절성을 내가 몸담고 살아가고 있는 정황에서 해석하는 것이다. 이 비유는 우리의 환대의 원을 고정된 경계를 넘어서는 '탈경계성의 환대', 그리고 그 어떤 조건도 설정하지 않고 인정하고 환영하는 '무조건적 환대'에 대한 메시지라고 할 수 있다.

3) 다름의 환대

그렇다면 예수의 환대는 어떠한 환대인가. 그는 '누구를' 그리고 '어떻게' 환영하는 환대를 베풀었는가. 예수는 종종 '죄인들을 환영하고 그들과 먹고 마신다'(누가 15:2)는 비난을 받았다. 예수는 소위 '죄인'이라고 간주되는 세금 징수원 같은 이들, 육체적·사회적·문화적 또는 종교적 근거들로 인해서 사회적으로 소외된 사람들을 환대했다. 예수를 비난하고 적대적이었던 이들은 예수를 "폭식가이자 술주정뱅이이며, 세금 징수원들과 죄인들의 친구"(마태 11:19)라고 비난하며 멸시했다.

예수는 우리가 지금 생각하는 거대한 성당에 걸린 예수 초상화에 나오는 것처럼, 백색의 옷을 입고 깨끗한 몸으로 사람들을 우아하게 바라보는 그런 이미지와는 전혀 맞지 않는다. 사회적으로 '죄인'이라고 간주되는 이들과 함께 시간을 보내는 경우가 흔하지 않았다면, 굳이 예수에게 '폭식가, 술주정뱅이, 죄인의 친구'라는 극도의 부정적 표지를 붙이지는 않았을 것이다. 예수에게 붙여지는 이런 표지를 보면, 예수는 자신과 함께하는 사람들 앞에서 우월한 자세로 강연이나 설교하는 모습이 전혀 아니다. 그는 그 '죄인들'을 평등한 동료-인간으로 또는 '친구'로 생각하면서 함께 즐겁게 음식을 먹고, 술도 마시면서 그렇게 갖가지 '다름'을 지닌 이들을 환영하고, 그들을 자기 삶의 중심으로 받아들인다. 4개의 복음서에는 예수가 한 번 눈물을 보인 기록은 있지만, 예수의 웃음에 대한 기록이 없다. 그러나 필경 예수는 호탕하게 웃으며, 사람들과 대화를 격의 없이 나누며 시간을 함께했을 것이다. 지금 식으로 하면 고급스러운 레스토랑이 아니라, 시장통에 있는 음식점에서 그들과 함께 오랜 시간 음식과 술을 즐겼을 것이다.

예수가 몸소 보인 환대는 자신과 동질성을 나눈 사람들만을 환영하는 '동질성의 환대'가 아니다. 사회 주변부의 죄인들과 즐겁게 먹고 마시는 예수의 모습은 '친구'로서의 모습이다. 예수는 자신과 다른 사람들과 함께 먹고 마심으로써 그들을 환영하는 '다름의 환대'를 몸으로 실천한다. 모든 타자를 한 인간으로 보고 환대하는 예수의 환대 철학이 어떻게 21세기 우리의 구체적인 일상 세계에서 다양한 결을 가지고 행사될 수 있는가.

대부분의 사람에게 환대는 손님을 '환영'하는 것이다. 자신의 집에 초대하고 싶은 사람을 손님으로 초대해 음식을 나누고 대화와 미소를 이어간다. 환영할 만한 사람, 나와 비슷한 배경을 가져서 내가 함께 있을 때 편한 사람들, 즉 '동질성'을 나누는 사람들에 대한 환대가 대부분이다. 내가 '동질성의 환대'라고 명명하는 이유다. 이러한 동질성의 환대에서도 '주인'과 '손님'의 경계는 분명하다. 종교가 비슷하고, 사회적 계층도 비슷하고, 학력이 비슷하고, 가정환경도 비슷한 사람들끼리 주고받는 '환대'에서도, 주인과 손님의 경계는 분명하게 지켜진다. 결코 그 경계의 선을 넘지 않으며 예의를 갖추는 사람들끼리의 환대다.

그렇다면 예수는 어떠한가. 예수는 그렇게 '끼리끼리 환대'인 '동질성의 환대'를 가르치거나 실천하지 않는다. 대부분의 교회는 매우 상투적으로 예수의 가르침을 읽고 가르치고 있다. 예수의 가르침이 우리의 현실 세계에서 구체적으로 무엇을 의미하는가와 상관없이, 교회의 존립 자체가 가장 중요한 우선순위가 되어버리곤 한다. 이런 경우 예수의 가르침은 종종 '교리의 틀' 속에 고정되어 버린다. 예수의 가르침이 예수에 '관한' 교리로 변이되어 종교로서의 기독교 변증을 위해 선별되어 고정될 때, 그 살아있는 의미는 죽어버리게 된다. 환대에 관한 예수의 가르침을 '교리의 틀'에서 나와서 구체적으로 살펴보자.

> 여러분이 점심이나 저녁 식사를 제공할 때는 친구나 동료, 친척 또는 부유한 이웃을 초대하지 마십시오. 그들은 당신의 초대에 대한 보답을 할 수 있지요. 그러니 당신이 만찬을 베풀 때는 가난한 이들, 몸이 불편한 이들, 또는 눈이 안 보이는 이들을 초대하십시오. 그들이 당신의 초대에 보답할 수 없다는 것을 오히려 기뻐해야 합니다. (누가 14:12~14)

이 구절은 환대에 대한 왜곡된 이해, 그리고 환대가 행해지는 방식에 대한 심오한 이해를 담고 있다. 예수는 왜 함께 있는 것이 편한 "친구나 동료, 친척, 또는 부유한 이웃"이 아니라, 뭔가 낯설고 불편할 수 있는 "가난한 이들, 몸이 불편한 이들, 눈이 안 보이는 이들"을 초대하라고 하는가. 그리고 더 나아가서 예수는 그들이 그 초대와 환대에 '보답'할 수 없음을 오히려 즐겁게 생각하라고 하는가. 우리가 일상 세계에서 생각하는 환대와는 참으로 다른 환대를 예수는 가르치고 있다.

첫째, 예수는 누군가를 초대하고 환영하는 환대가 '교환경제'의 틀에서 작동되는 것에 대하여 경고하고 있다. 자신이 베푼 환대에 어떤 방식으로든 '보상'을 받고자 하는 것을 일반적인 환대 현장에서 볼 수 있다. 그런데 이렇게 '보상'을 기대하며 하는 환대는 '기브 앤 테이크'라는 교환경제일 뿐이다. 둘째, 진정한 환대는 자신과 동질성을 나누는 사람들을 넘어서서, 낯설고 이상하고 불편할 수 있는 사람들을 환영하는 환대라는 것이다. 편하고 비슷한 사람들과의 환대는 '동질성의 환대', 그리고 자신과 달라서 뭔가 불편하기도 하고 낯선 사람들에 대한 환대는 '다름의 환대'라고 할 수 있다.

그런데 예수를 중심으로 모이는 많은 교회가 예수가 말하는 '다름의 환대'와는 달리 이런저런 경계와 분리의 담을 세워놓고 예수의 가르침을 거스르고 있다. 예수의 이름으로 모이기는 하지만, 예수의 진정한 가르침과는 상관없이 '교회' 자체의 존립을 위해 있는 교회들이 참으로 많다. 기업화되어 자신의 아들과 사위에게 교회를 상속하는 행위는, 예수의 이름으로 개인적 이득을 극대화하고자 하는 '예수 주식회사'로 전락하게 된다. 예수의 이름은, 이러한 자본주의화 된 교회를 운영하는 데 이용될 뿐이다.

예수의 환대는 자신과 유사성을 나누는 친구, 동료, 친척, 또는 부유한 이웃만을 향한 것이 아니다. 이러한 환대는 '동질성의 환대'이며 누구나 할 수 있는 '가능성의 환대'다. 예수는 우리가 실천해야 하는 환대란 어디에서나 쉽게 벌어지는 '동질성의 환대'가 아니라, 대부분 꺼리고 회피하는 '다름의 환대'라고 가르친다. 예수가 보여준 환대는 종교, 가족, 동료 관계 등의 유사성을 공유해 베푸는 것이 아니다. 그 어떤 동질성이나 유사성이 없어도 그 사람의 존재 자체를 환영하는 환대다. 사회 주변부에 있는 이들에게 환대하라는 것은 어떤 전제 조건이나 보상 조건을 설정하지 않는 '무조건적 환대' 또한 '불가능성의 환대'다. 예수의 환대 철학의 심오한 의미가 바로 이 지점에 있다.

그런데 예수의 환대 가르침에 '친구, 동료, 친척'이라는 가까운 타자들의 범주와 다소 다른 범주가 있다. '부유한 이웃'이다. '부유한 이웃'을 초대하지 말라는 것은 무엇인가. 물론 예수의 환대 가르침에서 중요한 것은 누군가를 '초대하지 말라'고 하는 것이 아니다. '초대해야 하는 이들'의 범주를 전적으로 새롭게 설정하라는 것이 그 초점이라고 해석할 수 있다. 부유한 이웃에 대한 환대는 '주고받음'이라는 교환경제의 틀에서 벌어지곤 한다. 식사에 초대받은 '부유한 이웃'은 자신이 받은 그 환대의 '대가'를 분명히 치를 것이다. 초대해 주어서 고맙다는 선물을 주인에게 주기도 할 것이고, 다음번에 자신이 초대할 수도 있을 것이다. 이러한 방식의 '교환경제'의 틀에서 환대는 매우 자연스럽게 이어진다. 반면 '가난한 자'를 초대하는 것은 그들이 환대의 '대가'를 지불할 능력이 없다는 것을 의미한다. 그들은 선물을 가져오지도 못할 것이며, 다음번에 초대하는 주인의 역할도 하지 못할 것이다. 진정한 환대는 '교환경제의 틀' 밖에서(outside) 실천되는 환대, 그 어떤 대가도 기대하지 않는 '무조건적 환대'다.

예수가 초대하라는 사람들은 누구인가. 종교가 같은가, 계층이 같은가, 성별이 같은가, 출신 배경이 같은가, 또는 사회적으로 특권층인가. 그 어느 것도 아니다. 예수는 사회적으로 환영받지 못하는 이들, 적대의 대상이 되는 이들을 초대하고 환영하라고 한다. 예수를 따른다는 기독교인들이 추종해야 하는 것은 배타주의적 교리가 아니라, 그 어떤 경계도 뛰어넘어서 '모든 이'를 환대하라는 예수의 가르침인 것이다.

4) 무조건적 환대

예수의 환대는 새로운 삶으로 초대로서의 환대, 탈경계성의 환대, 다름의 환대에 이어 무조건적 환대에서 극치를 이룬다. 무조건적 환대는 '타자·이웃'이 누구든, 어떤 상황에 있든, 그 타자를 환영하고, 자신의 모든 것을 내어주는 환대다. 자신의 존재를 타자에게 모두 내어준다는 것의 의미를 우리의 구체적 일상에서 경험하고 실천하는 것은 참으로 어렵다. 그런데 예수와 무조건적 환대를 연결시킬 수 있는 장면이 있다. 바로 예수의 "최후의 만찬" 장면이다. 예수는 자신이 체포되고 끌려갈 것을 감지하면서 마지막으로 함께 음식을 나누는 자리를 가진다. 예수는 다양한 사람들과 함께 먹고 마시는 것을 중요한 환대의 실천으로 보였었기에, 자신의 마지막 시간을 제자들과 함께 먹고 마시는 자리로 가진다는 것은 의아스럽지 않다.

우리가 흔히 보는 레오나르도 다 빈치의 〈최후의 만찬〉이라는 작품은 1495년~1498년 사이에 그렸다고 알려져 있다. 그런데 이 〈최후의 만찬〉은 예수가 가졌을 만찬의 분위기를 지나치게 낭만적으로 표현한 것으로 보인다. 만찬을 하는 자리는 매우 아름다운 배경을 가지고 있다. 그것은 1세기 예수가 노숙인으로 지내며 살았던 삶의 분위기와 연결되기 어렵다. 예수는 백색의 피부를 가진 전형적인 유럽 백인의 모습으로, 긴 머리를 내려뜨린 정결한 모습이다. 이 작품에서 예수와 제자들은 고급스러운 실내 인테리어를 한 공간에서 깨끗한 탁자에 앉아 음식을 나눈다. 다 빈치의 그림은 당시 소외된 사람들과 어울려 먹고 마시며 삶을 함께 나누던 예수의 삶으로부터 유리된다.

　대중적으로 알려진 이러한 작품에서 받은 예수에 대한 이미지들을 모두 괄호 속에 넣고서, 우리는 거리의 철학자 예수를 만나는 연습을 해야 할 것이다.

　우리는 예수와 제자들이 '최후의 만찬'이라고 후대에 명명된 이 식사를 했던 실제 장소가 어디인지는 알지 못한다. 예수는 제자에게 "성 안의 어떤 사람"(마태 26:18)에게 가서 유월절 음식을 먹으며 유월절을 축하하는 자리를 가지겠다고 말하라 한다. 그런데 이 식사 자리에서 예수는 특이한 예식을 한다. 예수는 빵을 들고 "이것은 나의 몸입니다"라면서 함께 있는 제자들에게 먹으라고 한다. 그리고 이어서 포도주를 들고 "이것은 나의 피입니다"라고 하면서 마시라고 한다. 예수와 함께 이러한 예식을 나눈 제자들이 이 예식을 어떻게 생각했는지는 알 길이 없다.

　그런데 자신의 '몸'과 '피'를 내어준다는 것은 무슨 의미인가. 우리의 시적 상상력과 창의적 해석이 요청되는 지점이다. 내가 '시적 상상력'이라고 하는 것은 예수의 비유에서 예수가 사용하는 "새롭게 태어남(탄생성)"과 같은 표현은 산문적으로 접근해서는 이해하기 어렵기 때문이다. 예수는 창의적 방식으로 다양한 은유적 표현을 했다. 그의 비유에서 '몸'과 '피'라는 표현들은 '산문적'이라기보다 '시적'이다.

인간이라는 존재를 구성하는 것은 '몸'과 '피'다. 이 두 요소 중 그 어느 하나가 부재하거나 특정한 결여가 있을 때 한 인간은 더 이상 살아있지 못한다. 따라서 내가 '나의 몸과 피'를 누군가에게 내어준다는 것은 나의 존재 전체를 준다는 것이다. 나의 존재 전체를 내어줄 때 '환대의 교환경제 원리'는 작동하지 않는다. 내가 X를 줄 테니, 당신은 Y를 달라는 방식의 '교환경제의 환대'란 내가 나의 존재 전부를 내어줄 때 전제하는 기대치가 아니다. 그런데 나의 몸과 피를 모두 내어주는 것이 가능한가. 불가능하다. 예수는 '불가능한 환대'의 의미를 최후의 만찬에서 특별한 예식을 통하여 가르침을 준다. 아마 제자들은 매우 의아했을 것이다.

우리가 지향해야 하는 환대, 또한 언제나 기억해야 하는 환대는 '도래할 환대(hospitality-to-come)'다. '도래할 환대'는 결코 도달할 수 없는 '불가능한 환대'다. 불가능성의 축을 한쪽에 품고서, 우리는 가능성의 환대로부터 불가능성의 환대의 축을 '기억'해야 한다. 그리고 '가능성의 환대'에서 한 걸음씩 '불가능성의 환대'를 향해 걸어가야 하는 것이다.

데리다가 "환대는 오직 환대 너머에서 일어날 수 있을 뿐이다"라고 한 것, 그리고 '종교란 불가능성에의 열정'이라고 한 말

은, 여러 가지 의미에서 예수의 무조건적 환대, 불가능성의 환대
와 연결되어 있다고 할 수 있다.

5) 예수의 환대와 기독교의 적환대

  기독교의 역사는 환대 문제에 있어서 매우 상반되는 두 축을
지닌다. 하나는 '선택적 환대의 종교'라는 축, 그리고 또 다른 하
나는 '적대의 종교'라는 축이다. 우리는 흔히 '환대'의 반대는 '적
대'라고 생각한다. 그런데 우리의 현실 세계에서 적대와 환대가
정 반대편에 있는가. 아니다. 동일한 정황에서 누군가에게 베푸
는 환대가, 다른 누군가에게는 적대가 될 수 있다. 이렇게 적대
와 환대의 얽히고설킨 상황을 하나의 개념으로 표현한 것이 '적
환대(hostipitality)'다. 적대(hostility)와 환대(hospitality)를 합친 '적환
대'라는 개념이 등장한 배경이다. '적환대'는 자크 데리다가 만든
신조어다.

나는 나의 책 《데리다와의 데이트: 나는 애도한다, 고로 존재한다》에서 자
크 데리다가 사용하는 "적환대" 개념을 세밀하게 다루었다. 특히 제9장 "환
대: 환대 너머의 환대, 편안함의 해체"에 나와 있는 "적대와 환대의 얽힘: 호
스티피탈리티"(241~251쪽) 항목을 참고하면 상세한 내용을 볼 수 있다.

서구 기독교를 '환대' 또는 '적대'와 같은 특정한 주제로 조명하는 것은 언제나 '단순한 일반화'의 한계를 지니고 있다. 이러한 한계의 가능성을 인지함에도 불구하고, 역사적으로 남겨진 기독교의 큰 자취를 거시적으로 조명하는 것이다. 거시적 정황에서 보자면 기독교는 십자군 전쟁, 종교재판, 마녀 화형, 식민주의 또는 노예제도의 정당화 등을 통해서 기독교의 교리나 범주에 맞지 않는 이들에 대한 극심한 '적대의 종교'로 자리 잡아 왔다. 모든 제도화된 종교와 마찬가지로 기독교는 두 기능을 수행해 왔다. 해방자의 기능, 그리고 억압자의 기능이다.

한편으로는 기독교의 존재론적 평등성에 대한 신념으로 여성해방운동, 노예 해방운동, 그리고 다양한 해방운동과 같은 해방담론과 운동에 종교적 토대를 제공했다. 그런데 또 다른 한편으로 기독교는 마녀사냥(witch-hunting)을 통한 여성 혐오, 또는 노예제도를 통한 극도의 인종차별을 정당화하면서 억압자의 역할을 오랫동안 이어왔다. '선교'의 이름으로 식민지국을 침략하는 서구 식민주의와 나란히 간 기독교는 식민지국에서의 비서구 문화나 비기독교 종교에 대한 비하와 혐오를 '예수의 이름으로' 정당화해 왔다. 인류 역사에서 열거할 수 없을 정도로 기독교는 갖가지 전쟁, 분쟁, 폭력과 차별, 혐오와 배제의 정치를 '예수의 이름으로' 또는 '신의 이름으로' 자행했다는 것을 부인할 수 없다. 기독교의 이런 억압자 역할 속에서 예수의 경계 없는 '무조건적

사랑과 다름의 환대' 가르침은 다양한 방식으로 왜곡되고 묻히
곤 한다.

그렇다면 한국의 기독교는 어떤가. 예수를 '믿어야만 구원받
는다'고 가르치고 있는 교회들과 기독교인들은, 21세기를 살아
가면서 예수의 환대 가르침을 어떻게 해석하고, 어떻게 실천하
고 있는가. 우리가 늘 상기해야 하는 사실은 '기독교-일반'이란
없다는 사실이다. 그러니까 '○○에 대한 기독교의 입장' 같은
것은 불가능하다. '어느 기독교'인가를 구체적으로 명시하지 않
으면 안 되는 이유다. 우리가 '기독교'라고 부르는 종교는 하나
의 종교라고 하기 어렵다. 여성의 지도력에 대한 입장, 성소수자
에 대한 입장, 또는 기독교가 아닌 타종교에 대한 입장 등에서
기독교회들은 양극단을 이룬다. 주류 가톨릭교회나 정교회, 그
리고 다수의 개신교 교단의 교회들은 여성의 사제 서품이나 목
사 안수를 허용하지 않는다.

반면 여성을 사제나 목사로 일하도록 할 뿐만 아니라 '감독'
과 같은 결정 기구의 책임자로 임명된 여성 목사들이 많은 교회
들도 있다. 성소수자가 '신의 저주'를 받아 '지옥에 간다'고 가르
치는 교회가 있는 반면, 성소수자 목사, 지도자, 신학자를 교수
로 임명하는 기독교회도 있다. 기독교가 아닌 종교에 대한 혐오
와 연대 문제에서도 극단적인 양극을 이룬다. '교회 밖에는 구원
이 없다'는 고도의 배타주의적 입장으로 타종교를 혐오하고 저

주하는 기독교가 있다. 특히 한국에서는 기독교인들의 불상 파괴 사건이 잊을 만하면 등장한다. 반면 타종교와 지속적인 연대와 대화 활동을 벌이면서 공동의 선을 모색하려는 기독교도 있다. 이런 맥락에서 보자면, 기독교는 결코 하나가 아니다. 따라서 단수로서의 '기독교(Christianity)'가 아니라, 복수로서의 '기독교들(Christianities)'이라고 생각하는 것이 적절하다.

21세기 한국의 기독교회들에는 적어도 타종교에 대한 문제와 성소수자 문제에서는 진보-보수가 없다. 1998년 6월 26일 새벽, 제주도의 불교 사찰인 원명선원에 K라는 한 기독교인이 난입해 불상을 비롯한 사찰의 기물들을 마구 파괴했다. 그는 평소에도 "부처는 하나님의 제자다, 절을 교회로 바꾸어야 한다"며 수차례 원명선원에 들러 고성으로 찬송가를 부르는 등 광신적인 종교 혐오를 보였으며, 급기야 "절을 교회로 바꾸기 위해 불상을 훼손했다"고 말했다. 그런가 하면 2017년 2월 17일 한 기독대학교는 그 대학에서 18년여 신학을 가르치던 S 교수의 파면안을 인준했다. S 교수가 "그리스도교회 신앙 정체성에 부합하지 않는 언행"을 일삼았기 때문이라고 한다. S 교수는 2016년 1월 한 기독교인이 경북 김천 개운사 대웅전에 들어가 불상과 기물을 파괴한 것을 보고, 불상을 복구하는 모금운동을 전개했다고 한다. 이 소식을 알게 된 교단 협의회는 S 교수가 "신앙 정체성"과

"교단 정체성"을 지키려고 하지 않고 "성실 의무"를 위반했다고 비판했다. 한국 기독교의 타종교 혐오는 점점 도를 넘어서고 있다. 타종교에 대한 '환대'가 아닌 고도의 '적대'가 한국 기독교를 사로잡고 있다.

타종교에 대한 극도의 적대만이 아니다. 성소수자에 대한 기독교인들의 적대도 도를 넘어서고 있다. 2020년 10월 퀴어문화축제에서 축도를 한 A 목사는 교단의 연회 재판에 부쳐져서 '2년 정직'을 받았다. 2년 정직은 목사직 정직에서 가장 긴 기간이라고 한다. 재판위원회는 "퀴어문화축제에서 축복식 집례를 한 것 자체가 동성애자에 대한 찬성 및 동조한 직접적 증거"라고 하면서 2년 정직을 선고한 것이다. 그리고 여러 차례 재판 과정을 거쳐서 교단은 2024년 3월 4일 A 목사의 출교를 최종 결정했다.

2018년 '대한예수교장로회 통합'은 103회 총회에서 오랫동안 성소수자의 인권을 위해 적극적으로 활동해 온 B 목사와 '퀴어 신학'을 "이단"으로 지정했다. 또한 예장 통합의 결정에 이어서 '예장백석대신'이라는 교단도 B 목사를 이단으로 규정했다. '이단대책위원회'는 "물론 성경은 사람을 사랑하고 살리는 일을 중시한다. 그러나 성경은 인권이 모든 걸 능가하는 절대 가치나 기준이 아니라, 오직 하나님의 뜻만이 절대 가치이자 기준임을 선포하고 있음을 기억해야 한다… 인권적 측면에서 동성애는 이해 가능하고 동정의 대상일 수는 있지만, 분명 하나님의 말씀이 금하시는 것임을 잊지 말아야 한다"며 이단 결정을 내렸다. A4 용지 4장짜리의 이단 결정문을 모두 분석하지 않더라도, 몇 구절만 보면 오히려 예수의 가르침에 어긋나는 그 '이단성'이 보인다.

첫째, "성경은 인권이 모든 걸 능가하는 절대 가치나 기준이 아니"라는 주장이다. '인권'이란 인간으로서의 권리, 즉 인간이라면 성별·인종·계층·종교적 배경·국적·성적 지향 등과 상관없이 존엄성을 지닌 존재이며 마땅히 존중받아야 함을 의미한다. 따라서 그의 인간으로서의 권리가 보장되고 존중되어야 한다. 예수는 물론 '인권'이라는 개념은 사용하지 않았다. 그러나 예수의 가르침과 삶은 '모든 인간'의 존엄성을 몸으로 실천한 예다. 그는 종교와 상관없이, 사회적으로 '죄인'이라고 간주되던 사람들을 모두 '인간'으로 대하며 전적으로 환대했다.

둘째, "하나님의 뜻만이 절대 가치이자 기준"이라는 문제다. 절대적 가치이며 기준이라는 '하나님의 뜻'은 무엇인가. '하나님의 뜻'이 성소수자 혐오인가. 누가 '하나님의 뜻'을 절대적으로 규정할 수 있는가. '절대 가치'라고 주장하는 이의 관점이 무엇인지 비판적으로 조명해야 한다. 종교 권력을 가진 이들이 해석하는 '하나님의 뜻'이 바로 절대적 지식이 되고 있다. '권력의 중심'과 '지식의 중심'이 일치한다는 미셸 푸코의 통찰이 매우 유효하다. 성소수자의 권리를 지켜내고 그들과 연대하는 것이 '하나님의 뜻'이라고 해석하는 A 목사나 B 목사와 같은 이들의 지식은 왜 정통이 아닌 '이단'이라고 간주되고, 교단에서 권력의 자리에 있는 사람들이 해석하는 하나님의 뜻이 '정통'이라고 간주되는가. 단순하다. A 목사나 B 목사는 교단 '권력'이 없기 때문이다.

셋째, 동성애는 "하나님의 말씀이 금하시는 것"이라는 점이다. 지금 우리가 사용하는 포괄적 의미의 '동성애(homosexuality)'라는 개념은 19세기에 등장한 용어다. 즉 성서가 쓰인 시대에는 이러한 개념 자체가 존재하지 않았다는 것이다. 성서의 소위 "하나님의 말씀"은 단일하지 않다. 성서에는 종종 상충하는 메시지가 담겨있다. 성서가 쓰여진 시대의 배경이 고스란히 반영되곤 한다. 그 성서는 '일부다처제'가 당연한 제도로 자리 잡고 있고, 아브라함의 경우처럼 아들을 가지기 위해 소위 '첩'을 두는 것도 괜찮다. 손님을 보호하기 위해 자신의 딸을 폭도들에게 내어주면서 '하고 싶은 것은 무엇이든 하라'고 하는 아버지가 있고(창세기 19장), 손님이었던 자신을 보호하기 위해 폭도들에게 내어주어서 집단 성폭행을 당한 자신의 '첩'을 집에 돌아가 12부분으로 토막내어 '12지파'에게 보낸 이야기도 있다(사사기 19장). 우리는 21세기에 살고 있다. 이제 '일부다처제'가 성서에 있기 때문에, 또는 딸이나 첩을 소유물로 생각해서 사람들에게 내어주는 것을 하나님의 뜻을 따라 사는 것으로 생각하는 한국의 기독교인들은 없을 것이다.

동성애가 '질병'이 아니라는 것은 1973년 〈미국정신의학회(American Psychiatric Association)〉가 정신과 진단명에서 삭제하기로 결정하면서 나왔다. 동성애가 치료받아야 하거나 '비정상적'인 정신질환이 아니라는 것은 의학·심리학·사회학을 비롯한 다양한 분야의 지속적인 연구 결과를 통해서 이제는 '상식'이 되었다. 그럼에도 불구하고 유독 기독교인들이 성소수자 혐오에 앞장서고 있다. 2007년 입법 예고된 〈차별금지법〉이 기독교인들의 거센 반대에 부딪혀서 폐기되고, 이후 2010년도부터 〈포괄적 차별금지법〉 제정을 시도하고 있지만, 2024년 현재까지 이 법안은 통과되지 못하고 있다.

성서에 동성애 자체를 다루고 있는 구절은 별로 없다. 흔히 인용되곤 하는 성서 구절은 레위기 18:22, 레위기 20:13, 로마서 1:26~27, 고린도전서 6:9~10, 또는 디모데전서 1:9~10 등이다. 더구나 '남색'에 대하여는 언급하고 있으나, 레즈비언, 성적 지향(sexual orientation), 트랜스젠더 또는 간성(intersex)에 대한 언급은 전혀 없다. 무엇보다도 4개의 복음서에 들어가 있는 예수 가르침의 기록들에는 인간의 섹슈얼리티나 동성애에 대한 언급이 전혀 없다. 예수는 무조건적 사랑, 무조건적 용서, 무조건적 환대에 대하여 가르치고 있을 뿐이다.

그렇다면 21세기의 우리는 예수의 환대 가르침을 어떻게 구체적으로 실천하고 확장해야 하는가. 특히 한국 사회에서 예수를 '믿는다'고 하는 이들은 성소수자들에 대한 환대를 어떻게 실천할 것인가. 대한민국 헌법은 "모든 국민은 인간으로서의 존엄과 가치를 가지며, 행복을 추구할 권리를 가진다"(대한민국 헌법 제10조), 또한 "모든 국민은 법 앞에 평등하다"(대한민국 헌법 제11조)라고 분명하게 명시하고 있다. '모든 인간은 평등하다'고 하는 예수의 '환대의 철학'을 21세기 한국을 살아가는 이들이 실천하고자 한다면 무엇이 요청되는가. '환대'란 개인적이고 사적인 것이기만 하지 않다. 제도적 환대, 사회적 환대, 국가적 환대 등 공적 영역에서의 환대가 있다.

한국 기독교는 물론 세계 곳곳에 있는 기독교는 예수의 환대 가르침은 외면하고 갖가지 혐오의 정치를 '예수의 이름으로' 정당화하고 있는데, 근원적인 성찰이 요청된다. 예수의 공생애는 환대의 삶이었다. 그는 그 어떤 전제 조건도 내세우지 않고 '모든' 사람을 환영한다. 예수의 환대 대상은 고정된 경계가 없다. 예수가 환대하면서 친구로 지내던 사람들은 극도의 유대인 중심 사회에서 비유대인들인 '이방인'들이다. 현대의 정황에 적용하자면 비기독교인, 타종교인, 무종교인들인 것이다. 고도의 남성 중심 사회에서 제2등 인간으로 간주된 여성, '죄인'이라고 간주되어 온 세금 징수원이나 창녀(현대의 언어로는 성노동자들), 신의 저주를 받았다고 생각하던 장애인, 신의 축복을 받지 못한 사람들이라고 간주되던 가난한 사람들 등과의 관계에서 예수는 그 어떤 조건과 경계를 홀연히 넘어서서 환대의 가르침과 삶을 보여준다. 종교, 인종, 직업, 젠더, 사회적 계층 등 우리가 마치 절대적인 것처럼 견고하게 긋고 있는 이 경계들을 뛰어넘어서 동등한 인간으로 대하고 환영해야 함을 예수는 가르친다.

예수가 살고 활동하던 시대는 안식일을 철저하게 지키는 것, 즉 안식일에 아무 일도 하지 않는 것이 절대적인 법이었다. 하다못해 배가 고파서 밀 이삭을 따 먹어도, 그것은 '안식일에 해서는 안 되는 일'이었다. 그런데 제자들이 배가 고파 이삭을 자르는 것을 본 바리새인들이 그 행위를 비난한다. 그러자 예수는 그 당시로서는 매우 충격적인 말을 한다. '안식일 성수'가 절대적 법이던 시대에 예수의 "안식일이 사람을 위해서 있는 것이지, 사람이 안식일을 위해서 있는 것이 아닙니다"(마가 2:27)라는 선언은 가히 혁명적이라고 할 수 있다.

21세기 기독교에서는 예수 시대와 같이 절대화된 의미로서의 '안식일'을 지키지는 않는다. 그렇다면 지금 예수의 가르침이 여전히 그 유효성을 지니기 위해서는 끊임없는 새로운 해석과 구체적인 일상 세계와의 연결과 적용이 필요하다. 예수의 이 안식일 사건이 지금을 살고 있는 이들에게 줄 수 있는 의미는 무엇인가. 성서 읽기와 해석하기, 그리고 나의 정황에 적용하는 것에 '상상의 해석'이 요청되는 이유다. '안식일'로 상징되는 것은 '종교'라고 할 수 있다. 다양한 종교적 예식, 교리, 제도 등은 결국 인간의 생명을 위해 있는 것이다. 즉 인간이 종교를 위해서 있는 게 아니라는 것이다. 그런데 마치 제도화된 종교로서의 기독교는 그 자체의 존립을 위해 교리 자체를 절대화하면서, 이 땅에서의 인간의 삶을 왜곡시키고, 사랑과 환대가 아닌 차별과 혐오의 가치를 '예수의 이름으로' 정당화하고 확산하고 있다. 이런 의미에서 보자면, 예수는 기독교의 독점적 소유가 되어서는 안 된다. 기독교라는 제도화된 종교적 담을 넘어서서, 모든 이를 동료-인간으로 환대하면서, 이 위기 시대에 '함께 살아감'의 지혜를 배우고 실천하는 연습을 해야 한다.

예수가 환대의 가르침을 전하고 실천하며 살았던 시대와 사회는 21세기 우리가 살아가는 세계와는 참으로 다르다. 그런데 '예수'가 인류 역사에서 가장 잘 알려진 이름이라면, 우리의 과제는 그의 가르침과 실천이 오늘을 살아가는 이들에게 어떠한 '삶의 지혜'와 '삶의 길'을 제시해 줄 수 있는가를 찾아내야 한다. 예수의 환대 철학은 현대의 우리가 경험하는 다양한 문제들에 어떻게 적용될 수 있는가. 성소수자, 난민, 타종교, 장애인 등에 대한 혐오가 극치를 이루는 현대 한국 사회에서 예수의 환대 철학은 어떤 통찰을 주고 있는가. 21세기 한국에 살고 있는 우리에게, "가난한 이들, 몸이 불편한 사람, 시각 장애인"으로 표현되는 이들이란 누구인가. 신이 '이처럼 사랑한 세상'(요한 3:16)에서 어떻게 우리는 새로운 삶의 초대로서의 환대, 탈경계성의 환대, 다름의 환대, 무조건적 환대를 실천하고 확산할 것인가. 이것이 예수의 환대 철학이 우리에게 남긴 새로운 과제라고 할 수 있다.

【예수의 환대 철학: 네 가지 특성】

① 새로운 삶으로의 초대로서의 환대
② 탈경계성의 환대
③ 다름의 환대
④ 무조건적 환대

제6장

평등과 정의의 철학

〈예수의 말소리, 철학자의 글소리〉

① 삭개오, 어서 내려오십시오. 나는 오늘 당신의 집에서 머물겠습니다.
―예수(누가 19:5)

(Zacchaeus, hurry up and come on down. I'm going to stay at your house today.)

② 정의를 향한 배고픔과 목마름을 지닌 사람들은 복이 있습니다. 그들의 배고픔과 목마름이 채워질 것입니다. ―예수(마태 5:6)

(Blessed are those who hunger and thirst for justice: they will have their fill.)

③ 한 사마리아 여성이 물을 길러 왔을 때, 예수는 그녀에게 "물 좀 주십시오."라고 말했다… 그 사마리아 여성은 "당신은 유대인입니다. 그런데 사마리아인인 내게 어떻게 물을 달라고 할 수 있나요?"라고 답했다. 왜냐하면 유대인은 사마리아인들과 아무런 관련이 없었기 때문이다. ―(요한 4:7&9)

(When a Samaritan woman came to draw water, Jesus said to her, "Give me a drink." … The Samaritan woman replied, "You're a Jew. How can you ask me, a Samaritan, for a drink?" -since Jews had nothing to do with Samaritans.)

④ 당신은 이제 더 이상 외국인이나 이방인이 아닙니다. 신의 사람들과 신의 집에 거주하는 이들과 같은 동료 시민입니다. ―바울(에베소서 2:19)

(You are strangers and aliens no longer. No, you are included in God's holy people, and are members of the household of God.)

⑤ 정의가 강물처럼 흐르고, 공명정대함이 결코 마르지 않는 시냇물처럼 흐르게 하십시오. ―아모스(아모스 5:24)

(Let justice flow like a river, and righteousness flow like an unfailing stream.)

⑥ 정의는… 기다리지 않는다. 정의란 기다려서는 안 되는 것이다.

—자크 데리다

(Justice… does not wait. It is that which must not wait.)

⑦ 우리는 함께 잘 살아가야만 한다. —자크 데리다

(One must live together well.)

⑧ 예수는 페미니스트였다, 그리고 매우 급진적인 페미니스트였다. 예수를 따르는 사람들은 이렇게 예수처럼 되려고 노력할 수 있는가—그리스도를 본받아서? —레너드 스위들러

(Jesus was a feminist, and a very radical one. Can his followers attempt to be anything less—*De Imitatione Christi*?)

⑨ 모든 인간은… 평등하고 독립적인 존재이며, 아무도 다른 사람의 생명, 건강, 자유 또는 재산을 해치지 않아야 한다. —존 록

(All mankind… being all equal and independent, no one ought to harm another in his life, health, liberty or possessions.)

⑩ 한 곳의 불의는 모든 곳의 정의를 위협한다. —마틴 루터 킹

(Injustice anywhere is a threat to justice everywhere.)

규범 전복의 예수
:불평등과 혐오시대

예수를 자신의 구세주 그리스도로 따른다는 기독교인들은 과연 예수의 무엇을 어떻게 따르는 것일까. 예수 그리스도를 '믿고 따른다'는 것이 단순히 교회에 공식 교인으로 등록하고, 주일 예배를 드리고, 헌금을 내면 되는 것이라고 생각하는 크리스천이 대부분이다. 또한 신의 뜻에 '순종'한다는 것은 곧 교회에서 신부나 목사가 하라는 것들을 그대로 하는 것으로 생각한다. 결과적으로 우리의 일상 세계에서 기억하고, 실천하고, 따르는 연습을 부단히 해야 하는 예수의 중요한 가르침은 사라진다. 예수의 가르침은 제도화된 기독교와 그 '기독교 박물관'에 박제되어 버렸다.

예수는 화려하고 웅장하게 지어진 회당이나 교회, 또는 신학 대학원과 같은 권위의 자리에서 설교하거나 강론을 펼치지 않왔다. 지금 식으로 하면 예수는 어쩌면 시장통과 같은 자리에서 '죄인'이라며 사람들의 손가락질을 받고 살아 온 사람들과 먹고 마시며 일상적 삶을 나누던 존재였다. 그래서 사람들은 예수를 '죄인들의 친구'라고 비난하고 손가락질했다. 예수는 '모든 사람은 평등하고 존엄한 생명'이라는 존재론적 평등성을 강론이나 설교가 아닌 구체적인 삶에서 실천함으로써 가르쳤다.

평등과 환대를 실천하고 가르쳐 온 그 예수가 타종교 혐오의 기독교 배타주의 교리에 중심으로 이용되고 있다. 뿐만 아니라 젠더, 계층, 성적 지향, 인종, 장애 등 다양한 근거에서 차별과 불평등, 배제와 혐오를 정당화하는 데 어김없이 호명되고 있다. 사회관계망서비스(SNS)가 발달한 이 21세기에, 이러한 혐오와 불평등 문제는 마치 바이러스처럼 다양한 매체를 통해 강화되고 확산되고 있다. 특히 한국 사회는 장애 혐오, 여성 혐오, 성소수자 혐오, 난민 혐오, 타종교 혐오 등의 '혐오 바이러스'가 한국 특유의 단톡방이나 페이스북 등을 통해서 거짓 정보(disinformation)와 잘못된 정보(misinformation)를 확산하면서, 결과적으로 사람들을 선동하고 있다. 기독교인들의 단톡방은 갖가지 사회정치적 혐오와 차별의 바이러스가 퍼지게 하는 통로가 되고 있다.

예수가 그러한 혐오와 차별을 부추기고 정당화하는 존재로 호명되고 왜곡되고 있다는 것은 매우 위험하다. 예수를 "철학

자"로 호명하면서 예수의 가르침을 근원적으로 다시 조명하고
자 하는 나의 시도는, 다층적 혐오 정치에 대한 나의 '펜으로 저
항하기(Fighting with a Pen)'라고 할 수 있다. 내가 예수를 "철학자"
로 호명하는 것은 다층적 불평등과 혐오의 시대에, 예수의 가르
침이 제도화된 종교로서의 기독교의 담을 넘어 우리가 사는 사
회에 만연한 불평등, 혐오, 배제, 차별에 저항할 수 있는 토대가
되기를 바라기 때문이다. 예수의 가르침과 실천이 이 세계에서
벌어지는 차별과 혐오에 저항하고, '죄인'으로 또는 '제2등 인간'
으로 취급받는 주변부 사람들과 책임적으로 연대하기 위한 인
식론적이고 실천적인 토대로 자리 잡게 되기를 나는 바란다. 이
러한 맥락에서 내가 지속적으로 관심하고, 또 이 글을 읽는 나의
'동료-인간'들과 함께 생각하고자 하는 질문은 다음과 같다.

① 21세기를 살아가고 있는 이들에게, 1세기 팔레스타인에서
   살았던 예수의 가르침은 어떠한 의미를 줄 수 있는가.
② '기독교'라는 제도화된 종교의 존립 자체를 위해서 예수가
   '사용'되는 문제를 어떻게 해야 하는가.
③ '예수'가 인류 역사를 통해 이 세계에서 가장 잘 알려진 이
   름이라고 해도, 그 예수가 인류보편 가치인 '모든 인간'의
   존엄성과 평등성을 고양시키는 존재가 아니라면, 이 21세
   기에 예수의 존재 의미는 무엇인가.

④ 21세기 사회에서 난민 혐오, 타종교 혐오, 여성 혐오, 성소
수자 혐오, 장애인 혐오 등 다양한 얼굴의 '혐오'에 앞장서
는 데 호명되는 '혐오의 촉진자 예수'에서 '모든 인간의 평
등과 정의의 촉진자 예수'로 '구하기(saving)'는 왜 필요하며,
어떻게 가능한가.

내가 사용하곤 하는 '모든 인간'이라는 범주를 나는 상투적으
로 쓰지 않는다. 사랑, 용서, 환대, 평등, 정의와 같은 모든 주제
에 가장 중요한 출발점이 되는 범주라고 할 수 있다. 인류 문명
사에서 이 '모든 인간'이라는 범주는 지극히 배타적으로 사용되
어 왔다. 예를 들어서 프랑스 혁명의 슬로건은 '모든 인간'의 자
유, 평등, 박애였다. 그러나 표면적으로는 '모든 인간'이라고 했
지만, 이 '모든 인간'의 범주에 들어가는 사람은 오직 '남성'뿐이
었다. 또한 종교개혁의 문을 연 마르틴 루터는 '만인 제사장직
(priesthood of all believers)'을 강조했다. 가톨릭교회의 사제만이 아니
라, 모든 그리스도인이 신 앞에서 평등하므로 모두가 성서를 해석
하고 교회의 일에 참여할 수 있다고 주장했다. 마르틴 루터가 이
원리를 제시할 때 표면적으로는 역시 "모든 신자(all believers)"이지
만 이 "모든(all)"에는 남성만 포함된 것이었다. 이 '모든 신자'의 범
주에 자신도 들어간다고 생각했던 여성 중 설교자 역할을 하고
자 했던 여성들, 그래서 남성과 여성이 모인 곳에서 설교했던 여

성들은 '마녀'로 몰려 박해당해야 했다. 이러한 맥락에서 보자면 '모든 인간'과 같은 그 어떠한 슬로건이나 표현들도 문자 그대로 받아들여서는 안 된다. 즉 그 표현이 나오게 된 배경, 더 나아가서 그 표현이 구체적으로 어떻게 사용되고 적용되었는가에 대한 사례들을 비판적으로 조명해야 한다.

내가 중요하게 생각하는 점은 이 "모든 인간"의 범주에 있어서 '급진적 포용의 원리'다. 기독교인들은 예수의 "자기를 사랑하듯 이웃을 사랑하십시오" 가르침에 대한 설교를 듣고, 성서를 공부하고, 암송하고, 필사까지 하지만 정작 그 '이웃'이란 누구인지 비판적 성찰을 하지 않는다. 많은 경우 그 이웃이란 자신과 매우 협소한 동질성을 나누는 '동질성의 이웃'일 뿐이다. 그래서 예수의 평등, 사랑, 용서, 환대의 가르침이 지닌 그 전적인 급진성 의미를 지극히 상투적인 의미로 왜곡시킨다. 예수를 자신의 '구세주'로 믿는다고 고백하는 이들에게서 '이웃'은 '모든 동료-인간'이 아니다. 그 이웃은 우선적으로 기독교인, 그것도 다른 교회나 교단의 기독교인이 아닌 자신의 교회와 교단 사람이다. 많은 개신교인이 여전히 가톨릭교회나 정교회를 '이단'이라고 생각하고 있다.

'모든 인간'이라는 범주가 인류 역사에서, 또한 기독교 역사에서 매우 선별적이었고 그 점에서 근원적 한계를 가지고 적용되었다는 점을 생각해야 한다. 이런 맥락에서 내가 사용하는 이 모든 인간이란 추상적인 '모든 인간'이 아니다. 이것은 매우 중요한 전제다. 내가 의미하는 '모든 인간'이란 매우 구체적으로 모든 젠더와 성, 즉 시스젠더(cisgender), 트랜스젠더(transgender), 또는 간성(intersex)의 사람들, 장애인과 비장애인, 이성애자와 성소수자, 다양한 종교의 사람들, 무종교인, 한국 국적의 시민이나 국적 없는 난민, 다양한 인종, 다양한 계층 등 우리의 일상 세계에서 함께 숨 쉬고 활동하고 있는 '모든 인간'이다. 이들 모두가 '이웃'이며 '동료-인간'이다.

예수의 '평등과 정의 철학'이 바로 이러한 '급진적 포용의 원리'에 의해서 작동되고 있다는 점을 나는 매우 중요하다고 본다. 기독교인은 세계 인구의 30%를 차지한다. 객관적 통계는 이렇게 나오지만, 그렇다고 해서 '예수 믿는다'고 하는 기독교인들이 모두 동일한 기독교인은 아니다. 그 30% 안에서 자신들이 정통이고 다른 교회는 이단이라며 배제하고 서로를 비난하는 이들도 많다. 이러한 기독교 안의 다양한 분열 문제를 감안하더라도 '예수'가 이렇게 공식적으로 등록된 기독교인만을 위한 구세주이며 메시아라면, 한국 사회는 물론 세계 곳곳에서 '제2등 인간'으로 주변부에서 살아가는 이들에게 '예수'라는 이름이 주는 의미는 무엇인가.

예수의 가르침에는 그 어느 곳에도 유대교나 기독교와 같은 특정한 종교에 공식적으로 소속되어야 한다는 내용이 없다. 예수는 제도화된 종교 자체에 관심을 보인 적도 없다. 또한 유대교나 특정 종교의 '교리' 같은 것을 가르치지도 않았다. 다만 '어떻게 함께 살아가는가'를 가르치고 실천한 존재다.

예수의 행적이 담겨 있는 복음서는 복음서 저자들이 자신이 목도한 것을 기록으로 남겨 놓은 것이다. 복음서는 구술 및 문서로 남겨진 것의 모음이다. 이런 맥락에서 보자면 복음서란 직접적이고 사실적인 기록이 아니라, 4명의 각기 다른 저자의 경험과 시선 그리고 해석이 반영되어 있다. 동일한 사건이라도 조금씩 다른 강조점과 표현들이 등장한다. 예를 들어서, 소위 "팔 복(8 Beatitudes)"이라고 알려진 예수의 가르침은 마태복음과 누가복음에 기록되어 있다. 그런데 이 두 곳의 기록이 두 가지 점에서 상이점을 지닌다.

첫째, 마태복음 5장 1절에서 예수는 이 여덟 가지 복을 "산에서" 전한다고 기록되어 있다. 그런데 누가복음 6장 20절에 등장하는 예수는 '산'에 있지 않다. 예수는 산에서 내려와서 "평지"에서 이 '팔복'에 대하여 가르친다. 마태복음은 '산상수훈(Sermon on the Mount)'이라고 할 수 있는 반면, 누가복음은 '평지수훈(Sermon on the Plain)'이라고 할 수 있다.

둘째, 마태복음에서는 "영혼이 가난한 이들은 복이 있습니다"(마태 5:3)라고 한다. 그러나 누가복음에서는 영적으로 가난한 것인지 또는 물질적으로 가난한 것인지에 대한 구체적 언급 없이 "가난한 이들은 복이 있습니다"(누가 6:20)라고 한다. 마태복음에는 "영혼이 가난한 이들(who are poor in spirit)"이라고 한 반면, 누가복음에는 '영혼'이라는 강조점 없이 그냥 "가난한 이들(who are poor)"이라고 한다. 예수가 "영혼이 가난한 이들"이라고 하는 것과 그냥 "가난한 이들"이라고 하는 것의 함의에는 차이가 있다. '영혼이 가난한 사람'이라고 해서 모두 물질적으로 가난한 이들은 아니다. 오히려 부유할 수도 있다. 그렇기에 예수의 가르침을 이렇게 표현할 때, 소위 '부자'들도 복 받을 가능성의 폭이 열린다. 그러나 '영혼'이라는 말이 없을 때의 '가난'은 물질적으로 가난한 이들이라는 함의가 강하고, 따라서 부자들을 이러한 복 받음의 범주에서 배제된다. 그런데 왜 동일한 사건을 마태와 누가는 조금씩 차이 나게 기록했을까. 이러한 상이점은 전혀 놀랍지 않다.

소크라테스의 행적을 기록한 아리스토파네스(기원전 약 446년 출생), 크세노폰(기원전 약 430년 출생), 그리고 플라톤(기원전 약 427년 출생)의 글이 담아내고 있는 '소크라테스'는 각기 다르다. 극작가였던 아리스토파네스는 소크라테스와 동시대인으로서 소크라테스를 알고 있다고 주장할 수 있는 유일한 사람이기도 하다. 그의 코미디 연극 작품인 〈구름(the Clouds)〉에서 그려진 '소크라테스'라는 등장인물은, 매우 희극적인 소피스트의 모습이다. 아테네의 청년들에게 빚을 갚지 않는 '부정직'한 방식을 가르치고, 부모들에게 복종하지 않는 방법을 가르치고, 아테네의 신들(gods)을 조롱하는 인물이다. 이때 크세노폰과 플라톤은 어린아이였다.

크세노폰과 플라톤, 그리고 소크라테스의 나이 차이는 45세다. 소크라테스의 제자였던 이 두 사람이 경험한 소크라테스는 아리스토파네스와 같이 소크라테스의 젊은 시절이 아니라, 이미 나이 들었을 때다. 군인이며 역사학자였던 크세노폰이 그린 소크라테스는 '투사'이며 '도덕론자'다. 그가 그린 소크라테스는 경건하고 헌신적인 인간으로서 추상적인 사색을 경멸하고 엄격한 훈육을 견뎌내는 전형적인 투사의 모습이다. 크세노폰의 소크라테스는 프리드리히 슐라이어마허Friedrich Schleiermacher와 같은 학자를 포함해서 여러 학자의 비판을 받아왔다.

플라톤의 글에 등장하는 소크라테스는 다양한 모습이다. 8년여 소크라테스를 가까이에서 보았다는 플라톤의 글에서 소크라테스는, 플라톤 자신이 설파하고자 했던 다양한 사상을 뒷받침하고 연결하는 존재이기도 하다. 어디까지가 소크라테스 사상이며, 무엇이 플라톤 고유의 사상인지의 경계를 긋는 것은 쉽지 않다. 플라톤은 소크라테스의 죽음 후(기원전 399년), 소크라테스에 대한 변호인이며 옹호자로서 '소크라테스'로부터 발견한 그의 사상을 '재료'로 삼고서, 매우 복합적인 '철학적 예술작품'을 만들었다고도 볼 수 있다.

플라톤의 제자였던 아리스토텔레스 역시 소크라테스에 대한 여러 가지 평가를 하고 있다. 그러나 바울이 예수를 직접 만나본 적이 없는 것처럼, 아리스토텔레스 역시 소크라테스를 직접 만나본 적은 없다. 아리스토텔레스가 태어났을 때 소크라테스는 이미 15년 전에 죽었기 때문이다.

이런 맥락에서 보자면 누가 표현하고 있는 소크라테스가 '진정한 모습'인가를 아는 것은 거의 불가능하다. 소위 "소크라테스 문제(the Socratic problem)"라고 불린다. 소크라테스에 대한 다양한 기록들에 저자의 각기 다른 관점이 반영되었듯이, 예수에 대한 이해와 서술에 차이가 있다는 것은 우리의 일상에서도 경험할 수 있다.

같은 장소에 친구와 함께 여행하고 여러 경험을 함께해도, 그 여행을 기록했을 때 두 사람의 기록이 동일할 가능성은 거의 없다. 우리의 기억하기, 듣기, 해석하기, 그리고 그 사건을 기록하기는 언제나 이미 '자서전적'이기 때문이다. 신학적으로 또는 성서학적으로 이러한 차이를 어떻게 해석하든, 중요한 것은 성서 기록은 인간이 했다는 것을 늘 인지하는 것이다. 하늘에 있는 '신'이 직접 지시해서 받아쓰기만 한 것이 아니라는 것이다. 동시에 성서가 기록된 시기의 사회문화적 그리고 종교적 정황을 고려하면서, 예수의 철학이나 그의 행적과 가르침이 21세기를 살아가는 이들에게 어떠한 의미가 있는가를 복합적으로 조명해야 한다.

이러한 맥락에서 21세기를 살아가는 이들이 예수의 가르침과 철학을 자신의 구체적인 일상 세계에서 실천하고자 할 때, '모든 인간'의 의미를 확장하고 적용해야 하는 것은 각자의 지속적인 과제다. 현대의 정황에서 예수의 언행에 대한 지속적인 재해석과 재조명이 필요한 이유다. 예수의 '평등과 정의의 철학'을 복합적으로 조명하기 위해서는 예수가 활동하던 시대의 사회문화적 정황을 먼저 이해하는 것이 필요하다. 평등과 정의의 문제는 철저한 불평등과 배제라는 불의의 삶을 살았던 이들을 예수가 어떻게 대하였는가로부터 시작해야 한다.

예수가 활동하던 사회에서 현대식 언어로 하자면 '종교 차별'과 '인종/종족 차별'은 분리할 수 없다. 유대인이 아닌 사람들은 제2등 인간으로 취급받았다. 유대인이라는 종족적 정체성과 유대교라는 종교적 정체성은 분리 불가하던 시대였다. 고도의 종교 차별과 종족 차별의 시대에 예수는 제2등 인간으로 취급받던 이들을 중심에 세워놓는다. 예수는 무언가 사람들에게 가르침을 주고자 할 때, 예화를 만들어서 가르쳤다. 예수가 왜 직접적인 가르침을 말하지 않고 예화를 통해 전달하려고 했는지 그 이유는 정확히 알 수 없고 유추만 할 수 있을 뿐이다. 아마 예수는 주변 사람들의 다양한 배경을 생각하면서 그들이 이해하기 쉽도록 자주 예화를 사용했을 것이라고 나는 본다. 이 점에서 보면 예수는 상상력이 풍부한 '작가'이며, 효과적인 교육방식을 개발하고 실행하는 '창의적 교육자'이기도 하다. 예수의 예화를 들은 이들은 그 예화를 통해서 예수가 전하고자 하는 것이 무엇인가에 대한 호기심을 가지고 계속 경청했을 것이다. 예수는 자신의 예화가 끝나면 그 예화가 무슨 메시지를 담아내고 전하려고 했는지를 청중들이 스스로 알아차리도록 질문하기도 하고, 대화하기도 한다.

"선한 사마리아인"이라고 알려진 비유가 있다(누가 10:25~37). 한 법률학자가 예수를 찾아와 "제가 영원한 생명을 얻으려면 무엇을 해야 합니까?"라고 물었다. 그러자 예수는 되묻는다. "율법서에는 어떻게 적혀 있고 당신은 그것을 어떻게 읽었나요?" 법률학자는 답한다. "온 마음을 다해서 신을 사랑하고, 당신의 이웃을 당신 자신처럼 사랑하십시오." 그러고 묻는다. "누가 나의 이웃입니까?" 그때 예수는 직접 이웃의 개념을 설명하지 않고 "선한 사마리아인"의 비유를 말해준다. 예화가 끝나고 예수는 법률학자에게 "강도를 만난 사람에게 누가 '이웃'입니까"라고 묻는다. 답을 바로 가르치는 것이 아니라 법률학자가 스스로 성찰할 기회를 주는 것이다. 이 예화에 등장하는 인물들은 사제의 위치에 있는 바리새인, 레위인, 그리고 사마리아인 등 세 종류의 사람이다. 그런데 흥미롭게도 예수는 의도적으로 사마리아인을 강도 만난 사람을 정성껏 돌보아 준 진정한 모범적 이웃으로 등장시키는 예화로 설정한다.

사두개인이나 바리새인과 같은 유대인이 아니라, 그 당시 '2등 인간' 취급을 받았던 사마리아인이 모범적인 이웃, 우리가 따라야 할 이웃 사랑을 실천한 인물로 등장한다는 것은 의미심장하다. 이 예화는 사실의 기록이 아니기에 예수는 주인공을 마음대로 설정할 수 있다. 예수는 사회적·종교적 권력을 지닌 바리새인이나 레위인을 '주연'으로 하는 예화를 만들 수 있었을 것이다. 그런데 왜 '이방인', 즉 종교적·종족적 타자인 사마리아인을 주연으로 만들었는가. 물론 우리는 예수의 본래 의도가 무엇인가는 알 수 없다. 예수의 본래 의도에 대하여 정확하고 절대적인 답을 알 수 있는 길은 없다. 다만 예수의 행적과 가르침의 정황에서 해석할 뿐이다.

예수가 활동했던 시대적 정황을 21세기 정황으로 옮겨보자면, 예수가 '주인공'으로 설정한 사마리아인은 다음과 같은 사람일 수 있다. '사마리아인'은 기독교인이 아닌 이슬람교도, 불교도, 또는 무종교인일 수 있다. 그 '사마리아인'은 이성애자가 아닌 성소수자일 수도 있다. 그 사마리아인은 박사, 교수와 같은 고학력자가 아니라 저학력자일 수 있다. 통상적으로 사람들이 생각하는 '존경받는 사람', 또는 사회·정치·종교적 권위와 권력을 가진 중심부에 있는 사람이 아니다. 예수의 예화 주인공은 통상적인 '중심부적 존재'가 아니라 '주변부적 존재'다. 관습을 뒤집는 예수의 이러한 예화는 "규범 전복하기(subverting the norm)"의 전형이다. 예수는 여러 가지 예화와 구체적인 행동들을 통해서, 또 자신의 '규범 전복하기'의 장치를 통해서 '급진적 포용의 원리'가 무엇인지를 우리에게 가르쳐준다.

예수와 "우물가의 사마리아 여성"과의 만남(요한 4:7~29) 사건이 있다. 예수와 사마리아 여성과의 만남 역시 그 당시 시대의 관습을 역행하는 '규범 전복하기'의 의미를 지닌다. 그리고 더 나아가서 '급진적 포용의 원리'가 우리의 구체적인 현실에서 무엇을 의미하는지를 보여준다. 예수는 사마리아 여성에게 말을 건넨다. 지금 같으면 아무것도 아닌 사건이다. 그러나 성서는 그것이 쓰여진 시대적 정황을 생각하면서 지금의 정황과 연결해야 의미가 있다. 그 당시 공적인 자리에서는 같은 유대인일지라도 남성은 여성에게 말을 건네지 않는 것이 철저한 관습이었다. 남편일지라도 공적 자리에서는 아내에게 말을 건네지 않아야 한다. 설사 남편이라도 '열등한 존재'인 여자에게 말을 건네면 남자의 품위가 손상되기 때문이다. 이것이 바로 예수가 활동하던 시대적 정황이다.

같은 유대인이어도 다른 여자와 말을 주고받으면 안 되는 사회에서 예수는 남자도 아닌 여자에게, 또한 유대인도 아닌 이방인인 사마리아 여자에게 말을 건넨다. 더구나 그 여성은 '정식 결혼'조차 하지 않아 남편이 이전에 다섯이었고 지금 함께 있는 이는 남편도 아니라고 한다. 즉 사회적인 시선에 의하면 그 사마리아 여성은 '불결한 여자'이며 '죄인'이다. 그러한 여자와 예수는 잠시가 아니라 긴 대화를 나눈다. 예수의 제자들조차 남성인 예수가 한 여성과 말을 나눈 것을 보고서 놀랐다(요한 4:27). 예수와 긴 대화를 나눈 후, 이름을 알 수 없는 그 사마리아 여성은 동네로 돌아가서 "이 사람이 혹시 메시아일 수도 있다"며 사람들에게 고한다. 사마리아 여성과의 대화는 예수가 한 개인과 나눈 가장 긴 대화다. 4복음서에는 예수의 제자나 그 어떤 사람하고도 예수가 이렇게 길고 진지한 대화를 나눈 기록이 없다. 그런데 그 당시 제2등 인간이며, 사회의 가장 주변부 존재인 '여성'이며, 동시에 '비유대인'이라는 중층의 주변부성(double marginality)을 지닌 사람과 긴 대화를 나누었다는 것은, 그 당시 시대적 정황에서는 가히 혁명적인 사건이라고 할 수 있다.

예수와 삭개오와의 만남 역시 상당히 파격적이다(누가 19:1~10). 삭개오는 세금 징수원이며, 왜소증을 가진 장애인이다. 모든 종류의 장애는 신의 저주를 받은 것으로 장애인은 열등한 존재라고 간주하던 시대다. 예수는 사람들이 신의 저주를 받아 장애가 있다고 간주하던 삭개오를 온전한 존재로 대한다. 예수가 활동하던 당시 사회는 다층적인 혐오와 차별은 자연적이고 '신적 질서'라고 생각되던 때였다. 예수는 '죄인'이라고 간주되는 '장애인'이자 세금 징수원인 삭개오와 대화할 뿐만 아니라, 더 나아가서 그의 집에서 머물며 시간을 가지겠다고 많은 사람 앞에서 선언한다.

예수가 만난 사람들을 이렇게 살펴보면 예수는 성차별, 종교 차별, 종족 차별, 또한 장애 차별을 과감히 넘어서는 존재라고 할 수 있다. 이러한 맥락에서 예수가 활동하던 시대에 사람들의 모든 것을 지배하던 종교의 신, 그들이 절대적으로 믿고 찬양하는 '신'은 바로 그러한 '차별의 신'이었다. 현대의 개념으로 전환하자면 극도의 성차별, 종교 차별과 인종·종족 차별, 계층차별, 장애 차별 등은 바로 '신적 창조'와 그 창조에 의한 '신적 질서(Divine Order)'에 의한 것이라고 굳건히 믿던 사회였던 것이다. 이러한 시대에 예수가 여성, 비유대인, 장애인 등 사회적 주변부인들을 어떻게 대했는가를 조명해 보는 것은 매우 중요하다. 즉 현대의 맥락에서가 아니라, 예수가 활동하던 시대의 맥락에서 짚어보아야 예수의 평등사상이 얼마나 혁명적이었는지 볼 수 있다는 것이다.

성차별과 예수:
예수는 페미니스트인가

1) 제2등 인간으로서의 여성

예수는 유대인으로 태어나 유대인으로 살았다. 유대 사회는 철저한 남성중심적인 가부장제 사회였다. 여성들은 남성보다 열등한 존재였고, 한 인간으로 숫자에 들어가지 않았다. 여성들은 유대교 경전인 토라를 읽거나 배우는 것이 허용되지 않았다. 1세기 엘리에제르Eliezer라는 랍비는 "토라를 여성에게 가르치느니 차라리 불태워 버리는 것이 낫다. 자기 딸에게 토라를 가르치는 사람은 그 딸에게 음란을 가르치는 것과 같다"라고 했다. 여성은 아이들이나 노예들처럼 아침 기도문이나 식사 기도를 암송할 의무가 없었다.

유대인 남성들이 매일 드리는 기도문에는 세 종류의 감사를 담고 있는 다음과 같은 내용이 있다. "나를 이방인으로 창조하지 않으신 신을 찬양합니다; 나를 여자로 창조하지 않으신 신을 찬양합니다; 나를 무지한 자로 창조하지 않으신 신을 찬양합니다." 이 기도 내용은 예수가 활동하던 시대에 여성에 대한 차별, 비유대인에 대한 차별, 그리고 소위 배우지 못한 이들에 대한 차별과 비하가 얼마나 심했는지를 적나라하게 보여준다. 특히 유대 사회의 여성 이해는 전형적인 여성 혐오사회다. 여성 혐오사상은 예수 등장 이전의 성서인 구약성서(또는 히브리 성서) 곳곳에 있다. 유대 사회에서 여성은 한 '인간'이 아닌 남성의 전적 소유물이었다. 아내도 딸도 여성이라면 모두 남성인 남편과 아버지의 소유물이었다는 것이 히브리 성서 곳곳에 등장한다.

여성 혐오사상(misogyny)은 두 가지 여성 이해에 그 토대를 둔다. 첫째, 여성은 남성보다 '열등한 존재'다. 둘째, 여성은 남성을 죄에 빠뜨리는 '위험한 존재'다. 여성의 존재 이유는 두 가지 모델론에서 드러난다. 첫째는 사창가 모델(brothel model)이고 또 다른 하나는 농장 모델(farming model)이다. 사창가 모델은 여성의 존재 이유는 남성을 성적으로 만족시키는 것이다. 그리고 농장 모델에서 여성은 출산과 양육을 전담하는 역할이다. '혐오사상'이라고 해서 '여자를 혐오한다'고 하는 노골적인 방식으로 작동되지 않는다. 매우 은밀한 형태로 그리고 매우 '자연적인 것'으로 행사된다. 예를 들어서 '여자라면 아이를 낳고 기르는 것이 당연한 것 아닌가' 또는 '여자라면 남편을 성적으로 즐겁게 해 주어야 하는 것 아닌가'와 같이 아주 '자연스러운' 것으로 생각하게 된다. 여자는 이렇게 남자보다 열등한 존재이므로 랍비는 자신의 아내라도 공적인 자리에서 말을 건네서는 안 된다. 말을 건네면 자신도 '열등한 존재'이기 때문이다. 그래서 여자는 결혼 전에는 아버지, 결혼 후에는 남편의 치하에서 무조건 순종하며 지내야 하며, 그들의 소유물이 된다. 일부다처제가 일반화되었던 유대 사회에서, 여성이 아버지나 남편의 '소유물'이라는 것은 창세기 19장과 사사기 19장을 보면 분명하게 볼 수 있다.

자신의 집에 온 손님을 보호하기 위해 '남자를 모르는 처녀'라고 하면서 자신의 두 딸을 폭도들에게 내어주며 '마음대로 하라'고 하는 아버지(창세기 19:8)가 있다. 또 역시 손님을 보호하기 위해 주인인 아버지는 '처녀인 나의 딸과 이 사람의 첩'(사사기 19:24)이 있으니 하고 싶은 대로 마음대로 하라는 아버지도 있다. 그런데 '당신들이 하고 싶은 대로 마음대로 하라'는 것은 무엇인가. 자신의 딸들이 처녀임을 강조하는 것은 '상품 가치'가 있는 '성적 물건'이라는 의미다. 아버지라는 사람이 자기 집 밖에서 손님을 내어놓으라고 난장을 피우는 폭도들에게 딸을 내어준다. '아버지들'은 자신의 딸이든 손님의 첩이든 '여자'라면 누구나 '성적 대상화'하는 것이다. 결국 그 손님은 폭도들에게 극심한 성폭행을 당하고 심신이 지칠 대로 지쳐 새벽녘에 돌아온 자신의 '첩'을 말에 싣고 자기 집으로 간다. 그리고 도착한 후 그 여성의 몸을 12토막으로 잘라서 12지파에 보낸다. 끔찍한 죽음과 사체훼손의 현장이 성서에 환대 사건으로 등장하고 있는 것이다.

유대교 경전인 토라, 그리고 기독교인들의 구약성서 곳곳에 등장하는 '여자'는 물건처럼 버리고 파괴해도 되는 소유물이다. 그런데 이러한 고도의 여성 혐오시대에 예수는 여성을 어떻게 대했는가. 만약 예수가 그 당시 시대적 흐름에 휩쓸려서 여성 혐오를 그대로 답습하였다면 '예수'라는 이름은 무슨 의미가 있는가. '예수'가 아무리 이 세계에서 가장 유명한 이름이고, 세계 인구의 30%인 기독교인이 '구세주'로 고백하는 존재라 해도, 예수가 여성을 인간으로 대하지 않았다면 의미가 없다. 적어도 2천여 년이 지난 21세기 여성에게 예수의 존재는 해악과 폭력의 대상이 될 뿐이다.

1971년 "예수는 페미니스트였다(Jesus Was a Feminist)"라는 제목의 논문이 〈가톨릭 세계(Catholic World)〉라는 저널에 발표되었다. 이 논문은 제목 자체만으로도 많은 주목을 받았다. 더구나 예수를 '페미니스트'로 호명하는 이 논문은 일반적인 예상과는 달리 여성이 아닌, 남성 가톨릭 학자에 의해서 발표되었기에 더욱 주목받았다. 이 논문의 저자는 미국 템플 대학교의 종교학부 교수인 레너드 스위들러Leonard Swidler다. 이 논문이 발표되자, 예수가 '페미니스트'라고 주장하는 것에 대하여 적극적 지지를 하는 이들과 그것을 비판하는 입장으로 나뉘었다.

우선 누군가가 "페미니스트인가, 아닌가"라는 물음에 답하려면, 그 전단계의 질문을 먼저 조명해야 한다. 즉 '예수가 페미니스트인가'를 조명하려면 '페미니즘'과 '페미니스트'를 어떻게 규정하는가가 필요하다. 페미니즘이 무엇인가에 대한 개념 규정은 매우 복잡하다. 그 개념 정의에 따라서 예수는 페미니스트가 결코 되지 못할 수도 있고, 페미니스트가 될 수도 있다. 예를 들어서 남성과 여성의 생물학적 차이를 근원적인 것으로 간주하는 "여성중심주의 페미니즘(gynocentric feminism)" 관점에서 생물학적 남성인 예수는 '페미니스트'가 될 수 없다. 그러나 여성성·남성성 같은 생물학적 차이가 근원적 문제가 아니라, 오히려 '인간됨(humanhood)'이 우리가 모색해야 할 중요한 요인임을 강조하는 '휴머니스트 페미니즘(humanist feminism)' 관점에서 보면, 생물학적 남성이라도 페미니즘의 정신을 지지하고 실천하려는 사람은 페미니스트가 될 수 있다.

그렇다면 스위들러가 이해하는 페미니즘은 무엇인가. 스위들러는 "예수는 페미니스트였다"라는 글의 서두에 다음과 같은 작업가설을 제시한다. 첫째, 그가 언급하는 '예수'는 팔레스타인에서 2천여 년 전에 살았던 역사적 인물이다. 예수는 전통적으로 기독교인들이 '주님(Lord)'으로 또는 '구세주(Savior)'로 받아들이는 존재로 기독교인들은 예수가 하는 대로 따라 해야 한다고 생각한다. 둘째, "페미니스트"란 여성을 인간으로 대하고, 여성과 남성의 평등을 지지하고, 동시에 그 평등을 촉진하고 확장하고자 실천하는 사람이다. 즉 페미니스트란 이러한 평등의 확장을 위해 사회적 관습이나 종교적 금기도 거스를 수 있는 사람이다. 페미니즘과 페미니스트에 대한 이런 이해를 가지고, 스위들러는 "예수는 페미니스트다"라는 결론을 내리고 있다. 스위들러는 복잡한 페미니즘의 개념이나 이론가들을 동원하지 않는다. 다만 예수가 고도의 여성 혐오사회였던 유대 사회에서 어떻게 여성들을 '온전한 인간'으로 대하고 관계했는가를 보여주고 있다.

2) 예수의 여성 제자들

통상적으로 우리는 예수가 남성만을 "12명" 골라 제자로 삼았다고 알고 있다. 그러나 다양한 기록에 대한 연구물들을 보면 예수를 따르며 제자 역할을 하는 여성들, 즉 '여성 제자'들이 있다는 것을 알 수 있다. 연구물은 이 여성들이 예수를 선생으로 삼으며 동반했고 '예수의 목회'에 함께했다는 것을 보여준다. 그 여성 중에는 결혼한 여성도 있고 결혼하지 않은 여성들도 있다.

남성 제자들은 예수가 체포되자마자 곤경에 처한 예수를 내버리고 모두 떠나버렸다(마가 14:50). 예수의 공생애 3년 동안 동고동락하며 함께했던, 제자라고 하는 이들이 예수가 곤경에 처하자마자 예수를 버리고 모두 도망간 것이다. 제자들은 예수가 자신들이 생각하던 방식으로 세상을 제압하고 영광과 승리의 모습으로 부상한 것이 아니라, 가장 미천한 방식으로 처벌받는 십자가형에 처한다는 것에 지독한 실망을 느꼈을 것이다. 이제 제자들에게 예수는 더 이상 영광을 가져오는 '왕'이나 '메시아'가 아니라, 초라한 죄인으로 처형을 앞둔 존재가 되었다. 그러자 모든 기대와 희망을 내려놓고 등 돌려 떠나버렸을 것이다. 3년 동안 예수와 함께했다는 제자들조차 예수에 대하여 얼마나 깊게 오해한 것인지 생각해 보게 되는 장면이다. 예수는 이렇게 자신이 선택한 '제자'라는 사람들이 한 사람도 예외 없이 모두 떠난 걸 보고 어떤 마음이었을까.

그런데 예수에게 등 돌린 제자들과는 달리 곤경에 처한 예수를 지켜보고, 그가 십자가에서 못 박히는 그 죽음의 현장에서도 끝까지 연대한 이들이 있었다. 바로 여성 제자들이다. 마태복음은 그 여성들을 갈릴리에서부터 예수를 섬기는 '사역자(ministers)'라고 기록하고 있다(These were the same women who had followed Jesus from Galilee as ministers to him, 마태 27: 55). 그 여성 제자 중에는 막달라 마리아도 있었고, 야고보와 요셉의 어머니인 마리아도 있었고, 세베대 자녀들의 어머니도 있었다.

예수의 "오병이어 기적" 사건이 있다. 이 기적 사건은 4복음서에 모두 기록되어 있다. 예수의 말을 듣고자 많은 사람이 모였다. 저녁이 되어서 먹을 때가 되었으나 오직 "떡 다섯 덩이와 물고기 두 마리"밖에 없었다. 하지만 예수가 기도하니 모였던 사람들이 모두 배불리 먹게 되었다는 기적 사건이다. 그런데 얼마나 많은 사람이 먹고도 남았는가의 기록은 "먹은 사람은 여자와 어린이 외에 오천 명"(마태 14:21), "남자만 오천 명"(마가 6:44), "남자가 한 오천 명"(누가 9:14), 그리고 "사람들이 앉으니 수가 오천 명"(요한 6:10)이라고 되어 있다.

4복음서에 나온 기록을 종합해 보면 '여자와 어린이'는 사람의 숫자에 넣지 않은 것이 유대 사회의 일상적 관습임을 알 수 있다. 성서를 기록한 이들의 관점이 그들이 살던 시대와 문화·종교적 구조의 영향을 받았음을 알 수 있는 대목이다. 성서 저자들에게 여자와 어린이는 사람 수로 세지 않는다는 그 당시 관습을 거부하거나 저항하고자 하는 정신이 부재했다는 것이다. 이렇게 여자와 어린이가 사람 숫자에도 들어가지 못한다는 것은 무슨 의미인가. 요한복음에는 6장 10절에 "사람들이 앉으니(Jesus said to them, "Make the people sit down." There was plenty of grass there, and as many as five thousand families sat down.)"라고 표현하면서 "남자만(마가와 누가복음)"이라든가 '여자와 어린이 외에(마태복음)"라는 표현조차 하지 않는다. "사람"이라고만 기록하는 것은 여성의 존재 자체를 보이지 않게 한다. 이렇게 여성의 존재는 철저하게 무화되고, 존재하지만 보이지 않고 죽은 것 같은 존재, 즉 조르조 아감벤의 표현처럼 "살아있지만 죽은 존재(living dead)"다. 그렇기에 여성은 주요 사건의 증인이 되어도 그들의 말은 증언으로써 가치를 지니지 못한다.

이러한 고도의 여성 혐오와 여성 차별의 사회적 정황을 고려해 보면, 예수가 여성을 온전한 인간으로 대한 것은 참으로 놀랍다. 여기서 우리는 여성이 예수의 3년 간의 공생애에서 어떤 의미를 지니고 있고, 예수가 "살아있지만 죽은 존재"로 간주되던 여성을 어떻게 온전하고 평등한 존재로 대했는가를 조명할 필요가 있다.

3) 예수 부활 사건의 첫 증인들

예수의 부활 사건이 없었다면, 제도화된 종교로서 기독교가 구성되고 유지되는 것은 불가능하다. 기독교 교리에 생소한 이들에게는 이해하기 쉽지 않을 것이다. 왜냐하면 '부활'은 우리의 통상적 논리와 합리적 관점에서는 이해하기 어려운 사건이기 때문이다. 그런데 기독교의 부활 사건뿐인가. 기독교를 포함하여 종교란 인간의 합리성과 논리 안에서만이(within) 아니라, 이성과 합리성의 영역을 넘어(beyond) 존재하는 영역이다. 따라서 부활 사건과 같은 종교적 서사를 이해하기 위해서는 합리성의 세계 안에서만이 아니라, 그 너머의 다른 방식의 접근이 요청된다. 예수의 평등과 정의 철학을 이해하기 위해서, 왜 이 부활 사건이 기독교의 정점을 이루는 토대가 되는가를 간략하게 살펴보자.

예수의 십자가 죽음과 이어진 부활 사건은 기독교가 유대교로부터 구분되는 기점을 마련한다. 부활 사건은 '기독교'라는 종교에 견고한 교리적 토대가 되어 주었다. 부활에 대한 해석과 함께 '기독교'라는 이름의 종교가 서서히 구성되기 시작한 것이다. 예수 그리스도라는 이름을 중심에 놓고 구성된 기독교는 '유대인 중심주의'에 근거한 유대교의 종족중심주의(ethnocentrism)를 넘어서서, 인류 모두를 위한 '보편 종교(universal religion)'로 자리잡기 시작했다. 예수의 부활 사건이 있었기에 가능했던 것이다. 부활 사건은 예수의 십자가 위 죽음이 공허한 '실패'가 아니라, 구세주 예수가 '우리 죄를 위해 죽은 것(died for our sins)'을 보여준다. 즉 예수의 사역이 실패한 줄 알았는데 종국에는 악의 세력을 넘어 승리하는 '영광과 승리의 신'의 부활을 의미한다. 십자가 죽음에 신의 현존과 승리가 부여된 사건인 것이다. 그래서 예수를 '믿는 사람들'은 예수처럼 죽음을 극복하고 영생의 삶을 살 수 있다는 강력한 신학적·종교적 토대 구성이 가능하게 되었다.

기독교 교리는 예수가 유대인만이 아니라 '모든 인간'의 죄를 용서해 주기 위해 십자가에 달렸다고 강조한다. 따라서 그 예수를 믿기만 하면 누구든 자신의 죄를 모두 용서받는다는 종교적 교리가 가능해진다. 유대 전통에서 비유대인인 '이방인'들은 신이 선택한 '선민'이 아니기에 열등한 존재라고 취급받았다. 하지만 이 이방인들도 기독교인이 되어 예수만 믿으면 죄를 용서받고 '지옥'이 아닌 '천당'에 갈 수 있는 '구원'의 길에 들어서는 게 가능해진 것이다. 유대 사회에서 상상할 수 없었던 '구원의 보편화'는 예수의 십자가 사건과 이어지는 부활 사건의 해석으로 가능해졌다.

그런데 이렇게 중요한 예수 부활 사건의 첫 증인이 남성이 아닌 여성이다. 여성은 남성보다 존재론적으로 열등한 존재, 인류를 죄에 빠뜨린 위험한 존재이기에 '제2등 인간'이라고 간주되었다. 그렇기에 유대 전통에서 여성은 '사람'의 숫자에도 들어가지 못했다. 성서에는 여성이 사람 수에 들어가지 않았다는 예가 곳곳에 있다. 여성 혐오 전통을 고스란히 드러내는 것이다.

21세기 정황에서 이 이야기를 읽으면 예수 부활 사건의 첫 증인이 여성이라는 게 그다지 큰 의미로 보이지 않을 수도 있다.

그러나 예수가 활동하던 시대적 배경을 생각해 보자. 기독교의 가장 중요한 사건인 부활 후 예수가 최초로 만난 이가 여성이었다는 것은 가히 혁명적 사건이라고 할 수 있다.

그런데 예수가 '무덤에서 살아 나왔다'는 '부활의 순간'에 대하여 정작 복음서는 아무런 기록이 없다. 다만 '천사'가 예수의 무덤이 비어 있고 예수의 시신을 찾을 수 없자 당황하는 여성들에게 "두려워하지 마십시오. 나는 당신이 십자가에 못 박힌 예수를 찾는다는 것을 아는데, 그는 이곳에 더 이상 없습니다. 예수는 예언대로 정확하게 부활하셨습니다. 와서 묘지를 다시 확인해 보십시오. 그다음에 어서 제자들에게 가서 예수가 죽은 자 가운데서 살아나서 이제 제자들보다 앞서 갈릴리로 가신다고 전하십시오. 그곳에서 예수를 보게 될 것입니다"(마태 28:5~7)라고 말하는 장면만 있을 뿐이다. '천사'는 여성들에게 갈릴리로 가면 예수를 만날 수 있을 것이라 했는데, 돌연히 예수가 등장한다. 그리고 여성들에게 "샬롬(Shalom)"이라고 인사를 전한다.

마태복음에 기록된 부활 사건과 그 첫 증인들 이야기를 보면, 여성들에게 먼저 나타난 예수의 출현은 우연이 아닌 매우 '의도적'으로 보인다. 무덤가를 배회하던 사람들이 여성들이기에 '우연히' 예수의 부활을 목격하게 된 것인지, 아니면 예수가 '의도적으로' 그 여성들에게 나타나게 된 것인지에 대한 정확한 사실을 예수 스스로 밝히지 않는 이상 우리는 물론 모른다. 우리에게 남겨진 과제는 이러한 사건을 어떻게 해석하고, 현재 삶의 정황에서 어떠한 의미를 부여할 수 있는지 씨름하는 것이다.

예수의 부활 사건에 대한 복음서의 기록은 조금씩 다르다.

마가복음을 보면 무덤가에는 막달라 마리아, 야고보의 어머니 마리아, 그리고 살로메가 갔었는데 예수가 그 세 여성에게 직접 나타나지는 않았다. 그런데 무덤 문이 열려 있어 그 세 명의 여성이 놀라 들어가 보니 "흰옷을 입은 청년"이 앉아있었고, 그 청년이 말하기를 예수는 살아나셨고 갈릴리로 가실 테니 갈릴리로 가면 예수를 만날 수 있다고 전한다(마가 16:1~7). 그런데 이 "흰옷 입은 청년"의 메시지와 달리 예수는 자신을 "막달라 마리아에게 먼저 보여주었다"(마가 16:9)라고 되어 있다. 어디에서 예수가 막달라 마리아에게 자신을 보였는지 구체적인 장소는 나오지 않는다.

요한복음을 보면 예수 부활의 첫 증인은 막달라 마리아라고 나온다(요한 20:1~18). 막달라 마리아는 무덤이 비어 있는 것을 보고서 베드로와 예수의 다른 제자에게 가서 알려준다. 그래서 예수의 제자들도 무덤가에 갔지만, 예수의 시신이나 부활한 예수를 보지는 못한다. 무덤가를 떠나지 않고 있던 막달라 마리아는 예수의 시신을 누군가가 다른 곳으로 치운 줄 알고 울면서 무덤안을 들여다 본다. 예수의 시신이 놓여있던 곳에 앉아있던 '두 천사'가 마리아에게 왜 우는지 묻는다. 마리아는 자신의 "랍비(the Rabbi)"를 다른 곳으로 치웠다고 하며 슬퍼한다(요한 20:13). 그러다가 그녀가 뒤를 돌아보니 어떤 '정원사' 같은 사람이 서 있다. 그래서 막달라 마리아는 '정원사'라고 생각한 사람에게 당신이 예수의 시신을 치운 사람이라면 어디에 두었는지 알려달라고 한다. 그때 예수가 "마리아"라고 이름을 부르는 순간, 마리아는 비로소 예수를 알아본다(요한 20:16). 그런데 예수를 계속 따라다니며 예수의 '목회'를 도왔던 마리아가 왜 예수를 처음에 알아보지 못했을까. 왜 "마리아"라는 이름을 불렀을 때 비로소 예수를 알아보게 되었는가. 이 부분은 다양한 해석의 가능성을 지닌다.

마태복음에는 막달라 마리아와 다른 마리아가 무덤에 갔는데, 지진이 나면서 하늘에서 천사가 내려와서 무덤의 돌을 굴려 치우고 그 위에 앉았다는 장면으로부터 부활 사건이 시작된다(마태 28:1~3). 그 천사는 예수가 살아나셨음을 알리면서 예수의 제자들에게 빨리 가서 이 소식을 전하라고 한다(마태 28:7). 마리아들이 천사의 말을 듣고서 제자들에게 알리려고 무덤가를 급히 떠나려고 할 때, 예수가 이 마리아들에게 나타나서, "샬롬"이라고 한다(마태 28:9). '샬롬'은 흔히 '평화'라고 하지만, 그 히브리어의 의미는 조화, 온전함(wholeness), 완전함, 번영, 복지 및 평온,

또는 안녕과 작별을 의미할 수도 있다. 이런 의미에서 보자면 예수가 '샬롬'이라고 한 첫인사는 어떠한 맥락에서 어떤 의미를 지니는지 고정되어 있지 않다. 이미 죽었다고 생각하던 예수가 등장해서 "샬롬"이라는 인사를 전하자, 마리아들은 놀라서 예수에게로 달려가 예수의 발을 끌어안고 경배(worship)한다. 그러자 예수는 "두려워하지 마십시오. 가서 제자들에게 나를 보게 될 갈릴리로 가라고 전하십시오"(마태 28:10)라고 한다.

막달라 마리아는 남성 제자들이 모두 떠난 후에도 십자가 선상의 예수를 최후까지 함께한 사람이다. 또한 그는 예수 부활 사건을 목도한 첫 증인이다. 예수를 팔아넘겼다는 유다는 물론 11명의 남성 제자 그 누구도 예수 부활을 목도한 사람이 없다. 예수의 부활을 목격한 여성들이 제자들과 다른 사람들에게 이 사실을 전하자 아무도 믿지 않았다. 예수가 활동하던 시대에 여자의 '증언'은 공적인 영역에서 아무런 신뢰를 할 수 없는 것으로 간주되었었다(누가 24:9~11).

여성은 '제2등 인간'으로, 온전한 인간이 아닌 '하부 주체(subaltern)'로 태어나고 자라고 활동했다. 여성이 공적 공간에서 아무런 신뢰를 받지 못한 존재로 간주되는 철저한 남성중심적 가부장제 사회에서 왜 예수는 여성에게 먼저 나타난 것인가. 왜 '천사'들이 갈릴리로 가서 예수를 만나라고 했는데, 예수가 돌연히 여성들에게 나타난 것인가(마태 28:5~9). 예수는 왜 직접 갈릴리로 가서 제자들에게 제일 먼저 나타나지 않았을까. 마리아들이 무덤에 갔을 때 예수는 이미 그곳에 없었다. 예수가 무덤에서 살아나왔다는 것을 그 누구도 보지 못했고, 다만 "천사"라고 하는 존재들이 마리아들에게 고지한 것일 뿐이다. 논리적으로 보자면 부활은 죽음으로부터 살아난 '초능력적 사건'이다. 이러한 초능력적 사건 속의 예수라면, 시공간을 초월해 갈릴리로 가서 남성 제자들 앞에 먼저 나타날 수도 있지 않았을까. 그러나 그런 일은 일어나지 않았다.

예수의 부활 사건은 기독교 교리의 정점을 이룬다. 예수가 십자가에서 처형당한 것으로 끝났다면, 아마 예수라는 존재가 기독교라는 거대한 제도화된 종교를 구성하게 되는 것은 불가능했을 것이다. 예수의 '부활'이 21세기에 무엇을 의미하는가는 또 다른 매우 복잡한 신학적 주제다. 그 부활이 과연 '육체적 부활'을 의미하는가, 또는 하나의 심오한 은유의 의미를 지니는가에 대하여는 다양한 논의가 있다. 부활이 육체적 부활이든 상징적 의미이든, 예수의 부활은 기독교라는 종교를 구성하는 중요한 사건이다. 그런데 이 중요한 사건의 첫 증인이 예수의 '공식적인 남성 제자'들이 아니다. 그 당시 제2등 인간 취급을 받으면서 사람 수에도 들어가지 못했던 여성이 기독교의 가장 중요한 사건인 부활의 증인으로 자리매김했다. 이것은 당시 사회적 규범의 틀을 과감히 깨는 기능을 하게 된다.

'규범 전복의 예수'의 또 다른 사건을 살펴보자.

"마리아와 마르다"(누가 10:38~42) 이야기다. 예수는 이 두 여성이 사는 집에 방문한다. 예수가 활동하던 1세기 유대 사회에서 매우 엄격했을 장면이 있다. 남성이 손님으로 왔을 때 전통적으로 여성은 부엌에서 음식을 만들어 남성들에게 그 음식을 제공하고 치우는 역할을 하는 것이다. 이 장면은 21세기 한국 사회에서도 여전히 낯설지 않은 장면이다. 하물며 예수가 활동하던 시대에 여성은 남성 손님들이 집에 왔을 때 철저히 부엌에 매여 있어야 한다는 것이 '절대적 규범'이다. 그런데 예수는 이 규범조차 깬다.

마리아는 언니 마르다처럼 부엌에서 일하지 않고, 예수의 말을 듣고자 예수 앞에 앉아 경청한다. 부엌에서 일하던 마르다는 예수에게 다가가 동생 마리아가 자신을 거들도록 말해달라 청한다. 그러자 예수는 "마리아는 더 나은 편을 선택하였으니, 그것을 빼앗기지 않을 것입니다"(누가 10:42)라고 한다. 예수가 여성의 절대적인 역할이라고 생각하는 그 당시의 규범을 전복하는, 뒤집는 역할을 하고 있다. 예수가 마르다의 청을 듣고서 보인 반응은 여성의 지적 갈망을 인정하는 것으로서, 그 당시 관습을 완전히 벗어난다.

4) 급진적 페미니스트 예수

 이러한 예들을 보면, 예수가 여성의 존엄성과 평등성을 적극적으로 옹호했다는 것이 분명하다는 스위들러의 결론에 동의하지 않을 수 없다. 스위들러는 "예수는 페미니스트였다, 그리고 매우 급진적인 페미니스트였다"고 하면서, 예수를 따르는 이들은 예수를 본받아 '급진적 페미니스트'가 되어야 한다고 결론짓는다. 물론 예수가 페미니스트라는 주장에 대해서는 다음과 같은 비판적인 입장도 있다.

 첫째, 예수가 활동했던 시기의 시대적·정치적 정황에서 볼 때, 예수는 가부장제적 구조 안에 있었다. 그렇기에 예수가 그 당시 사회정치적 정황을 뒤엎을 직접적인 혁명을 주도했다고 보는 것은 실수일 수 있다. 또 예수는 12제자를 정할 때 남성만을 선택했다. 마찬가지로 예수는 노예제도와 같은 것을 폐지하고자 하지도 않았다. 예수의 가르침은 억눌린 사람들과 소외된 사람들의 온전한 인간됨을 강조하는 것이었다. 노예제도 같은 것은 전형적으로 사람의 온전한 인간됨을 훼손하는 것이다. 그러나 예수는 노예제도 폐지와 같은 직접적인 사회전복적 행위를 하지는 않았다.

 둘째, 예수가 '페미니스트'라는 주장에 동조하지 않는 이들은 예수 자체가 아니라, 예수의 이름으로 구성되고 지속되어 온 기독교의 남성중심주의적 가부장제, 그리고 2천여 년 이어진 여성혐오사상을 예로 든다. 그러면서 예수가 페미니스트라는 주장이 무슨 의미가 있는가, 라고 반문한다. 메리 댈리Mary Daly는 예수가 페미니스트라는 주장에 대해 "그래서 어쨌다는 것인가(so what?)" 라고 반문한다. 예수를 중심으로 구성된 기독교는 그 교리와 제도, 그리고 실천에서 남성중심적 가부장제와 여성 혐오를 2천여 년 동안 공고히 해 왔다. 예수가 설사 '페미니스트'라고 해도, 그러한 주장이 어떤 차이도 만들지 못할 것이라 보는 것이다. 메리 댈리는 철저한 가부장제적 틀에 초석을 놓은 제도화된 종교로서의 기독교에서 여성이 남성과의 평등을 주장하는 것은, 백인 우월주의 사상에 입각해 만든 '쿠 클룩스 클란(KKK: Ku Klux Klan)' 에서 흑인이 백인과 평등을 주장하는 것과 같다고 본다.

이러한 기독교 비판이 지닌 함의 역시 중요하다. 성서는 "하나님의 말씀"이기에 '일점일획이라도 틀림이 없다'고 굳게 믿는 사람들은 다음의 구절을 어떻게 해석할 것인가. 기독교의 초석을 놓았다는 바울이 디모데에게 보낸 편지에 보면 다음과 같은 구절이 나온다(디모데전서 2:9~15). 이 구절은 다음의 여덟 가지 항목으로 여성에 대한 부정적 이해와 구체적 지침을 내리고 있다.

① 여자들은 머리를 땋거나, 금이나 진주 같은 장신구를 하거

나, 값비싼 옷을 입지 말아야 한다. (9절)

② 여자들은 하나님을 경외한다고 고백하는 사람답게, 선한 일을 하면서 단정하고 품위 있는 옷을 입어야 한다. (10절)

③ 여자들은 교육받는 동안 침묵하면서 완전히 복종해야 한다. (11절)

④ 여자가 남자를 가르치거나 다스리는 것이 허락되어서는 안 된다. (12절)

⑤ 여자는 오직 침묵을 지켜야만 한다. (12절)

⑥ 아담이 먼저 창조되었고, 그다음에 하와가 창조되었다. (13절)

⑦ 아담은 속지 않았지만, 여자는 속아서 죄인이 되었다. (14절)

⑧ 여자가 겸손하게 믿음과 사랑과 거룩함 속에서 지낸다면, 출산을 통해서 구원받을 것이다. (15절)

서기 64~65년경에 쓰여졌다고 알려진 바울의 이 편지가 성서에 있다고 해서 '성서는 하나님의 말씀이니 일점일획이라도 틀림이 없다'고 한다면, 이 21세기에 어떤 일이 벌어지겠는가.

첫째, 머리를 땋는 것, 금이나 진주 같은 장신구를 하는 것, 또는 비싼 옷을 입는 것은 '하나님의 말씀을 어기는 것'이다. 여기에서 '비싼 옷'의 범주는 누가, 어떻게 규정하는가의 문제가 있다. 현대의 여성들은 머리를 땋는 것은 물론 파마를 하고 갖가지 치장도 한다. 금이나 진주는 물론 다이아몬드 반지나 목걸이를 착용하기도 한다. 이런 여성은 바울의 주장대로 보자면 '비기독교적'인 사람이다.

둘째, 선한 일과 단정하고 품위 있는 옷의 기준은 무엇인가. 하나님을 경외한다고 고백하는 사람다운 옷차림은 무엇인가. 만약 성형을 하고 화려한 옷을 입고 화장이 진하다면 '종교적'이지 않은 사람인가.

셋째, 여자들은 교육받는 동안 완전히 '복종'해야 한다. 그런데 '누구에게' 또는 '무엇에' 완전히 복종해야 하는가는 자명하다. 남자들에게, 또는 그 남자가 지닌 권위에 '완전 복종'해야 하는 것, 즉 여자를 교육하는 '남자'에게 완전히 복종해야 한다.

넷째, 여자가 남자를 가르치는 '교수'의 위치에서 남자 학생을 가르치거나, '목사'가 되어 남자 신도들을 향해 설교해도 안 된다.

다섯째, 여자는 언제나 침묵하고 있어야만 한다. 즉 여자는 자신의 생각을 표현하지 말고 어떤 상황이든 언제나 가만히 침묵 속에 있어야만 한다.

여섯째, '남자'인 아담이 먼저 창조되었다는 것은 신의 '창조 질서'다. 창조된 순서대로 여자는 남자를 따르는 존재가 되어야 하는 것은 신이 부여한 '질서'인 것이다. 그렇다면 신의 창조 순서에서 맨 마지막에 창조된 '인간'은 모든 창조물에 복종해야 하는 것인가는 '논리적'으로 나올 수 있는 질문이다.

일곱째, 하와가 뱀의 '유혹'에 넘어가 한국어로 '선악과 나무'

라고 불려지는 '지식의 나무(Tree of Knowledge)'에서 금지된 열매를 따 남자와 나누었다. 인류의 '타락'은 바로 여자 때문에 일어난 것이다.

여덟째, 이러한 '죄인'인 여자가 '구원'받을 수 있는 유일한 길은 출산을 하고, '정숙'하게 사는 것이다. 전형적인 "농장 모델 (farming model)"에서의 여성 모습이다. 따라서 출산하지 않는 여성은 구원받을 가능성이 전혀 없게 된다.

이러한 바울의 가르침을 21세기 사람들이 읽을 때 어떤 생각을 하게 될까. 바울의 메시지가 기독교 2천여 년의 전통에 어떤 영향을 미쳐왔는가는 자명하다. 여성은 남성에게 종속된 존재이며 인류를 죄에 빠뜨린 '위험한 존재'다. 동시에 여성의 존재 이유는 종족 보존을 위한 출산과 양육이며, 오직 출산을 통해서 '구원'받을 수 있다. 이러한 것들은 전형적인 여성 혐오사상이다. 초대 교회의 교부 신학자인 테르툴리아누스는 모든 여성 속에 '하와' 같은 성품이 있다고 하면서, 여자는 "악마의 관문(Devil's Gateway)"이라고 했다. 테르툴리아누스의 말을 여성 혐오의 맥락에서 보면 놀랄 일이 아니다.

이렇듯 성서와 그 성서에 쓰인 글을 "신의 말씀"이라고 절대화하면서 구성된 기독교 교리, 예전, 제도 등은 철저하게 남성 중심적 가부장제와 고도의 여성 혐오사상을 토대로 두고 있다.

이 점을 보면 예수를 '페미니스트'라고 명명하는 데 동조하기가 쉽지 않다. 예수를 페미니스트라고 하는 주장에 동조하지 않고 비판적인 입장에도 주목하고 귀 기울여야 하는 이유다. 기독교 비판은 '현재의 기독교(Christianity of already)'가 지닌 문제들이 무엇인지 살피면서 개혁의 과제를 던지고 있기 때문이다. 비판을 통해 여러 가지 불평등과 차별, 그리고 혐오사상을 실천해 온 '현재의 기독교'로부터 '아직 아닌 기독교', 즉 '도래할 기독교(Christianity-to-come)'를 향한 개혁 과제를 상기해야 한다. 이러한 점에서 이 21세기에 "성서에 따르면(according to the Bible)"이라고 하면서 다양한 차별, 배제, 혐오를 정당화해서는 안 된다는 게 분명하다. 성서에는 해방적 전통과 동시에 억압적 전통이 담겨 있기 때문이다.

예수가 페미니스트라는 주장을 지지하는 입장을 살펴보자.

첫째, 예수가 직접적으로 노예제도를 폐지하는 것 같은 사회 전복적 혁명을 일으키지 않았다고 해서, 그가 평등과 정의의 철학을 가르치고 실천했다는 것이 무효화되어서는 안 된다. 예수의 삶과 가르침 자체가 놀라운 혁명적 사건이기 때문이다.

둘째, 예수의 가르침에 온전히 회심한 이들은 혁명적 집단행동을 통해서가 아니라, 조용히 자기 삶의 정황에서 자신의 노예들을 포기했다. 이러한 의미에서 보자면, 1세기 유대 시대를 배경으로 한 예수의 가르침과 실천은 현대의 정황에 볼 때 매우 "페미니스트적"이었다. 예수의 가르침을 전적으로 따르고자 하는 사람들은 그 가르침을 그들의 개인적 삶 속에서 실천하는 다양한 행동을 했다.

내가 차용하는 페미니즘 정의는 "페미니즘은 여성도 인간이라는 급진적 주장"이라는 것이다. 여성도 '인간'이라는 추상적인 구호가 아니다. 남성과 마찬가지로 사적 영역과 공적 영역에서 어떠한 차별 없이 존엄성을 지닌 한 인간으로 권리가 보장되어야 한다는 주장이다. 구체적인 현실 세계에서 다양한 평등성과 존엄성을 확보하고 보장하기 위한 근원적 개혁이 필요함을 의미한다.

예수의 가르침과 행적은 그 당시 지배적이었던 사회종교적 관습에 갇혀서 여성을 대하는 것이 아니었다. 오히려 여성도 남성과 마찬가지로 존엄성을 지닌 한 인간이라는 인식을 하고 그것을 구체적으로 실천했다는 것을 보여준다. 이러한 의미에서 예수가 '페미니스트'라고 하는 것은 매우 적절하며 중요하다고 나는 본다. 만약 예수가 여성과 남성의 평등성과 존엄성을 인지하고 실천하는 존재가 아니라면, 여성들을 당시 사회적 인식처럼 남성보다 열등한 제2등 인간이라고 생각한다면, 21세기에 여성들이 예수의 가르침을 따를 의미는 없다. 따라서 '페미니스트'

를 '여성을 온전한 인간으로 보는 사람'이라고 규정할 때, 예수는 페미니스트일 뿐만 아니라, 페미니스트가 되어야 한다.

만약 예수가 한 사람의 계층, 인종, 성적 지향, 국적, 종교 또는 젠더에 근거해 누군가를 차별하고, 존엄성을 지닌 '온전한 인간'으로 보지 않는다면, 사회적 주변부에 있는 이들에게 '예수'의 존재 의미는 없다. 또한 예수가 이슬람교, 불교, 힌두교, 또는 무신론자, 무종교인 중 누군가를 '기독교인'이 아니라는 이유로 차별하고 '지옥 간다'고 저주한다면, 그러한 예수의 존재는 이 21세기에 세계 평화와 정의를 파괴하는 해악적인 의미로만 자리하게될 것이다.

예수의 평등과 정의의 철학

1) 예수의 평등과 정의의 시선

평등에 대하여 생각하고자 한다면 우선 평등을 가로막는 '불평등'에 대한 인지가 필요하다. 마찬가지로 정의에 관심한다면 '불의'가 무엇인지 성찰하는 과정이 필요하다. 이 현실 세계에서 구체적으로 불평등이나 불의가 어떠한 방식이나 정황에서 상이하게 또는 유사하게 행사되는지에 대한 비판적 성찰이 필요한 것이다. 인류의 보편가치라고 할 수 있는 자유, 평등, 정의 같은 개념들을 추상적으로만 이해할 때, 그 이해는 우리의 구체적인 삶에서 무력한 개념으로 전락하고 만다. 그렇기에 그 보편적 이해를 내 현실의 사건들과 매번 연결하면서 불평등과 불의에 대한 인식을 확장하는 학습을 지속적으로 해야 한다. 이렇게 개념들의 인지를 확장하려는 노력을 하지 않을 경우, 나의 의도와 상관없이 '무지에 의한 차별', '무지에 의한 불의' 또는 '무지에 의한 혐오'를 행사할 수 있다.

인간에게는 누구나 '인식론적 사각지대'가 있다. 그 사각지대를 감지하기 위해서는 부단한 자기 학습을 통한 인식의 확장을 이어가야 한다. 이는 우리의 평생 과제라고 할 수 있다. 아무리 세계적인 '석학'이라 해도, 특정한 문제에 인식의 사각지대가 있음을 나는 무수히 경험해 왔다. 삶의 정황의 제한성, 인식의 유한성 때문에 각기 다른 인식의 사각지대에 노출된다는 점에는 그 누구도 예외가 없다. 각자 지니고 있을 인식의 한계를 늘 상기하면서 예수를 조명해 보자.

신약성서에 포함된 책은 27권이다. 예수의 행적이 들어간 4개의 복음서(마태, 마가, 누가, 요한)에서 예수가 사람을 대하는 태도와 다른 23권의 책에서의 태도는 매우 다르다. 4복음서에서의 예수의 가르침과 그가 주변 사람들과 어떻게 관계하는가를 보면, 예수는 그 어떤 그룹의 사람들을 차별하거나 무시하거나 적대시하지 않는다. 다층적 혐오와 차별이 '상식'과 같은 그 시대에 예수는 상식을 기꺼이 거스른다.

그런데 흥미로운 것은 예수의 행적이 담긴 4복음서가 아닌, 바울 서신을 비롯한 다른 책들을 보면 다양한 얼굴의 차별과 배제가 존재한다. 이것은 우리가 주목해야 할 중요한 사실이다. 예수의 평등 철학은 사회 주변부에 있는 이들 모두에게 적용된다. 여성만이 아니다. 장애를 지닌 이들, 사회적으로 멸시받고 따돌림을 받는 이들, 종교가 다른 이들, 사회적 계층과 직위가 다른 이들 등 예수는 자신이 만나는 사람 '모두'를 평등한 존재로 대했다. 예수와 삭개오라는 사람의 만남을 살펴보자.

예수와 삭개오의 만남은 매우 놀랍다(누가 19:1~10). 예수가 '여리고'라는 동네에 이르렀는데 많은 이가 예수를 보려고 모여들었다. 삭개오는 왜소증으로 인해 키가 매우 작았다. 사람이 너무 많아서 군중 속에서는 예수를 볼 수가 없었다. 그래서 그는 나무 위로 올라간다. 멀리에서라도 예수라는 사람의 모습을 보려고 한 것이다. 삭개오는 세금 징수원으로 돈은 많았겠지만, 여러 이유에서 사람들에게 따돌림을 받고 멸시당한 사람이다. 물론 삭개오가 사람들에게 왜 따돌림받았는가에 대해서는 성서는 상세하게 밝히지 않고 있다. 다만 사람들이 그를 "죄인"이라고 한 당시 정황을 고려하면 그가 사회적으로 매우 고립된 삶을 살고 있었을 것이라고 추측할 수 있다. 성서 읽기란 '쓰여진 것'만을 읽는 것이 아니라, '쓰여져 있지 않은 것'까지 읽어내야 하는 복합적인 작업이다. 그렇지 않다면 2천여 년 전 예수의 행적이나 가르침이 왜 현재에 중요한 의미나 적절한 함의가 있는지 찾는 것이 불가능하기 때문이다. 삭개오가 왜 다층적인 '주변부인'이었는지, 그 당시 사회정치적 정황을 고려해 보면서 '상상의 해석학'을 작동시켜 보자.

첫째, 그는 수석 세금 징수원(chief tax collector)이었다. 즉 세금 징수원 중에도 가장 높은 위치에 있는 사람이다. 세금 징수원은 부패하고 억압적이라는 인식 때문에 그 당시 사람들이 멸시하던 직업이었다. 세금 징수원으로 일하는 이들은 정직하게 세금을 부과하는 것이 아니라, 대부분 과도하게 부과하거나 뇌물을 받았기 때문이다. 이 점은 삭개오도 후에 인정하는 부분이다.

둘째, 삭개오는 유대인이지만 로마 정부를 위해 일하는 사람이었다. 그 당시 유대인들과 로마 제국과의 관계를 고려하자면, 마치 한국이 일본의 지배를 받았던 시기에 소위 '친일 정부 관료'가 되는 셈이다. 로마 정부는 유대인들에게 과도한 세금을 부과하기도 하면서 다양하게 유대인들을 괴롭히고 억압했다. 그러니 그 로마 정부를 위해 세금 징수원으로 일하는 유대인 삭개오를 아마 많은 유대인이 민족을 등지고 이득을 추구하는 '배반자'라고 생각했을 것이다.

셋째, 삭개오는 불의한 방식으로 부를 축적한 사람이다. '불의한 부자'는 대부분의 사람에게 따돌림을 받는다.

넷째, 삭개오는 장애인이다. 즉 왜소증을 지닌 '작은 사람'이다. 예수가 활동하던 시대에 대부분의 사람은 '장애인'을 열등한 사람, 또는 신의 저주를 받은 사람이라고 생각했다. 삭개오는 이러한 신체적 특징으로 사회적 고립과 경멸의 대상이었을 것이다.

이러한 다층적 차별과 배제의 요소들을 지닌 삭개오는 '살아 있지만 죽은 존재(living dead)'였을 것이다. 그런데 이런 삭개오를 예수는 어떻게 대했는가.

예수가 여리고라는 지역에 들어갔는데 무수한 사람이 모여들었다. 그때 예수는 '중심부'에 있는 군중이 아니라, 저쪽 한편 구석 '주변부'에 있던 삭개오에게 눈을 돌린다. 예수는 나무 위에 올라가 있던, 누구도 주목하지 않는 그 작은 사람에게 눈을 돌려서 한 '인간'으로 바라보며, 그를 부른다.

삭개오, 어서 내려오십시오. 나는 오늘 당신의 집에서 머물겠습니다.

이 '삭개오 사건'에서 나는 다음과 같은 점이 심오한 의미가 있다고 본다.

첫째, 예수는 삭개오를 정죄의 대상으로 보지 않고 한 '인간'으로 대했다. 예수가 삭개오를 정죄와 심판의 대상으로 보았다면, 예수는 '나는 당신이 한 나쁜 짓을 다 알고 있소. 그러니 회개하시오'와 같은 설교를 했을 것이다. 그런데 예수는 그의 이름을 부르면서 바라본다. "삭개오"라는 '고유명사'로서 그의 이름을 불렀다는 것은 무엇을 의미하는가. 김춘수의 시 〈꽃〉은 누군가의 이름을 부른다는 것이 어떠한 존재론적 의미를 지니는지 섬세하고 심오하게 드러낸다. 내가 누군가의 이름을 부르기 전에, 그는 단지 "하나의 몸짓에 지나지 않"는 무수한 군중에 매몰된 존재다. 그러나 내가 그 사람의 고유명사, 이름을 불러주었을 때 그는 나에게 "꽃"이 되어 존재하게 된다. 즉 고유명사를 부르는 행위는 그 사람을 이 세계에서 유일무이한 존재, 바로 '개별성의 존재(singularity of being)'로 받아들이고 인정하는 행위가 되는 것이다. 예수의 평등과 정의 철학은 "개별성의 윤리(ethics of singularity)"에 근거하고 있음을 보여준다.

둘째, 예수는 삭개오에게 그 나무에서 "어서 내려오십시오"라고 함으로써 주변부에서 보이지 않는 존재로 있었던 삭개오를 모든 사람의 한가운데로, 중심부로 초대한다. 예수를 보려고 모였던 많은 인파를 헤치고, 그 모임의 '주인공'과 같았던 예수의 호명을 받고, 나무 꼭대기 구석에서 보이지 않게 있던 삭개오는 '주인공' 예수의 요청으로 당당하게 중심부 한가운데 서게 된 것이다.

셋째, 예수는 "나는 오늘 당신의 집에서 머물겠습니다"라고 스스로를 삭개오의 집에 초대한다. 즉 초대를 받는 것이 아니라 스스로 초대하는 '자기 초대'다. 전통적인 환대는 초청하는 '주인'과 초대받는 '손님'의 뚜렷한 경계를 가지고 이루어진다. 그런데 예수는 그러한 전통적인 환대의 범주인 '주인과 손님'의 고정된 틀을 넘어선다. 이러한 환대의 틀을 넘어서는 환대야말로 자크 데리다가 말하는 '무조건적 환대'며, 예수가 실천한 '무조건적 환대'의 모습이다. 누가 주인인지 손님인지의 경계를 홀연히 넘어서, 평등한 존재로 두 사람이 한 집에 머무는 것이다. 예수는 '환대-평등의 공간'으로 삭개오와 자신을 초대함으로써, 진정한 환대와 급진적 평등의 철학을 몸으로 보여준다.

  현대 사회에서 '환대'는 매우 중요한 주제다. '주인'이 '손님'을 환영하는 것이 환대의 통상적 이해다. 그러나 환대는 개인 간의 '환영'이라는 사적 영역만이 아니라 언어 문제, 난민 문제, 성소수자 문제, 장애인 문제 같은 공적 영역의 것들과 직결되어 있다. 그런데 예수가 삭개오와 만나고, 삭개오의 집에서 '머물러야만 한다'고 하는 행위는 그 함의가 심오하다. 모든 사람이 죄인이라고 따돌리고 멸시하는 사람, 삭개오를 만난 예수는 그를 '죄인'이라는 덫에 넣지 않는다. 예수가 삭개오에게 종교적 가르침이나 회개를 요청하는 '설교'를 했는가. 전혀 아니다. 예수는 '종교'가 아니라, 한 사람을 고귀한 존재로 바라보는 그 '평등의 시선'을 가지고 삭개오의 이름을 부름으로써, 모두가 '죄인' 또는 '신의 저주를 받은 자'라며 멸시하는 그 군중들에게 삭개오의 존재를 분명하게 알린다.

  예수와 마주 선 삭개오는 '죄인'이 아니라, 개별성을 지닌 고

유한 존재다. 예수가 "삭개오…!"라고 그의 고유명사를 부르는 순간, 삭개오는 한 존엄한 존재로, 김춘수의 시에서처럼 "꽃"으로 개별성의 존재를 드러낸다. "삭개오, 어서 내려오십시오. 나는 오늘 당신의 집에서 머물겠습니다"라는 이 한 문장, 그리고 매우 중요한 세 가지의 가르침을 담은 이 문장은 돌연히 삭개오를 중심부로 초대하는 중요한 계기가 된다. 그리고 삭개오는 사람들에게 손가락질당하는 '열등한 죄인'의 위치를 벗어나 당당하게 '변혁의 주체'로 변신한다. 죄인이며 열등하다고 취급당하는 불평등을 넘어서서, 예수와 동등한 친구가 되는 '평등의 관계'로, 그리고 차별과 배제라는 불의의 관계를 파기하고 '정의로운 관계'로 전이하게 하는 장면이라고 할 수 있다.

예수는 일생 주변부에서만 살아왔던 삭개오를 이렇게 '중심부'로 호명한다. 그런데 삭개오가 이 놀라운 '변혁의 사건'의 주인공이 되는 그 현장에 있던 사람들은, 어떻게 반응하는가. 그곳에 있던 사람들은 예수가 "죄인의 집에 손님으로 간다"며 수군거리고 비난한다(누가 19:7). 어쩌면 예수는 그러한 '비난의 가능성'을 이미 인지하고서, 오히려 그들에게 강력한 '평등의 메시지'를 전하는 것이었다고도 할 수 있다. 그 어떤 강의나 설교보다 예수가 몸으로 보이는 '평등과 정의의 메시지'는 강렬하게 그 현장에 있던 사람들에게 남아있게 되었을 것이다. 복음서 저자는 이렇게 비난하는 사람들의 반응만 담았을 뿐, 이 장면에 감동하고 새로운 깨달음을 얻었을 사람들의 반응은 담아내고 있지 않다. 같은 현장에서 같은 경험을 했어도, 각자가 해석하는 것은 다르다. 나는 복음서 기록에는 나와 있지 않지만, 그 자리에서 이 삭개오 사건을 목도한 사람 중에는 예수를 비난하는 사람도 있었을 것이고, 반대로 깊은 깨달음을 얻은 사람도 있었을 거라 생각한다. 이 사건에서 분명한 것은 예수가 그 당시의 문화와 관습의 틀을 깨고 거슬러 올라가면서, 자신의 '평등과 정의의 철학'을 매우 혁명적으로 실천했다는 것이다.

그런데 예수는 어떻게 삭개오의 이름을 알았을까. 21세기에 있는 우리가 이것을 알 방법은 없다. 삭개오가 나무로 올라가게 되는 과정의 묘사를 보면 "예수가 누구인지 보기 위해"(누가 19:3) 나무 위로 올라갔다고 되어 있다. 이런 정황을 보면 삭개오가 예수와 개인적인 친분이 있는 관계는 아니었다. 그렇기에 예수가 어떻게 "삭개오"라고 이름을 알고 불렀는가와 같은 질문은 성서 읽기의 중요한 핵심을 비껴간다.

성서에는 기록되어 있지 않지만, 예수가 삭개오를 바라볼 때의 시선(gaze)을 나는 생각해 본다. 예수의 "어서 내려오십시오. 나는 오늘 당신의 집에서 머물겠습니다"라는 한 문장의 말 자체만을 듣고, 나무에서 내려온 삭개오가 갑자기 자기 삶을 되돌아보고 새로운 결단을 했을 것이라 생각하기는 어렵기 때문이다. 삭개오가 '내 소유의 절반을 가난한 사람들에게 나누고, 만약 속여서 **빼앗은 것이 있으면 4배로 되돌려 주겠다**'(누가 19:8)고 선언하게 된 이유는 무엇이었을까. 내가 삭개오의 변화를 예수의 시선과 연결시키게 된 이유다.

예수가 삭개오에게 보낸 시선은 아마 삭개오가 일생 처음으로 느낀 시선이었을 것이다. 평생 사람들에게 멸시와 정죄의 시선만 받았을 삭개오, 그는 언제나 주변부적 존재로 살아왔을 것이다. 예수는 그런 삭개오를 처음으로 온전한 인간으로, 또한 집에서 긴 시간을 함께 보낼 친구로 포용하고 받아들였다. 그리고 그 '무조건적 포용의 시선'으로 삭개오를 바라보았을 것이다. 삭개오에게는 예수의 시선이 자기 삶에 전적인 변화를 가져오는 새로운 삶으로의 초대장과 같았을 것이다. 바로 예수의 몸의 언어다. 예수는 한 문장의 '말의 언어'를 통해서만이 아니라, 강렬한 '몸의 언어'인 '시선'으로 삭개오의 삶을 새롭게 변화시킨 것이라고 생각하게 된다.

2) 평등과 정의: 함께 살아감의 길

성서와 같은 종교적 텍스트를 읽을 때는 '사실의 기록'이라고 하는 역사서나 과학 서적을 읽을 때와는 근원적으로 다른 접근 방식을 가져야 한다. 성서는 사실 기록이 아닌 신앙 고백적 특성이 훨씬 지배적이기 때문이다. 그렇기 때문에 '성서 읽기'란 무작정 읽는다고 해서 그 의미가 자동적으로 다가오지 않는다. 우리의 사유 세계 속에 다음과 같은 물음을 품고 성서를 읽어야 할 것이다:

- 성서에 나오는 구절이나 사건들이 '지금의 나'에게 어떠한 의미를 주는가.
- 성서를 내가 살고 있는 정황, 그리고 사회와 어떻게 연결시킬 수 있는가.

예를 들어 창세기에 보면 신이 아담과 하와를 창조했다고 한다. 그 창조 이야기가 만약 역사적 '사실의 기록'이라면, 인간 창조 당시 아담과 하와는 '0살'이었을까. 그 둘의 눈 색깔, 머리카락 색깔, 또는 피부색은 무엇이었을까. 백색인가, 흑색인가, 황색인가, 또는 갈색인가. 갓난아이였다면 젖은 누가 먹였을까. 성서가 사실의 기록이라면 이 질문에 답이 있어야 한다. 또 왜 창세기 1장과 2장에서 인간을 창조한 이야기가 각기 다르다는 '사실'에 대하여도 정답이 있어야 한다. 그런데 그 누구도 이 상충하는 인간 창조 사건에 대해 '정확한 사실'을 보여 줄 수 없다. 성서는 저자들이 역사적인 '사실의 기록'을 담은 책이 아니다. 성서에 기록된 사건이나 이야기가 지닌 '의미'를 모색하고, 그 의미를 지금의 내 삶에 연결시키는 시도를 통해서만이, 성서 읽기가 유의미해진다.

물론 성서에 대한 이런 해석과 접근 방식에 동조하지 않는 이가 많을 것이다. 이러한 맥락에서 보자면 21세기 관점에서 1세기를 살았던 예수를 '평가'하는 것 역시 난관에 부딪힐 수밖에 없다. 더구나 예수는 스스로 어떤 기록조차 남기지 않았고, 우리가 예수에 대해 알 수 있는 것은 오직 4명의 저자의 경험과 주관적 해석으로 여과된 기록뿐이다. 소크라테스에 대한 '사실'에 접근하는 데 근원적인 문제와 한계를 의미하는 "소크라테스 문제(the Socratic problem)"처럼, 예수 자체에 대한 고정되고 절대적인 '사실'에 접근하는 것의 한계를 드러내는 "예수 문제(the Jesusian problem)"가 있다는 것을 부인하기 어렵다. 이러한 한계를 지닌 예수를 조명하고, 해석하고, 그 가르침의 실천 의미를 짚어보고자 한다면, 무엇을 해야 하는가. 우리가 씨름해야 할 질문은 나는 어떠한 '해석의 렌즈'를 가지고 예수의 가르침이 21세기에 유의미하게 읽어내고 해석할 것인가다.

'예수'와 제도화된 종교로서의 '기독교' 사이에는 언제나 거리가 있다. 즉 한 축에 '예수'가 있고, 또 다른 축에는 '기독교'가 있다. 예수의 삶과 가르침 자체를 종교 교리와 조직의 틀에 넣고 고정시키는 순간 예수는 왜곡된다. 따라서 예수와 기독교는 동일시될 수 없다는 것을 기억해야 한다. 이런 맥락에서 니체는 그의 책《안티 크라이스트》에서 기독교를 근원적으로 비판하는데, 그 비판의 원리를 제공하는 토대는 바로 예수다. 즉 예수의 사상을 기독교 비판의 도구로 삼은 것이다. 니체는 "크리스천은 오직 한 명뿐이었다, 그리고 그는 십자가 위에서 죽었다. 복음도 그 십자가에서 죽었다"라고 탄식한다. 니체의 이 선언은 시사하는 바가 크다.

예수에 대한 이해와 해석은 결코 하나가 아니다. 1906년에 처음 출판된 알베르트 슈바이처Albert Schweitzer의《역사적 예수의 탐구(The Quest of the Historical Jesus)》에서 볼 수 있는 바, 성서학자들이나 신학자들은 자신이 지닌 편견과 고정된 입장을 가지고 예수의 가르침과 행동을 해석하면서, 그것을 절대적 표상으로 제시해 왔다. 그래서 '하나의 예수'가 아니라 "가톨릭" 예수, "개신교" 예수, "합리적" 예수, "자유주의" 예수, "실존적" 예수, "종말론적" 예수, "혁명가" 예수 등 참으로 다양한 예수 이해가 존재해 왔다. 개신교 교단 하나만을 보아도 너무나 다양하다. 근본적인 보수주의 교단에서 보면 예수는 죽어서 천당 가게 하고, 물질적 축복을 내려주는 존재인 동시에 '심판과 정죄'의 예수다. 성소수자를 정죄하고, 기독교가 아닌 다른 종교 사람들을 "예수 천당, 불신 지옥"이라는 슬로건으로 '지옥' 가게 하는 존재가 바로 예수라고 굳건히 믿는다.

2018년 예멘 출신 난민 500여 명이 제주도에 입국해 난민 신청을 하고자 할 때, 기독교인들을 중심으로 거센 반대에 부딪혔다. '이슬람교가 퍼지지 않도록 그 난민들이 한국에 발을 못 붙이게 해야 한다'는 기독교인 중심의 '무슬림 혐오'가 주된 근거였다. 이들에게 '예수'는 전형적인 타종교 혐오의 대변자로 투사된다. 예수의 가르침이 구체적인 정황에서 무엇을 의미하는가에 대하여 조금이라도 성찰하는 기독교인들이었다면 '난민 혐오'가 아니라, 누구보다 앞장서서 난민 환대를 실천하고자 했을 것이다. 그런데 "예수 믿고 천당"을 절대적으로 신봉하는 이들은, 난민 적대 행위에 앞장섬으로써 '예수의 이름으로 예수를 배반'하고 만다. 예수는 "내가 이방인일 때, 당신들을 나는 환영해 주었습니다"(마태 25:35)라고 하면서 소외되고, 주변부에 있고, 도움이 필요한 사람들에게 하는 것이 곧 "나에게 하는 것입니다"(마태 25:40)라고 말했다. 이 중요한 가르침을 예수를 따른다는 이들이 오히려 거스르고 있다.

다양한 근거에서 억압받고, 차별받고, 소외된 이들의 '온전한 인간됨(full humanity)'을 실현하고자 하는 것이 바로 예수 가르침과 철학의 핵심이다. 예수의 가르침 중심에는 제도화된 종교가 있지 않다. '모든 인간의 존중과 평등' 사상이 예수의 삶과 가르침의 핵심이라는 것을 지속적으로 상기해야 하는 이유다. 세계 인류 역사에서 '가장 유명한 이름'이라는 '예수'가 인류가 이루고자 하는 모든 이의 평등, 정의, 자유를 확장하는 가치에 반대하는 곳에서 호명되고 있다면, 그 자리에서의 '예수를 믿는다'는 고백은 오히려 예수를 배반하는 행위가 될 뿐이다. 자신들의 혐오와 차별 행위를 신성화하는 오류를 범하는 것이다. 한국에서 "예수"는 차별금지법 반대에서, 여성 목사 안수 반대에서, 성소수자 혐오 현장에서, 난민 배척 현장에서, 또는 교회를 개인 기업처럼 자식에게 상속하는 현장에서 호명되고, 이용되고, 신성화된다. 이렇게 오용되고 왜곡된 예수를 구해내야 한다. 그리고 환대와 평등을 실천하라고 가르치는 '예수로 돌아가기'가 절실하게 요청된다.

성차별, 인종 차별, 난민 차별, 계층 차별, 성소수자 차별, 나이 차별, 또는 장애 차별 등 셀 수 없이 많은 차별은, 정의가 아닌 불의가 지배하는 것을 의미한다. 내가 사용하는 '정의'는 추상적이고 일반화된 '정의-일반'이 아니라, 매우 구체적인 정의다. 젠더 정의, 생태 정의, 성 정의, 경제적 정의, 정치적 정의, 제도적 정의 등 현대 사회에서 점점 복합화되는 불의의 현상들은 그만큼 세밀하고 복합적인 '정의에의 인지'가 필요하다는 것을 말해준다.

크고 화려한 교회, '예수의 이름으로(in Jesus' name)' 교회 직분을 받기 위해 엄청난 '헌금'을 내어 수억 원의 파이프 오르간을 사는 데 호명되는 곳에, 예수는 부재하다. 예수의 시선은 중심부만이 아니라, 다양한 주변부들에 가닿는다. 예수의 평등 철학에서 우리가 배워야 하는 것은 바로 이러한 '이중 보기 방식(double mode of seeing)'이다. 인간은 한편으로는 인간이기에 지니는 오류, 이기심, 권력 욕구 등을 넘어서야 하기에 지속적인 비판적 성찰과 변화가 필요하다. 또 다른 한편으로는 인종, 계층, 성별, 학력, 종교, 가정 배경, 장애 여부, 성적 지향에 상관없이 '모든' 인간은 존엄성을 지닌 평등한 존재로 살아가야 한다. 이런 세계를 만들어 가는 것이 예수의 가르침을 실천하는 인간의 모습이다.

　예수의 관심은 '종교'가 아니다. 예수의 관심은 바로 '생명'이며 '함께-잘-살아감의 길'이다. '모든 사람'이 그가 누구든 상관없이 존엄성을 지닌 평등한 존재로 '함께' 살아가는 정의로운 세계를 이루어 가는 것이다. 그 "정의가 강물같이 흐르는 세계"(아모스 5:24)는 '늑대, 어린양, 표범, 어린 염소, 송아지, 어린 사자, 어린아이, 암소, 곰, 사자, 젖 먹는 아기, 독사' 등으로 상징되는 극도의 '다름(alterity)'을 지닌 모든 생명이 평화롭게 함께 살아가면서 서로에게 해를 끼치거나 파괴하는 것이 모두 사라지는 세계(이사야서 11:5~9)다. 그러한 '불가능성에의 세계', '도래할 세계'가 바로 '신의 나라'라고 상징될 수 있다.

　예수의 '신의 나라'는 이 땅을 벗어난 어떤 초월적인 세상 또는 죽음 후의 영생을 보장하는 그런 '천당'을 가리키는 것이 아니다. '신의 나라'란 예수의 평등과 정의의 철학이 온전히 실현되는 세계를 의미하는 심오한 은유이며 상징이라고 할 수 있다. 그 신의 나라가 이 땅 위에서 이루어질 때, 이제 그 누구도 "더 이상 외국인이나 이방인이 아니며, 신의 사람들과 신의 집에 거주하는 이들과 같은 동료 시민"(에베소서 2:19)이 되는 세계가 될 것이다.

제7장

예수라면 무엇을 할 것인가: 종교로부터 예수 구하기

〈예수의 말소리, 철학자의 글소리〉

① 나는 길입니다. 나는 진리입니다. 그리고 나는 생명입니다.
나를 통하지 않고는 아무도 신에게 다가갈 수 없습니다. —예수 (요한 14:6)
(I myself am the Way, I am Truth, and I am Life. No One comes to Abba
God but through me.)

② 이 세상 끝날까지, 나는 언제나 당신과 함께할 것임을 알기 바랍니다.
—예수 (마태 28:20)
(And know that I am with you always, even until the end of the world!)

③ 예수는 "인류를 구원"하기 위해서가 아니라, 인류에게 어떻게 살아가야
하는가를 보이기 위해서 살았고 가르친 대로 죽었다. 그것이 바로 예수가 말
하는 삶의 길이다. —니체
(Jesus: died as he lived and taught-not to "save mankind", but to show
mankind how to live. It was a Way of Life.)

④ 오늘날 기독교가 직면한 과제는 식민지, 제국주의 또는 유럽 중심주의적
함의 없이 기독교의 보편화 기능을 회복하는 것이다. —잔니 바티모
(The task facing the Christian world today is the recovery of its universalizing
function without any colonial, imperialist, or Eurocentric implications.)

⑤ 우리 각자는 서로의 운명이다. —장 보드리야르
(Each of us is the destiny of the other.)

⑥ "어떻게"는 매 순간마다 각자가 <u>스스로</u> 생각해 내야 한다. —자크 데리다

(The "how" must be invented by each at every moment.)

⑦ 살아감이란 언제나 "함께 살아감"이다. —자크 데리다

(Living is always "living together".)

⑧ 종교는 책임성이다. 그렇지 않다면 종교는 아무것도 아니다. —자크 데리다

(Religion is responsibility or it is nothing at all.)

⑨ 무관심은 인류에 대한 범죄의 시작이다. —자크 데리다

(Indifference is the beginning of crime against humanity.)

⑩ 성숙한 기도는 인간의 책임감이나 세상에 대한 성숙하고 세련된 태도에 결코 반대되는 것이 아니다. 오히려 그러한 성숙한 기도는 책임감을 강화하고 심화시키며, 해야 할 일에 보다 분명한 비전을 제시한다. —존 맥쿼리

(Mature prayer is by no means opposed to human responsibility, or to an adult and sophisticated attitude toward the world. On the contrary, such mature prayer strengthens and deepens responsibility and gives a clearer vision of the tasks that have to be done.)

⑪ 기도는 … 우리 인간됨에 깊이 뿌리내리고 있으며, 신자뿐만 아니라 여타의 종교적 신앙을 고백하지 않는 사람이라도 진지한 마음을 가진 사람들에게 행해진다. —존 맥쿼리

(Prayer is … deeply rooted in our humanity and [prayer] manifests itself not only among believers but also among serious—minded people who do not profess any religious faith.)

⑫ 신의 이름은 완전히 새로운 것, 새로운 탄생, 기대, 희망, 희망 넘어서의 희망(로마서 4:18), 변화하는 미래의 기회의 이름이다. … 절대적인 미래에 절대적인 보장, 계약, 보증은 없다. ―존 카푸토

(The name of God is the name of the chance for something absolutely new, for a new birth, for the expectation, the hope, the hope against hope (Rom. 4:18) in a transforming future. …With the absolute future there are no absolute guarantees, no contracts or warranties.)

예수의 길, 진리, 생명은 무엇인가

　'읽기'에는 상상력이 요청된다. 문자로 쓰여진 것만을 읽는 것이 아니라, 쓰여지지 않은 것까지 상상하면서, 글의 언어가 지닌 한계를 넘어서 그 글이 지닌 의미를 확장해야 한다. 특히 예수의 '말'은 다양한 색채의 은유와 스토리로 구성되어 있다. 더구나 예수의 '말'은 예수가 직접 쓰거나, 또는 녹음한 것을 그대로 풀어 기록한 것이 아니다. 예수의 사후에 다른 사람들에 의해 쓰여진 복음서를 기초로 우리는 예수가 어떻게 살았고 어떤 말을 했는지 간접적으로 접할 수 있을 뿐이다. 그렇기에 예수의 말을 이해하려면, 문자적인 이해가 아니라 행간의 의미와 시대적 정황, 그리고 그 말들의 현대적 함의와 '나'의 삶에 의미하는 것을 생각하면서 읽어야 한다. '나의 삶'과 연결할 수 없다면 성서를 읽는다는 것, 또는 '예수'를 기억하고 따른다는 것이 큰 의미가 없기 때문이다. 이러한 점들을 상기하면서 예수의 중요한 말을 조명해 보자.

세계에 관한 지식을 생산하고, 확산하고, 또한 보관하는 막강한 역할을 해 온 것은 서구다. 예를 들어서 미국과 북유럽에 있는 방대한 대학 도서관들, 미술관과 박물관들, 다양한 종류의 기록보관소들은 어떻게 세계에 관한 지식이 서구에 의해서 생산되고 보존되어 왔는가를 볼 수 있는 공간이다. 미셸 푸코를 중심으로 논의되는 '지식의 정치학(politics of knowledge)'은 '누가' 지식을 생산하고 있으며 '어떻게' 그 지식이 확산되며, 그 지식은 '어떠한 기능'을 하는가에 주목한다. 한국말로 흔히 '아는 것은 힘이다'라고 알려진 베이컨의 말은, 정확하게는 "지식은 권력이다 (knowledge is power)"라고 하는 것이 그 문구의 의미를 잘 전달한다.

1561년에 태어나 근대를 살았던 베이컨의 이 말은 21세기인 지금도 곳곳에서 회자된다. 나의 대학 도서관의 2층으로 올라가는 계단에는 베이컨의 이 구절이 각 나라 말로 새겨져 있다. 그런데 푸코는 인류의 역사에서 '지식'과 '권력'의 관계를 면밀하게 분석한다. 이러한 '지식의 계보학'을 통해서 푸코는 베이컨의 말처럼 '지식'이 권력이 되는 것이 아니라, '권력'이 지식을 생산한다는 것을 비판적으로 지적한다.

우리가 특정 주제의 지식을 담은 자료를 만들려 할 때, 소위

'전문가'라고 규정된 사람들에게 요청한다. 종교적 교리나 신학에 대한 지식을 생산하고자 할 때, 일반 사람들이 아니라 그 종교의 지도자나 전문가들이 쓴 작업만을 인정한다. 즉 교육 권력이나 종교 권력 등과 같은 다양한 종류의 권력 위치를 담보한 사람들이 우리가 살아가는 사회와 세계의 지식 생산에 중심이 된다. 이러한 이유에서 푸코는 지식이 권력이 아니라, "권력이 지식이다(power is knowledge)"라고 강조하는 것이다. 푸코는 '권력의 중심과 지식의 중심은 일치한다'는 통찰로 권력과 지식의 분리 불가의 관계를 드러낸다. 푸코의 인터뷰를 담은 책의 제목을 '권력과 지식(Power and Knowledge)'이라고 하지 않고, 슬래시(/)를 사용하여 《권력/지식(Power/Knowledge)》이라고 한 이유다. 전통적으로 세계의 지식 생산의 중심이 되어 온 사람들은 다음과 같은 표지를 지닌 이들이다: 서구인-남성-고등교육자-중상층-기독교인-이성애자-비장애인.

1960년 이후 다양한 사회변혁 운동이 일어나면서 세계 지식 생산의 중심을 이루는 구성인들의 표지에 약간의 변화가 있다고 할 수 있다. 여성이나 비백인, 그리고 성소수자나 장애인 '전문가'들이 등장하기 시작했기 때문이다. 그럼에도 불구하고 세계적인 지식의 지도 구성을 보면 '영어제국주의(English imperialism)'라는 개념이 등장할 정도로 영어권(또한 적어도 영어로 바로 번역되는 언어들인 독일어나 프랑스어)에서의 지식 생산이 '세계 지식'을 대변하는 현상은 여전하다. 또 이러한 지식 생산의 중심을 이루고 있는 사람들의 구성에 근원적인 변화가 있지 않다. 예를 들어서 한국의 학자나 문인 등이 생산하는 책이나 작품이 아무리 훌륭해도 그것이 영어로 번역되지 않으면, 또한 영어로 번역된다 해도 사람들의 주목을 전혀 받지 못한다면, '세계 지식' 생산에 전혀 기여할 수 없다. 한국 소설가의 책이 영어로 번역되어 어쩌다가 '세계적인 상'을 타야 잠시 주목을 받을 뿐이다. 이렇게 지식과 권력의 관계는 매우 복잡하다.

그렇다면 사람들이 알고 있는 기독교에 대한 지식, 또는 신·예수와 같은 교리에 대한 지식들은 어떻게 구성되고, 확산되고, 전달되고 있는가. 서구 문명은 기독교와 분리해 생각할 수 없다. 서구 문명의 토대를 놓은 두 가지가 있는데, 하나는 기독교 사상이며 또 다른 하나는 아리스토텔레스의 사상이라고 한다. 그런데 그렇게 서구 문명 구축 과정에서 막강한 영향력을 행사해 온 서구의 기독교는 근대를 지나면서 이 세계에 기독교만이 아니라, 다른 다양한 종교가 있다는 것을 발견하게 된다. 그래서 특히 19세기 이후부터 서구의 학자들은 기독교가 아닌 다른 종교들에 '대한' 지식을 생산하기 시작했다.

도모코 마스자와Tomoko Masuzawa는 《세계 종교의 발명(The Invention of World Religions)》에서 서구가 어떻게 '세계 종교'를 범주화하고 조직화했는지를 세밀하게 분석한다. 여기에서 사용하는 "발명(invention)"이라는 개념은 과학에서의 '발명'과는 달리 이미 부정적 함의를 지니고 있다. 즉 사람들이 매우 '자연스럽게' 받아들이는 것들이 실제로는 인위적으로 구성되고, 누군가의 특정한 관점에 의해 조직화된 것에 대한 비판적 문제 제기다. 예를 들어서 "젠더의 발명(invention of gender)", "인종의 발명(invention of race)" 또는 "종족의 발명(invention of ethnicity)" 등과 같은 개념들이 등장하고 있는데, 여기에서 사용하는 "발명"은 기존의 상식처럼 생각하는 '지식'들이 특정 관점에 의해서 구성되고, 주입되고, 확산되고 있다는 것에 대한 문제 제기 장치라고 할 수 있다.

이러한 여러 가지 정황을 고려하면서, 예수가 사람들의 인식 세계에 어떻게 자리 잡게 되고, 기독교가 "예수의 이름으로" 역사 속에서 어떤 일들을 해왔는지 포괄적으로 이해하는 것은 매우 중요하다. 기독교가 아닌 종교들에 대한 연구가 본격적으로 등장하기 시작하면서, 서구의 기독교는 새로운 질문들과 마주하게 되었다.

① 기독교에서 믿고 있는 교리인 유일신 사상(monotheism), 즉 이 세계에 신은 오직 하나가 있다는 것이 절대적 진리인가.
② 만약 신이 이 세계에 유일한 하나뿐인 존재라면, 이 세상에는 하나의 종교만 있어야 되는 것이 아닌가.

③ 만약 모든 종교가 신이 보기에 모두 타당한 것이라면, 종교
　가 다르다 해도 그 유일신과의 교류가 가능한 것인가.

　이 세계에는 신에 대한 다양한 이해가 있다. 소위 아브라함 종
교들(Abrahamic religions)이라고 불리는 유대교, 기독교, 이슬람교
에서 굳건하게 붙잡고 있는 유일신론, 다신론(polytheism), 범신론
(pantheism), 그리고 범재신론(panentheism)이 있다. 그런데 신이 하
나라든가(유일신론), 여럿이라든가(다신론), 신이 모든 것이고 모든
것이 신이라든가(범신론), 또는 신이 모든 것 안에 존재한다든가
(범재신론) 하는 다양한 '신론' 자체가 중요한 것은 아니다. 이러한
'신론'은 인간이 구성한 역사적 산물이며, 그 신론 자체가 '절대
적 진리'를 지닌 것이 아니기 때문이다. 우리가 관심해야 할 것
은 사람들이 '믿는다'고 하는 각기 다른 신 이해가 나의 구체적
인 삶에서, 타자와의 관계에서, 또는 주변부에 사는 사람들과의
연대와 그들에 대한 환대에 '어떠한 기능'을 하는가다. 무엇이든
그것이 체계화되고 조직화되어서 하나의 '이즘(-ism)'으로 고정
되는 순간, 그러한 체계화 자체는 언제나 한계를 지닌다. 그래서
여타의 '이즘'들은 고정되는 순간 해체가 일어나야만 한다.

　최근 기독교 내에서 유일신론의 한계를 지적하면서 대안적
신론으로 가장 많이 주목받는 것이 '범재신론'이다. 그런데 그
어떤 입장을 가진다 해도 다양한 타자들을 포용하고, 여타의 차

별과 혐오에 저항하고, 사회적 주변부인들과 연대를 나누는 삶으로의 초대로 신론이 작동한다면, 그 형태 자체가 그렇게 중대한 의미를 지니지 않는다고 나는 본다. 신은 숫자로 셀 수 있는 대상이거나, 단순하게 정의 내릴 수 있는 존재가 아니다. 숫자로 셀 수 있는 대상물이 아니기에, 신론에서 '하나(one)'는 '여럿(many)'의 의미를 지닐 수 있다. 수학에서 '하나'와 '여럿'이 결국 큰 차이가 없다고 하면 결정적인 오류겠지만, 적어도 신이라는 존재에 대한 표상은 그러한 논리적 구조를 벗어나는 것이기 때문이다. 동시에 하나의 존재로서 신이 우주와 같이 모든 것을 포용할 수 있는 존재라면, '하나'라든가 '여럿'이라든가의 표현 자체가 언제나 한계를 지님을 상기하는 것도 중요하다.

이러한 다양한 신론에 대한 이해를 전제하면서, 기독교가 타종교를 대하는 입장은 크게 배타주의(exclusivism), 포괄주의(inclusivism), 그리고 다원주의(pluralism)다. 세부적으로 보면 훨씬 다양하지만, 이 세 가지 전통적인 관점을 간략하게 살펴보자.

첫째, 배타주의 입장은 대체 모델(replacement model)이라고 불리기도 한다. 기독교만이 유일하게 올바른 종교이며 기독교가 아닌 종교는 모두 잘못된 종교라고 본다. '교회 밖에는 구원이 없다', 또는 '예수 천당, 불신 지옥'이라는 구호를 외치며 교회중심주의(ecclesiocentrism)의 특성을 지닌다.

둘째, 포괄주의 입장은 타종교를 '포용'하는 입장이다. 포괄주의는 그리스도 중심적(Christocentrism) 특성을 지니며, 성취 모델(fulfillment model)이라고 불리기도 한다. 포괄주의 입장은 표면적으로는 타종교에 대하여 정죄하거나 적대적이지는 않다. 포괄주의 입장은 특히 가톨릭의 제2차 바티칸 공의회(1962~65) 이후 칼 라너Karl Rahner의 "익명의 크리스천(anonymous Christian)"이라는 개념과 함께 등장했다. 포괄주의 입장에서 많이 인용하는 성서 구절 중 하나는 다음이다: "우리가 서로 사랑합시다. 사랑은 신으로부터 왔기 때문입니다. 사랑하는 사람은 누구나 신에게서 나왔으며 신을 알고 있습니다."(요한1서 4:7) 포괄주의 입장은 배타주의보다 타종교에 대한 적대성이 표면적으로 부재하기에 훨씬 관용적이라고 할 수 있다. 그러나 타종교인들이 궁극적으로는 '그리스도'에게 와야 할 것을 전제하기에 여전히 한계를 지닌다. 예를 들어서 다른 종교인이 기독교인들을 향해서 '익명의 불교인' 또는 '익명의 무슬림'이라고 한다면 기독교인들은 어떻게 느낄 것인가. 이러한 '상상으로 하는 실험'은 카를 라너의 "익명의 크리스천" 개념이 배타주의를 넘어서게 하는 기여를 했음에도 불구하고, 여전히 한계가 있음을 알게 한다.

셋째, 다원주의 입장은 신으로 가는 길은 다양하다고 본다. 다원주의는 신중심주의적(theocentrism) 특성을 지닌다. 다원주의 입장에서 보면 기독교와 다른 종교들의 공존은 아무런 문제가 없다. 모든 종교는 '진리 추구'를 목적으로 한다고 전제하고 있다. 즉 산의 정상으로 올라가는 길이 다르지만 결국은 정상으로 가는 것이 목적이듯, 종교가 어떠한 이름을 지니든 종교란 진리 추구가 목적이라는 점에서 평화롭게 공존할 수 있다고 본다. 이런 맥락에서 신 또는 진리는 특정 종교의 점유물이 될 수 없다.《신은 많은 이름을 가졌다(God Has Many Names)》라는 존 힉John Hick의 책 제목은 바로 이러한 다원주의 입장을 간결하게 잘 보여주고 있다.

여기에서 가장 심각한 문제가 되는 것은 배타주의 입장이다. 배타주의 입장은 크게 두 가지 결정적 한계가 있다. 첫째, 기독교 이외의 타종교를 존중하거나 인정하지 않는다는 것. 둘째, '예수 믿는 사람'의 범주를 교회에 공식 등록한 '기독교인'이자, '예수가 나의 구세주인 것을 믿는다'고 고백해야 하는 것으로 전제하는 이해다. 이는 근원적으로 왜곡된 믿음 이해다. 이렇게 예수를 믿어야만 '구원'받을 수 있다고 주장하는 입장에서는 "교회 밖에는 구원이 없다"는 것이 절대적 진리다. 이러한 배타주의 기독교만이 유일하고 진정한 종교라고 주장하는 이들이 근거로 가장 많이 주장하는 성서 구절은 다음과 같다.

나는 길입니다.

나는 진리입니다.

그리고 나는 생명입니다.

나를 통하지 않고는 아무도 신에게 다가갈 수 없습니다.

(요한 14:6)

기독교는 예수의 이 말을 가지고 타종교에 대한 극도의 배타적 입장을 보여 왔다. 그리고 타종교에 소속한 사람들을 기독교로 '개종'시키는 것을 사명으로 삼아왔다. 예수만이 '길, 진리, 생명'이라는 것은, 즉 '기독교'로 개종해야만 구원받을 수 있다는 것으로 해석해 왔다. 그런데 과연 이런 해석이 예수의 가르침을 제대로 이해한 것인가를 비판적으로 조명해 봐야 한다. 예수가 사용하는 길, 진리, 생명 등과 같은 개념은 사실적 표현이라기보다 은유(metaphor)다. 예수는 다양한 은유적 표현들을 통해서 다층적 세계를 제시한다. 기독교 절대주의와 우월주의, 그리고 타종교 혐오주의를 행사하는 데 기독교인들이 인용하는 예수의 말에서, 우리가 근원적으로 질문하고 씨름해야 하는 것은 다음과 같은 네 가지 질문이다.

① 예수가 말하는 우리가 따라야 할 "길"을 나는 어떻게 이해하는가.

② 예수가 말하는 "진리"를 나는 어떻게 생각하는가.

③ 예수가 언급하는 "생명"이란 무엇을 의미한다고 나는 해석하는가.

④ 예수가 호명하는 "신"이란 어떤 존재라고 나는 이해하고 있는가.

여기서 우리가 주목해야 할 것이 있다. '기독교 절대주의'를 정당화하는 것으로 기독교인들이 인용해 온 이 말은 예수가 자신을 중심에 놓고서 제도화된 '기독교'를 생각하면서, 그 기독교와 '길'을 따르는 것을 연결시킨 게 아니라는 점이다. 현대의 많은 기독교인은 예수의 이 '길'을 기독교회에 교인으로 등록하고 '공식적인 기독교인'이 되는 것이라고 단정하고 있다. 그런데 '공식 교인'이 되는 것이 예수가 말하는 '길'인가를 근원적으로 다시 생각해 봐야 한다. 왜냐하면 예수가 이러한 말을 할 때, 예수는 기독교의 존재에 대하여 전혀 알지 못하고 있었기 때문이다.

교회, 예수 아카이브

그렇다면 교회란 무엇인가. 교회는 인간의 역사적 산물(historical product)이다. 교회란 절대적인 것이 아니라, 인간이 만든 제도라는 것이다. '제도로서의 기독교'와 '제도로서의 교회'는 인간이 구성한 역사적 산물이라는 점에서 기독교와 그 교회를 구성하는 요소들은 무수하게 바뀌어 왔고, 앞으로도 바뀔 것이다. 이런 의미에서 존 카푸토의 말처럼 교회란 언제나 "플랜 B"다. 동시에 예수의 가르침과 실천을 기억하고 되새기는 '예수 아카이브(archives)', 즉 '예수의 기록 저장소'다.

교회만이 아니다. 인간이 만든 모든 종류의 제도들, 기구들은 언제나 "플랜 B"다. 절대적으로 옳고, 절대적으로 변함없는 것으로서의 "플랜 A"란 존재하지 않는다. 교회는 예수의 가르침을 이해하고, 해석하고, 자기 삶과 연결하고자 고민함으로써 예수를 '기억'하는 곳이다. 이런 의미에서 교회는 언제나 이미 "플랜 B"다. 이런 맥락에서 교회는 '해답'이 아니라, '질문'이라고 할 수 있다. 예수가 1세기에 주었던 가르침을 21세기 지금의 정황과 연결하고 실천하고자 씨름하는 '질문들'을 구성하고, 그 질문들에 응답하고자 함께하는 질문의 공간, 기억의 공간, 연대와 성찰의 공간이 바로 제도로서의 기독교이며 그 교회라고 할 수 있다.

예수의 십자가에서의 죽음과 부활 사건 이후 예수를 따르던 이들, 즉 예수가 구약성서에서 예언한 구세주 '메시아'라고 굳건히 믿던 이들은 예수가 언젠가 이 세상에 다시 돌아와 사람들을 '심판'할 것이라고 믿었다. 그들은 소위 예수의 '재림'을 기다리는 종말론적 예수 공동체를 형성했다. 이러한 '예수 공동체'는 박해를 받다가 마침내 4세기 로마 제국의 콘스탄티누스 황제 이후 공식적으로 제국의 종교가 되었다. 예수가 살아있을 당시, 자신의 이름을 중심에 놓고서 '기독교'라는 종교가 제도화되어 형성될 거라 예측하고 인지했을 가능성은 전혀 없다. 이런 맥락에서 보자면, 예수가 따르라고 하는 '길, 진리, 생명'이란 제도화된 종교로서의 기독교와 직접적인 관련이 있다고 여길 근거가 없다. 예수가 "나는 길, 진리, 생명입니다"(요한 14:6)라고 한 구절은 기독교 교리가 아니라, 복음서에 나오는 예수의 다양한 가르침들과 연결해서 포괄적으로 이해하고 해석해야 한다.

'길'이란 다양한 곳으로 인도하는 기능을 한다. 즉 '길'은 그 길 자체에 머무는 것이 목적이 아니다. '길'은 어떤 곳으로 가기 위해 거쳐야 하는 것이며, 어떤 곳으로 인도하는 통로다. 그 '길'을 따라 가면 어디로 가는 것인가를 생각해야 한다는 것이다. 예수가 자신을 '길'이라고 할 때, 그는 우리에게 그 길을 통해 어디로 가고, 누구를 만나고, 어떠한 경험을 하길 기대하는 것인가. 도대체 우리가 따라가야 할 '예수의 길'이란 무엇인가. '나'의 해석과 상상, 그리고 예수의 행적과 가르침에 대한 포괄적인 이해가 요청되는 지점이다. 예수의 언행이 기록된 성서에서 특정한 구절을 따로 분리해서가 아니라, 전체적인 맥락에서 예수의 가르침을 이해하고 해석하는 시도가 필요하다.

예수의 가르침은 기독교의 틀 안에 있는 사람들만이 아니라, 그 기독교의 담을 넘어 '모든' 사람들에게 중요한 의미를 주고 있다. 예수의 가르침, 즉 예수가 따르라고 하는 '예수의 길', 예수가 '생명과 진리'라고 하는 것의 내용들을 보면 예수가 호명하는 '신'이 어떠한 존재인가를 연결시킬 수 있다. 예수가 가장 중요하게 생각하고 실천하던 가르침, 즉 예수가 따르라고 하는 '예수의 길'은 무조건적 사랑, 환대, 용서, 책임, 평등의 삶에 관한 것이다. 예수는 곳곳에서 타자들에게 행하는 환대, 책임, 사랑 등 모든 것이 바로 '나에게', 즉 '예수에게' 하는 것이라고 강조한다(마태 25:40). 또한 '나를 사랑하고, 이웃을 사랑하고, 원수를 사랑하는 것'이 바로 '신을 사랑하는 것'임을 강조한다. 이러한 의미에서 '서로 사랑하지 않는 사람은 신을 알 수가 없다'(요한1서 4:7~8, 16). 예수의 가르침과 행적들을 복합적으로 조명해 보면, 예수 가르침은 '어느 종교에 소속되는가'가 아니라, '어떻게 타자와 함께 살아가는가'가 가장 중요한 핵심이다.

그렇다면 '신'이란 어떤 존재인가. 성서의 신은 참으로 다양한 모습으로 재현되고 있다. 구약성서의 청중은 "아들들"로 상정되고 있다. "여호와"가 직접 모세에게 명령을 내리는데, 그 청자 역시 "아들들"이다. '딸들'은 신의 안중에 없는 존재로 등장한다. 모든 여자는 아버지 또는 남편 등 남자의 소유물로 여기는 것을 당연하게 생각하는 '성차별의 신'이다. 성차별만이 아니다. 신은 모세에게 다음과 같은 '명령'을 한다고 성서는 기록하고 있다. 즉 여호와께서 모세에게 다음과 같은 "육체에 흠이 있는 사람"은 신에게 음식을 바치려 오지 못하게 하라고 명령한다(레위기 21:16~20). 이들은 '불결한 존재'이기에 신에게 제사를 드릴 수 없다. 세부적으로 보기 위해서 열거해 보자.

① 앞을 못 보는 사람
② 다리를 저는 사람
③ 코가 불완전한 사람

④ 팔다리가 성하지 않은 사람

⑤ 발이 부러진 사람

⑥ 손이 부러진 사람

⑦ 등이 굽은 사람(hunchback)

⑧ 키가 못 자란 사람(dwarf)

⑨ 눈에 흠이 있는 사람

⑩ 습진이나 버짐이 있는 사람

⑪ 고환이 상한 사람(crushed testicles)이나 흠이 있는 사람

그렇다면 성경은 하나님의 말씀이어서 일점일획도 틀림이 없다고 하면서 '성경대로' 성소수자를 저주하는 것이 옳다고 생각하는 이들의 '신'은 이러한 장애인 차별의 신, 병자 차별의 신, 몸이 약하고 아픈 사람을 차별하는 신인가. 구약성서의 '신'은 장애인을 "불결한 인간", "열등한 인간"으로 생각하는 장애인 차별의 시각을 지닌 존재다.

아니면 예수가 언급하는 '신'은 모든 싸움에서 적군을 물리치고, 악인을 처벌하고, 모든 자연재해에서 기독교인들만을 보호하고 구해주는 '승리와 심판의 신'인가. 그렇다면 세월호 참사에서 죽은 사람들, 이태원 참사에서 죽은 이들, 코로나19에 걸려서 죽은 이들, 지진이나 산불 또는 태풍과 같은 재해로 사랑하는 이들을 잃은 이들은 신의 축복을 받지 못하고 심판받은 것인가. 내

가 죽으면 천당 가게 해 주고, 기도하면 물질적 복을 주고, 자식의 성공과 출세를 빌면 이루게 해 주는 도깨비방망이 같은 존재가 바로 신인가.

이런 맥락에서 보자면 누군가가 확신에 차서 '나는 신을 믿는다'라고 하는 것 자체는 중요하지 않다. 오히려 내가 믿는다고 고백하는 '신'이란 '어떤 신'인가를 성찰하면서 지속적으로 신에 대한 이해를 전적으로 다시 구성해야 한다. 동시에 내가 '신을 믿는다'고 고백할 때, 그 고백은 나의 구체적인 삶에 어떠한 기능을 하며, 어떠한 영향을 끼치는가를 비판적으로 생각해 보아야 한다. 이러한 비판적 자기 성찰을 통해서야 비로소 예수가 말하는 "길, 진리, 생명, 신"의 의미를 연결하며 조금씩 그 이해에 다가갈 수 있을 것이다. 성찰 없는 신앙, 성찰 없는 신-예수 사랑의 고백은 그 사유없음으로 인해서 자신도 모르게 '악'에 가담할 가능성에 노출되어 있다. "악은 비판적 사유의 부재"라고 한 한나 아렌트의 분석은 "예수 천당, 불신 지옥"을 외치면서, 기독교 우월주의와 절대주의를 신봉하고 다양한 혐오와 차별에 동조하는 사람들에게 참으로 중요한 통찰이다.

'신'이 어떠한 존재인가에 대하여 그 누구도 자명성과 절대성을 가지고 정의 내릴 수 없다. 다양한 신론을 공부한다고 해서 그 '신'이 하루하루 살아가는 우리의 일상에 어떻게 연결되며,

내 삶에 어떤 의미를 주는가에 자동적으로 해답을 건네는 것도 아니다. 이러한 이유로 나는 이 책에서 '신은 ○○○이다'라는 신에 대한 개념 규정을 할 의도가 전혀 없다. 다만, 내가 동의하는 신에 대한 '이해'를 나눌 뿐이다. 내가 생각하고 이해하고자 하는 신 이해는 자크 데리다의 이해와 유사한 맥락에 서 있다.

자크 데리다에게 '신'은 "불가능성의 가능성"이다. 따라서 "종교란 불가능성에의 열정"이며, 더 나아가서 "종교란 책임성이다, 그렇지 않다면 아무것도 아니다." 나는 데리다의 이러한 신 이해와 그에 따른 종교 이해가 매우 중요하다고 본다. 가능한 것만을 따라간다면 이미 신이나 종교의 존재를 굳이 필요로 하지 않는다. 불가능한 사랑, 불가능한 용서, 불가능한 환대, 불가능한 평등과 정의에의 갈망과 추구가 바로 신이며, 종교의 존재 이유가 되는 것이다. 그래서 복음서는 "신과 함께라면 불가능한 것이 없다"(누가 1:37)라고 한다. 물론 이 구절을 기독교 승리주의로 왜곡해 해석하고, 적용하는 경우도 언제나 있기에 지속적인 비판적 접근이 필요하다.

지금 우리 현실에 존재하는 '이미의 세계(the world of already)'가 갖고 있지 못한 정의, 자유, 평등, 평화의 가치를 구현하고 실현하기 위해, 우리는 지속적으로 '아직 오지 않은 세계(the world of not-yet)'에 대한 꿈을 꾸고, 그러한 세계로 가는 '길'을 걸어가야 한다. 모두가 함께 존중받고 잘 살아가는 것이 바로 우리가 기억해야 할 '진리'라고 할 수 있다. 동시에 그 길 위에서 진리를 따르려 부단히 노력하고 개입하는 이들이야말로 진정한 '생명'을 경험하고 체현하는 사람이다. 이렇게 '신'에 대한 자신만의 이해와 해석의 세계를 확장하는 것이 중요하다고 나는 본다. 예수가 말하는 '길, 진리, 생명, 신'의 복합적 함의를 예수의 다양한 가르침에 비춰 조명하면서 지속적으로 성찰하는 여정이 요청되는 것이다.

기도란 무엇인가

1) 교환경제로서의 기도: 예수의 이름으로 예수를 배반

"예수를 믿는다"라고 고백하면서 자신의 '종교 국적(religious citizenship)'을 기독교로 택하는 이들은, '기도를 해야 한다'는 가르침을 받는다. 그것도 기도를 '많이' 해야 한다. 기도를 많이 하는 것은 구원받기 위한 필수요소라고 배운다. 다른 나라에는 없는 '새벽 기도'라는 이름의 모임이 여전히 한국의 많은 교회에서 이어지고 있다. 이른 새벽부터 '기도'를 하는 것이 신에게 충성하는 것이며 축복받는 중요한 행위라고 가르치는 교회에서 새벽기도는 더욱 활발하게 진행된다. 그리고 모든 기도는 "예수의 이름으로(In Jesus' name) 기도합니다"라고 매듭짓는다.

그런데 과연 기도란 무엇인가. 기도는 왜, 누구에게, 그리고 무엇을 위해 하는가. 예수를 구세주로 믿는다면서, '예수의 이름으로' 기도하는 이들이 정작 기도에 대한 이러한 근원적 질문을 하지 않는다. 많은 경우 기도는 단지 '교환경제의 틀' 속에서 반복되고 있을 뿐이다. '교환경제의 틀'이란 단순한 도식을 지닌다. 자신이 '원하는 것'을 신에게 달라고 요청하고, 그러면 신은 그 요청자의 '믿음'을 보고서 그 요청을 들어주든가 들어주지 않는가 하는 도식이다. 그리고 그 요청의 내용은 많은 경우 자신이나 가족의 이득과 성공, 병 치유 같은 내용이다. 세월호 참사에서, 또는 이태원 참사에서 죽음을 당한 사람들은 신이 지켜주지 않은 것이며, 암과 같은 병으로 죽은 이들 역시 신이 지켜주지 않은 것인가. 그런데 그런 신이 존재하는가. 내가 믿는다고 고백하는 '신'은 어떤 존재인가를 근원적으로 다시 물어야 하는 이유다.

분명히 기억할 것이 있다. '교환경제로서의 기도'는 예수 정신과 상관없다. 이런 기도는 '예수의 이름으로' 해서는 안 된다. 무엇보다도 기도하면 물질적인 '축복'이나 건강의 '축복'을 가져다주는 신, 또한 자식 성공, 가족 성공, 사업의 성공을 가져다주는 신, 나쁜 일을 하면 바로 벌 주고 심판하는 신, 그러한 신은 존재하지 않는다. 그러한 '전지전능한 신'에 대한 전통적인 이해는 제2차 세계대전 이후 정면으로 도전을 받는다. 모든 문제를 해결해 주고 개입하는 '전지전능한 신'이 있다면, 예를 들어서 무고한 아이가 단지 유대인이라는 이유로 가스실로 끌려가서 죽임을 당할 때 그 신은 왜 침묵하는가. 죄 없는 사람들이 폭력과 전쟁으로 죽어 나갈 때 '전지전능한 신'은 어디에 있는가.

21세기를 살아가고 있는 이들은 기독교에서 절대적 진리로 믿고 있었던 이러한 전통적인 신 개념을 근원적으로 재구성하는 과제를 계속 수행해야 한다. 어거스틴의 말처럼 "내가 나의 신을 사랑할 때 나는 무엇을 사랑하는가" 또는 카푸토처럼 "내가 나의 신을 사랑할 때 나는 어떻게 사랑하는가"에 대해 고민하면서 '신'이 어떠한 존재인가를 사유하고 재구성해야 한다. 이러한 자세가 '진정한 신앙'을 지닌 이들의 자세다. 분명한 것은 교환경제의 자본주의화된 신 이해는 매우 왜곡된 것이며, 그러한 신은 예수의 가르침을 거스른다는 점이다. 교환경제의 신을 향한 기도는 "예수의 이름으로" 할 필요도 없다. 오히려 "예수의 이름으로 예수를 배반"하는 행위가 된다.

2) 사유로서의 기도

그렇다면 기도란 무엇인가. '기도가 무엇인가'라는 물음은 '인간은 어떤 존재인가'라는 물음과 함께 생각해 봐야 한다. 우리는 AI를 포함하여 다양한 테크놀로지가 놀라운 발전을 보이는 21

세기를 살아가고 있다. 그럼에도 불구하고 여전히 '인간이란 누구인가'라는 존재론적인 물음은 테크놀로지의 발전에 의해서도 쉽게 그 답을 찾아낼 수 없다. 아무리 테크놀로지가 발달해도 여전히 남아있는 사실이 있다. 우리의 태어남과 살아감, 그리고 죽음과 같은 많은 것들이 우리의 통제-너머에 있다는 것이다. 우리는 이 우주가 애초에 어떻게 만들어졌는지, 어떻게 해서 다양한 피부색의 사람들이 태어나게 되었는지, 또는 어떻게 내가 특정한 지역의 특정한 정황에서 태어나 살아가는지 등을 알 수 없다. 과학과 테크놀로지가 아무리 발전한다 해도, 존재함의 의미는 여전히 신비 속에 있다.

생명의 신비와 분석 불가능성의 영역은 유한성을 지닌 인간에게 '인간-너머에 있는 존재(beyond-being)'를 갈망하게 한다. 17세기 가톨릭 사제였던 안겔루스 질레지우스Angelus Silesius의 〈장미는 왜가 없다(The Rose is Without Why)〉라는 제목의 시는, 아무리 테크놀로지가 발달해도 파헤쳐질 수 없는 생명의 신비를 늘 상기하게 한다. 인간 삶에 대한 이해란 인간의 합리성 너머에 있다. 종교적 소속이 있든 없든 '기도'란 나 자신으로부터 물러나서, '나-너머의 존재'와 대화하는 의도적인 고독의 시간에서 벌어지는 사건이다.

이런 맥락에서 보자면, 기도는 '사유'를 필요로 한다. 기도는 사유로부터 출발한다. 그것도 '열정적인 사유(passionate thinking)'

다. 그러한 열정적인 사유는 갈망, 아픔, 기쁨, 감사 등을 모두 품고 있다. '지금의 나'와 '이루어져야 할 나'를 보는 것, 우리의 통제-너머의 것들을 성찰하는 것, 또한 현재 내가 몸담고 살아가는 '지금의 세계(the world of already)'와 내가 갈망하는 세계, 보다 나은 '도래할 세계(the world-to-come, the world of not yet)'를 조명하는 것은 사유하지 않으면 불가능하다. 기도는 '지금의 나'가 누구인지, 내가 몸담고 살아가는 '지금의 현실(the reality of already)'이 어떤 것인지, 나의 통제-너머에 있는 문제들이 무엇인지에 대한 조명과 성찰로부터 출발한다. 그러면서 현재의 나를 넘어 '되고 싶은 나' 또한 내가 보고자 하는 '도래할 세계(the world to come)'에 대하여 우리 너머의 존재, 우리가 '신'이라고 호명하는 그 존재를 향해 갈구하는 것이다. 이 '도래할 세계'를 기독교적 용어로 하자면 '하나님 나라'(kindom of God: 여기에서 나는 의도적으로 왕국의 의미인 "Kingdom"이 아닌, 친족들의 나라를 의미하는 "Kindom"을 사용한다)라고 할 수 있다.

3) 연민으로서의 기도

'열정적인 사유'로서의 기도는 '열정적인 연민(passionate compassion)'으로 이어진다. '연민'이란 '함께 고통한다(com-passion; sufferwith)'의 의미를 지닌다. '기도한다'는 행위는 현실 세계로부터 도피하는 것이 아니다. 현실 세계 한가운데에서 이루어지는 것이다.

기도는 지금 나의 삶과 내가 살아가고 있는 이 세계에 대하여 성찰하고, 무엇이 문제이며 무엇이 이루어져야 하는가에 대한 사유를 하는 행위에서 출발한다. 그런데 이렇게 나의 삶에서 이루어져야 하는 것, 또한 내가 살고 있는 이 세계에서 이루어져야 하는 것들에 대한 사유로서의 기도는, 결국 연민으로 이어진다. 나와 함께 살아가는 타자들에 대한 연민, 그리고 이 세계에서 벌어지고 있는 갈등, 차별, 고통을 겪고 있는 타자들과 함께하는 연민을 가지게 되는 것이다. '사유로서의 기도'가 '연민으로서의 기도'로 이어지게 되는 것은 어쩌면 '진정한 기도'라면 자연스러운 과정이라고 할 수 있다. 동정심(sympathy)이나 불쌍히 여김(pity)과는 달리, 연민은 고통과 어려움 속에 있는 이들이 윤리적으로 열등하다는 인식을 지니지 않는다. 차별과 어려움을 겪는 그 타자는 나와 동등한 존엄성을 지닌 인간이라는 인식으로 출발한다. 그리고 그 고통의 원인에 대하여 관심하게 된다.

4) 책임성으로서의 기도

　연민으로서의 기도는 책임성에 대한 인식으로 이어진다. 나의 고통과 아픔, 그리고 지금의 결여를 보면서 그 결여가 사라지는 새로운 세계에 대한 갈망을 가지게 될 때, 나와 연결된 타자의 고통과 어려움 역시 인지하게 된다. 그러한 인지를 통해서 나 자신은 물론 타자에 대한 책임성을 인지하게 한다. "예수의 이름으로" 하는 기도가 그 진정성을 확보하고자 한다면, '교환경제로서의 기도'가 아니라 '책임성의 기도'로 이어져야 하는 이유다.

　예수의 '최후의 심판' 비유(마태복음 25:31~46)를 보자. 예수 비유에 등장하는 굶주린 이들, 목마른 이들, 낯선 이들, 헐벗은 이들, 병든 이들, 감옥에 갇힌 이들 등 여섯 종류의 사람은 누구인가. 21세기에 내가 살아가고 있는 정황에서 이 여섯 종류의 사람들은 과연 누구인가. 예수를 따른다는 이들, '예수의 이름으로' 기도하는 이들은 예수의 이러한 가르침이 제시하는 '길', 즉 이 연민과 책임성을 가지고 살아가는 것이 바로 '예수의 이름으로' 기도하는 것이며, '예수의 길'을 따르는 것이다. 사유하게 될 때, 그들이 경험하는 고통에 함께하는 연민을 가지게 되는 것이다. 그리고 이러한 연민은 그들에 대한 책임성으로 이어진다. 예수의 '하나님 나라'는 바로 이러한 이들이 온전한 인간으로 대우받는 정의와 평화의 세계다. '자신을 사랑하는 것과 같이 이웃을 사랑

하라'는 것, 그것이 바로 신을 사랑하는 것이라는 가르침이 예수
의 '길, 진리, 생명'의 의미다.

  '신'은 인간-너머의 궁극적 존재이며, 존재의 최종적 신비다.
기도는 그러한 신의 임재 속에서 일어나는 책임적 사유라고 할
수 있다. 기도하는 사람은 치열한 사유, 열정적 연민과 책임성을
갖게 되는 사람이다. 동시에 '도래할 세계'에 대한 믿음과 희망,
나 사랑과 타자 사랑을 품고 보다 나은 세계에 대한 새로운 헌신
을 다짐하는 것이 바로 우리가 배우고 연습해야 할 '예수의 이름
으로' 건네는 진정한 기도다. '예수의 이름으로' 보다 나은 나 자
신과, 보다 정의롭고 평등하며 평화로운 세계를 이루려는 헌신
을 확인하고, 재확인하는 과정이 바로 기도다. 생명의 신비와 통
제 너머의 현실을 인지하고 상기하면서, 이루고 싶은 나의 삶과
너의 삶이 있는 '도래할 세계', '신의 나라'를 기다리는 예수의 가
르침을 재확인하고 상기하는 것이다. 이런 의미에서 '예수의 이
름으로'의 기도는 결코 완성될 수 없으며, 배우고 연습해야 하는
의미에서 언제나 '도래할 기도(prayer-to-come)'다. 이러한 기도가
향한 '신'이라는 존재는 존 카푸토의 말처럼 "완전히 새로운 것,
새로운 탄생, 기대, 희망, 희망 넘어서의 희망, 변화하는 미래의
기회의 이름"이라 할 수 있다.

21세기, 예수라면 무엇을 할 것인가: 삶의 전적 긍정

이제 우리가 물어야 할 질문이 있다. 내가 몸담고 살고 있는 이 21세기에 예수가 함께 있다면, 우리가 개인적 또는 사회적으로 직면하고 있는 다양한 문제와 위기 앞에서 '예수라면 무엇을 할 것인가'다. '예수는 나의 죄를 대신해 십자가에 달리시고, 부활하여 승천한 나의 구세주'라고 아무리 되풀이해 고백해도, 이 고백이 내가 일상을 살아가는 데 중요한 길을 제시하고 필요한 '지혜'를 줄 수 없다면 공허한 자기 독백일 뿐이다. 물론 1세기에 살았던 예수가 21세기를 산다면 무엇을 할지 그 누구도 확실성을 가지고 알 수는 없다. 1세기 중동의 작은 지역에서 3년여 동안 활동했던 예수의 행적과 가르침을, 온 세계와 지역이 연결되어 있는 21세기 현대에서 '따른다'는 것이 무엇을 의미하는지에 대한 치열한 성찰과 고민이 필요한 이유다.

영어로 "예수라면 무엇을 할 것인가(WWJD: What Would Jesus Do?)"
는 "WWJD 산업"이라는 용어까지 등장할 정도로 미국에서 한
때 매우 유행하던 표현이다. 'WWJD'는 1896년 찰스 셸던Charles
M. Sheldon 목사가 쓴《그의 발자취를 따라서: 예수라면 무엇을 할
것인가(In His Steps: What Would Jesus Do?)》라는 책의 부제다. 찰스
셸던은 캔자스주 토페카시의 한 교회 목사였다. 이 책은 셸던 목
사가 매 주일 하던 설교를 모아 출판한 것인데, 놀랍게도 영어권
세계에서만 3천만 부 이상이 팔렸다고 한다. 셸던은 매주 자신
의 설교에서 가상의 인물인 노숙인을 등장시킨 이야기 형식의
설교를 하기 시작했고, 이 이야기의 진행을 궁금해하는 사람들
이 매주 그 이야기를 듣기 위해 교회에 몰렸다. 이 책은 20세기
복음주의 운동의 중요한 촉진제 역할을 했다. "WWJD"라는 문
구는 자동차 범퍼 스티커, 팔찌, 티셔츠 등에 등장했고 '예수라면
무엇을 할 것인가'라는 구절은 미국에 대중화되었다. 특히 1990
년대에 이 문구는 기독교 청년 운동 안에서 사용되면서 그 대중성
을 확보했다. 소위 "WWJD" 산업이 등장하게 된 것이다.

존 카푸토는 어거스틴의 물음인 '내가 나의 신을 사랑할 때,
나는 무엇을 사랑하는가'에 '어떻게'를 붙인다. 그래서 '내가 나
의 신을 사랑할 때, 나는 어떻게 사랑하는가'도 묻는다. "예수라
면 '무엇을' 할 것인가"에 카푸토처럼 "예수라면 '어떻게' 할 것

인가"도 동시에 조명하는 것이 중요하다.

대부분의 기독교인이 '예수라면 무엇을 할 것인가'라는 이 문구를 매우 '자명한 사실'의 재확인으로 해석할 것이다. '예수라면 무엇을 할 것인가'는 교회에서 또는 목사가 하라는 대로 하는 것이라는 단순한 해석이다. 그러나 예수가 어떤 특정한 문제들에 직면했을 때 "예수라면 무엇을 할 것인가"를 판단할 수 있는 것은, 신약성서 4개의 복음서에 나오는 예수의 메시지와 행동을 통해 간접적으로 해석하고 추측할 수 있을 뿐이다. '절대적 사실'이란 불가능하고 우리의 '해석'만이 가능하기 때문이다. 예를 들어서 난민 문제, 인종 차별 문제, 또는 성소수자 차별 문제, 우크라이나와 러시아의 전쟁 문제, 이스라엘과 팔레스타인에서 벌어지는 끊이지 않는 분쟁과 전쟁 문제, 또는 남한과 북한 사이에 계속되는 긴장과 전쟁의 위기 등과 같은 현실에 직면해서, 교회나 목회자가 하라는 대로가 아니라 '나'는 "예수라면 어떻게, 무엇을 할 것인가"라고 생각하는가를 물어야 한다.

21세기의 우리는 한국 사회만이 아니라 세계 곳곳의 문제가 서로 연결된 '글로컬 위기(glocal crisis)' 시대를 살아가고 있다. 즉 세계적인 것(global)과 지역적인 것(local)이 긴밀하게 연결되는 다층적 위기와 마주하고 있다는 것이다. 이러한 위기 시대에 이 세계에서 가장 강력한 종교인 기독교의 중심인 예수가 함께 있다고 생각하며 '예수라면 무엇을 할 것인가'를 조명하고 성찰하는 것은 개인적 삶만이 아니라 '모두'의 삶에 중요한 과제다.

현대의 사람들이 직면한 다양한 문제가 있다. 예수는 선박이나 비행기 또는 자동차로 지리적 경계를 넘나드는 지금 삶의 구조와는 전혀 다른 세계에서 활동했다. 인터넷이나 전화, TV 등 우리 삶의 자연스러운 일부가 된 것들이 예수에게는 전혀 적용될 수 없다. 21세기의 우리는 세계 곳곳에서 일어나는 갖가지 사건들을 동시적으로 접하면서 살아가고 있다. 그렇다면 예수의 가르침이 우리가 살고 있는 구체적 정황에서 어떠한 의미가 있는 것인지 지속적으로 비판적 성찰을 하는 것은 매우 중요한 과제라고 할 수 있다.

'예수를 나의 구세주로 믿는다'고 반복하여 고백한다고 해서 자동적으로 '예수를 따르는 사람', 즉 '크리스천'이 되는 것은 결코 아니다. 오히려 아무런 비판적 성찰 없이 신앙고백을 반복하는 것은 '종교적 노예'가 되는 것이다. 니체의 '무리(집단) 멘탈리티(herd mentality)'는 나의 고유한 성찰과 판단을 하지 못하고, 다수가 하는 대로 무작정 따라서 판단하고 행동하면서 살아가는 것을 말한다. 이것이 바로 '노예 도덕성(slave morality)'의 전형이다. 정치적 프로파간다, 또는 종교적 주장에 의한 선동에 따라 사는 것은 내가 내 삶의 '주인'이 아니라 '노예'로 살아감으로써 자기 삶을 방치하는 일이 된다. 그리고 자신도 모르게 다양한 얼굴의 '악'에 가담하게 된다.

기독교인이 '예수를 나의 구세주로 믿는다'라고 고백할 때는 세 가지를 지속적으로 조명해야 한다. 첫째, 내가 '믿는다'고 고백하는 '예수'는 누구인가; 둘째, '구세주'란 어떤 의미인가; 셋째, '믿는다'라는 것은 이 21세기를 살아가는 내게 어떤 의미를 지니는가. 교황, 추기경, 신부, 목사, 신학자, 철학자 등 그 누구도 '예수는 이런 문제에 이렇게 하라고 한다'라고 단언하여 말할 수 있는 사람은 아무도 없다. 각자가 치열하게 성찰하고, 고민하고, 각자의 정황에서 "어떻게"를 매번 고민하고 조명해야 하는 과제다.

예수를 '구원자'라고 생각하든 '철학자'라고 생각하든, 예수에게 붙여지는 '표지'가 근원적으로 중요한 것은 아니다. 내가 '철학자'라는 표지를 사용하는 것은, 앞서 밝힌 대로 분명한 의도를 지닌다. 예수의 가르침이 '기독교'라는 특정 종교에만 제한될 필요가 없고, 또한 제한되어서도 안 된다는 것이다. 예수의 '모든 생명'을 향한 사랑, 환대, 책임, 용서, 평등의 가르침은 인류 보편의 가치가 되어야 하기 때문이다. 따라서 예수에게 구원자, 메시아, 선생, 철학자 등 어떠한 표지를 붙이든, 그 표지가 예수를 특정한 틀 속에 '절대화'시켜서 고정하게 되면, 그 표지는 부정적으로 작동된다. 제도화된 종교로서의 기독교는 많은 교회를 통해서 예수를 '교리적 틀'에 가두어 놓고서, 그 예수를 '종교 산업'의 자본으로 만들었다. '예수를 믿는 것'이 곧 '교회를 믿는 것'이며, '목사·신부·추기경·교황을 믿는 것'으로 대부분 사람은 생각한다. 그뿐인가. 제도화된 종교로서의 기독교는 예수를 교리 속에 고정해 가두고, 우리가 살아가는 '이곳에서의 삶'이 아니라, '하늘나라' 또는 '천국'으로 불리는 '저곳에서의 삶'으로 사람들의 눈을 돌리게 만드는 존재로 왜곡시켜 버렸다.

니체에 따르면 예수 가르침의 가장 중요한 메시지인 '좋은 소식', 즉 복음은 전적인 '삶의 긍정(affirmation of life)'이다. 그런데 기독교는 예수를 '삶의 부정(negation of life)'을 가르치는 존재로 만들었다. 니체는 예수가 '인류를 구하기 위해서'라는 추상적인 것이 아니라, 인류에게 '어떻게 살아갈 것인가(how to live)'를 실천하고 가르친 존재라고 말한다. 그러나 기독교는 이러한 예수의 중요한 가르침을 근원적으로 왜곡시켰다. 물론 니체의 이 기독교 비판은 자신이 기독교인이라고 말하는 이들에게는 몹시 불편한 비판일 것이다. 그러나 니체의 비판은 매우 중요하다. 이러한 비판은 제도화된 종교로서의 '기독교'와 '예수'의 거리를 보다 좁힐 수 있도록 중요한 통찰을 주기 때문이다.

21세기는 '위기 시대'다. 한두 가지의 위기가 아니다. 또는 몇 국가나 지역에 한정된 위기들이 아니다. 언제나 '저쪽'에 있는 것 같은 세계적인 것(global)과, '이쪽'에 있는 지역적인 것(local)의 경계가 이제 더 이상 고정되어 존재하지 않는다. 이 두 개념을 합친 '글로컬라이제이션(glocalization)'이 등장하게 된 배경이다. 내가 한국의 나의 집에서 컴퓨터를 사용한다고 해 보자. 내가 사용하는 컴퓨터의 부속품은 어디에서 만들어졌는가. 중국을 포함해 세계 곳곳에서 하나의 컴퓨터에 들어갈 부속품들이 만들어지고 조립된다. 그렇다면 컴퓨터는 '세계적인 것'인가, 아니면 '지역적인 것'인가.

아침에 마시는 한 잔의 커피는 어떤가. 그 커피는 복잡한 과정을 거쳐서 우리의 식탁에 도달한다. 커피나무를 심는 사람, 커피 열매를 수확하는 사람, 커피 열매를 가공하는 사람, 커피콩을 다듬는 사람, 커피를 가공하고, 로스팅하고, 포장하여 운송하는 일 등 우리가 미처 인식하지 못하는 복잡한 과정을 거치는 것이다. 이 과정에서 다양한 얼굴의 착취, 불공정 거래 등이 다반사로 이루어진다. 지극히 사소한 것 같은 한 잔의 커피가 우리 손에 오기까지의 과정도 이렇게 복잡하다. 이제 내가 사는 '이곳'과 내가 모르는 먼 타자들이 사는 '저곳'의 경계는 고정되어 존재하지 않는 세계에 살고 있다. '이곳'에서의 문제는 '저곳'의 문제와 연결되며 상호영향을 주고받는다.

우리가 사는 이 현실에 엄연히 존재하는 모든 것의 상호연결성을 인지하면서, 이 세계에 어떠한 위기들이 있는가를 상기해 보자. 물론 현대 사회가 직면하고 있는 위기는 어떠한 관점에서 보는가에 따라서 다양하게 조명될 수 있다. 우리가 대면하고 있는 위기의 목록은 참으로 길다. 대략 살펴보자면 환경 위기, 난민 위기, 평화의 위기, 세계 정의의 위기, 경제의 위기, 인권의 위기, 노숙자 문제, 외채 문제, 무기 산업, 핵무기, 종족 간 전쟁, 마약 문제, 군사주의 등 열거한 열세 가지만이 아니다. 이미 다양한 지역에서 일어나고 있는 위기들을 세부적으로 조명하면, 더욱 긴 위기들이 등장할 것이다. 그리고 한 종류의 위기는 다른 종류의 위기와 직간접적으로 연결되어 있다. 이뿐이 아니다. 이러한 위기와 더불어 갖가지 혐오가 이 21세기를 지배하고 있다. 성소수자 혐오, 타종교 혐오, 여성 혐오, 난민 혐오, 장애인 혐오, 인종 혐오 등 현대판 혐오는 다양한 모습으로 한국 사회는 물론 세계 곳곳에서 복합적 위기를 확산하고 있다.

> 현재 우리가 직면하고 있는 전지구적 위기와 그 함의에 대하여 보다 세부적인 논의는 나의 책 《코즈모폴리터니즘이란 무엇인가: 함께 살아감의 철학, 세계시민주의》, 제1장 "왜 코즈모폴리터니즘인가"를 참고하기 바란다.

이렇게 세계 곳곳에서 일어나는 위기와 혐오들 한가운데에 특히 한국 사회에서 심각하게 부각되고 있는 문제들이 있다. 성소수자 혐오, 난민 혐오, 타종교 혐오, 여성 혐오 등이 그렇다. 이것은 많은 이의 삶을 파괴하고 어렵게 만든다. 이런 위기들 가운데서 예수의 사랑의 철학, 용서의 철학, 환대의 철학, 그리고 평등과 정의의 철학은 매우 중요한 의미를 지닌다.

다양한 이름을 지닌 예수의 철학에 공통분모가 있다면 그것은 '모든 생명의 급진적 긍정'이다. 여기에서 '급진적 긍정(radical affirmation)'이란 단순히 낭만적인 구호가 아니다. 모든 생명의 존재 자체를 온전한 것으로, 존엄한 것으로 통째로 끌어안는 것이다. 그리고 그러한 존재들이 구체적인 우리의 일상 세계에서 사회정치적으로 평등과 정의의 삶을 보장받도록, 예수처럼 관습과 종교적틀에 저항하고 새로운 삶의 길을 제시하는 것을 의미한다. 즉 정의로운 세계가 되도록 치열하게 개입해야 함을 의미한다. '기독교인'으로 자신의 종교적 정체성을 가진 사람들이 이러한 혐오 위기앞에서 '예수'는 아무런 상관이 없는 존재로 생각하는 것은 심각한문제다. 다양한 삶의 정황에서 '예수라면 무엇을 할 것인가'라는질문과 홀로 그리고 함께 끊임없이 씨름해야 하는 이유다.

예수가 21세기에 등장한다면 그는 제도화된 종교로서의 기독교를 어떻게 생각할까. 예수를 구원자로 고백하는 '그리스도'에관한 다양한 '기독론(Christology)'을 포함해 신론, 교회론, 성령론, 구원론 등의 복잡한 신학적 담론들, 교리들, 기도문들, 복잡한 목사 안수 과정, 신부 서품 과정, 또는 신조들을 접하면 예수는 무엇이라고 할까.

예수는 자신의 십자가 죽음 이후 생겨난 '기독교'가 하나가 아니라 셀 수 없이 많아진 '교회들'로 구성되고, 또 서로 반목하는 것을 보고 무엇을 할 것인가. 세계 곳곳에 다양한 언어로 '예수의 이름으로' 모인 무수한 신학대학이 있고, 그 신학대학에서 공부한 이들이 신부, 추기경, 감독, 목사 등의 타이틀을 소지하고서 교회와 기구에서 권위와 권력을 행사하는 현실을 보게 되면, 예수는 무엇을 할 것인가.

교황과 추기경들이 보통 사람과 완전히 구분되는 화려한 의상을 입고, 높고 높은 강단에서 "예수의 이름으로" 축복을 내리는 모습을 예수가 본다면 무엇을 할 것인가. '성직자'라는 이름 아래 평신도나 직책 없는 이들, 그리고 여성 수도자들의 위에 서는 지독한 위계주의적 구조를 마치 신이 부여한 '신적 질서 (Divine Order)'처럼 만드는 교회들을 보면서, 예수라면 무엇을 할 것인가. 견고한 종교 권력의 '바벨탑'을 점점 높이 쌓아가면서 '여성이라서' 또는 '성소수자라서' 신부나 목사가 될 수 없다는 다층적 차별을 '신적 질서'처럼 선언하는 '예수의 이름으로' 모인 수많은 교회와 지도자들을 보면서, 예수라면 어디에 자신의 자리가 있다고 생각할까.

"예수 천당, 불신 지옥"의 슬로건을 절대적 진리로 굳건하게 믿으며 지하철 또는 노상에서 외치는 이들에게 '예수를 믿는 것'은 '교회에 다니는 것'과 동일시 된다. 그래서 많은 교회가 '교회 안 다니면 지옥 간다', '십일조 안 내면 지옥 간다' 또는 '성소수자와 연대하는 교회나 목사를 믿으면 지옥 간다'라고 가르친다. 이러한 현상을 보면서 예수라면 어떻게, 무엇을 할 것인가.

'예수'라는 존재가 없었다면 생기지 않았을 기독교는 '하나의 종교'인 것 같지만, 내부를 보면 크게 3개의 분파로 나뉜다. 동일한 종교라고 보기 힘들 정도로 각기 너무나 다른 예전과 분위기에서 그 교회들이 운영되고 유지되고 있다. 세계에서 가장 큰 교회라고 할 수 있는 가톨릭교부터 시작해 개신교와 동방 정교회다. 이러한 큰 범주를 보다 세부적으로 들여다보면 수천 개에 이르는 개신교 교단들과 기독교의 이름을 지닌 공동체가 있다.

한국의 개신교회에서 요구하는 헌금의 종류는 점점 늘어가고 있다. 2023년에 "개신교인의 헌금 의식"에 관한 한 연구에 따르면 '진정한 신자라면 십일조를 내야 한다'라는 물음에 10명 중 7명꼴인 69%가 '그렇다'고 답했다고 한다. 그리고 절반 정도가 '교회의 헌금 종류가 많은 편'이라고 답했다. 헌금의 종류도 80여 가지가 넘으며, 그 헌금의 이름을 보면 어떻게 교회가 철저하게 자본주의화 되어, 그 '이익의 극대화'라는 가치를 '예수의 이름으로' 정당화하고 신성화하는지를 보게 된다.

◆ 한 기독교 신문에 나온 헌금의 종류다. 물론 모든 교회가 이러한 헌금을 교인에게 강요하는 것은 아닐 것이며, 여기에 열거된 85가지의 헌금 외의 다른 종류의 헌금도 있을 수 있다. 다만, 헌금 종류의 목록 자체가 한국 교회의 여러 측면 중 중요한 "예수 왜곡 현상"의 하나를 보여주는 예라는 점에서 주목할 필요가 있다.

1.출생헌금	2.순산헌금	3.돌헌금	4.백일헌금
5.헌아식헌금	6.새차구입헌금	7.취업헌금	8.좋은일자리헌금
9.아르바이트헌금	10.개업보호헌금	11.범사헌금	12.좋은여행헌금
13.즐거운여행헌금	14.안전한여행헌금	15.출장중보호헌금	16.여행중보호헌금
17.사업축복헌금	18.축복헌금	19.채우시는축복헌금	20.가족방문헌금
21.이주헌금	22.한국방문헌금	23.면허취득헌금	24.사고중보호헌금
25.새집마련헌금	26.이사헌금	27.새로운보금자리헌금	28.화목한가정헌금
29.집매매헌금	30.집수리헌금	31.생일헌금	32.환갑헌금
33.결혼헌금	34.결혼기념헌금	35.주님품에보냄헌금	36.장례헌금
37.추모예배헌금	38.건강헌금	39.가족건강헌금	40.수술헌금
41.치유헌금	42.치료헌금	43.좋은검사결과헌금	44.기도응답헌금
45.주님영접헌금	46.등록헌금	47.침례헌금	48.교회인도헌금
49.주님동행헌금	50.주님인도헌금	51.주님사랑헌금	52.주님은혜헌금
53.성령충만헌금	54.깨달음헌금	55.유학헌금	56.학업헌금
57.시험잘치름헌금	58.합격헌금	59.입학헌금	60.졸업헌금
61.하나님의도우심헌금	62.환난중감사헌금	63.평안헌금	64.말씀헌금
65.목사차량헌금	66.교회차량헌금	67.교회건축헌금	68.교회부지구매헌금
69.간증인간증감사헌금	70.맥추절헌금	71.추수감사절 헌금	72.강단꽃헌금
73.이삭줍기헌금	74.쪽방헌금	75.밑천나누기헌금	76.십일조
77.새성전터부지헌금	78.외국선교헌금	79.일천번제헌금	80.유산헌금
81.비젼헌금	82. 1%나눔헌금	83. 150일간 기도하며 하는 헌금	
84. 교회 뜰 나무에 기도 제목 붙이고 하는 헌금		85. 주일학교 선교헌금 또는 교회학교헌금	

이제 우리가 종교로서의 '기독교'라는 담 안에 복잡한 교리들, 기도문들, 기독론, 신론 그리고 예수의 이름으로 행해지고 있는 물질 만능주의와 성공 만능주의의 틀을 과감히 깨서, 그러한 "왜곡된 예수"에 저항하고 예수의 진정한 가르침을 확산함으로써 "예수 구하기"에 개입해야 한다. 여성을 차별하고, 여성이기에 신부나 목사가 될 수 없다고 하고, 성소수자를 혐오하고 저주하며, 장애인과 난민을 차별하는 데 이용되고 호명되는 그 '예수'를 구해야 한다. 그리고 모든 생명을 향한 사랑, 환대, 용서, 평등, 정의를 실천하고 구현하라고 가르치는 그 "생명의 철학자", 함께 살아감의 철학과 가치를 가르치고 실천한 그 '예수로 돌아가기'를 해야 한다. 그러한 예수는 지금까지 세계 도처에서 출판되었을 수백 권, 수천 권의 신학책들에 나와 있는 '기독론'이나 '신론'을 통해서 알 수 있는 것이 아니다. 우리가 돌아가야 할 예수는 '어떻게 모든 생명과 함께 잘 살아가는가'라는 질문을 품고 이 세계 모든 생명의 존엄성과 평등성을 확대하기 위한 가르침을 스스로 실천한 예수다.

어거스틴은 "내가 나의 신을 사랑할 때, 나는 무엇을 사랑하는가(What do I love when I love my God?)"라는 유명한 질문을 했다. 존 카푸토는 사랑이란 "무엇(what)"만이 아니라, "어떻게 (how)"의 의미도 중요하다는 것을 강조하면서, 어거스틴의 질문을 다음과 같이 바꿔 이렇게 묻는다. "내가 나의 신을 사랑할 때, 나는 어떻

게(how) 사랑하는가." 이러한 유사 질문을 다음과 같이 생각해
보자.

① 내가 나의 예수를 사랑할 때, 나는 무엇을 사랑하는가

② 예수라면 성소수자를 어떻게 대할 것인가

③ 내가 예수를 사랑한다면, 나는 성소수자를 어떻게 대할 것
인가

④ 예수라면 세계 곳곳의 난민을 어떻게 대할 것인가

⑤ 내가 예수를 사랑한다면, 나는 난민을 어떻게 대할 것인가

⑥ 내가 예수를 사랑한다면, 나는 기독교인이 아닌 사람들을
어떻게 대할 것인가

⑦ 내가 예수를 사랑한다면, 나는 한국 사회에서 이동권의 자
유를 보장해달라고 투쟁하고 있는 장애인을 어떻게 대할
것인가

⑧ 내가 예수를 사랑한다면, 기아 선상에서 죽어가고 있는 빈
곤 아동들을 어떻게 대할 것인가.

⑨ 예수라면 여성에게 목사 안수와 사제 서품을 허용하지 않
는 교회에게 뭐라고 할 것인가.

⑩ 내가 나의 예수를 구세주로 고백할 때, 나는 무엇을 기대하
는가

이러한 질문의 목록은 끝이 없다. 예수의 다음의 말을 다시 생

각해 보자.

> 나는 길입니다.
>
> 나는 진리입니다.
>
> 그리고 나는 생명입니다.
>
> 나를 통하지 않고는 아무도 신에게 다가갈 수 없습니다. (요한 14:6)

예수의 "나는 길이고, 진리고, 생명입니다. 나를 통하지 않고는 아무도 신에게 다가갈 수 없습니다"라는 이 선언은 '나'라는 주어가 되는 '예수'와 그 예수를 통해 도달하는 '신'은, 결국 그 예수가 실천하고 가르친 '길'인 정의, 환대, 용서, 사랑, 평등의 다른 이름이라고 할 수 있다.

종교로부터 예수 구하기:
책임과 연대의 삶으로의 초대

예수는 누군가를 높은 자리에 또는 낮은 자리에 앉히는 위계주의적 테이블을 근원적으로 거부했다. 예수는 그 당시 사회적으로 따돌림받고 비난받던 '죄인들'과 '세금 징수원들'을 정죄가 아닌 환대로 맞이했다. 예수의 이러한 삶은 상석 또는 하석이 있는 '직사각형 테이블'이 아니라, 누구도 주변부에 놓이지 않고, 모두가 중심이 되고, 누구에게나 열려 있는 '오픈 테이블 펠로우십(open table fellowship)'이라는 은유로 명명할 수 있다. 누구에게나 아무런 경계 없이 평등과 환대로 환영하는, 전적으로 '열린 테이블'이라는 은유는 중요한 의미를 지닌다. 예수가 따르라고 하는 '길, 진리, 생명, 신'은 '저 세상'이 아니라, '이 세상'에 굳건히 뿌리내리고 있다. 열린 테이블이라는 은유는 아무런 경계나 차별 없이 모든 인간의 살아감에 필요한 것들에 대한 책임과 사랑에 관한 것이다.

예수의 "최후의 심판"(마태 25:31~46)이라고 알려진 비유는 매우 중요하다. 예수 가르침의 핵심을 구성하고 있다고 나는 본다. 예수를 따른다고 하면서 예수가 '나의 구세주'라고 고백하는 사람이라면, 반드시 기억하고 실천해야 할 지침이라고 할 수 있다. 예수가 제시한 '영생의 길', '구원받는 길'에 이르는 여섯 가지 '안내 지침'은 다음과 같다. 예수의 비유에 따르면, 모든 사람은 최후의 시간에 심판을 받게 된다. 그리고 예수가 제시하는 '최후 심판 기준'은 바로 도움이 필요한 타자에게 연민과 환대를 실천했는가다. 예수가 말하는 여섯 종류의 타자는 다음과 같다.

① 배고픈 사람들
② 목마른 사람들
③ 낯선 사람들
④ 헐벗은 사람들
⑤ 아픈 사람들
⑥ 감옥에 갇힌 사람들

이 여섯 가지 '구원의 지침' 범주에 '종교'는 들어가 있지 않다. 이것은 매우 중요한 함의를 지닌다. 예수는 그의 '최후의 심판'이라는 매우 비장한 비유에서 현대의 우리에게 '해답'이 아닌 '질문'을 던지고 있다. 우리가 살고 있는 지금 21세기, 예수라면 다음의 상황에서 어떻게 할 것인가. 예수가 다양한 은유를 사용했다는 것을 상기하면서, 다음의 질문을 구체적인 현실과 연결시켜보는 것이 필요하다. 예수가 던지는 여섯 가지 주제는 도착점이 아니라, 21세기에 씨름해야 할 '질문'의 방향이 무엇인가의 출발점이 되고 있다.

첫째, 현대 사회에서 '배고픈 사람들'이란 누구인가. 동물과 달리 인간은 두 종류의 '배고픔'을 지닌 존재다. 육체적 배고픔과 정신적 배고픔이다. 예수는 우리에게 이 두 종류의 배고픔에 주목하게 한다. 세계에서 기아로 굶주리고 있는 이들, 한국 사회에서 먹을 음식이 없어 굶주리고 있는 이들 등 육체적 배고픔의 문제는 매우 심각하다. 동시에 육체적으로 굶주림을 해소할 빵/밥이 있다고 해서, 인간이 모두 만족하면서 살 수 있는 것은 아니다. 육체적 배고픔과 동시에 정신적 배고픔, 즉 삶의 의미와 행복에의 배고픔 등 눈에 보이지는 않지만 '보이지 않는 배고픔'이 있는 것이다. 예수는 "인간은 빵만으로 사는 것이 아닙니다"(마태 4:4)라고 강조한다. 보이는 '육체적 배고픔'과 동시에 보이지 않는 '정신적 배고픔'을 지닌 사람들에 대한 개인적이고 제도적인 책임을 실천해야 하는 과제를 지닌다. 최후의 심판에 나오는 여섯 가지 가르침을 예수의 '길, 진리, 생명, 그리고 신'에 대한 선언과 연결시켜 보자. 우리가 기억해야 하는 것은 언제나 개인적이고 사적인 차원만이 아니라, 제도적이고 사회정치적인 공적 차원까지 생각해야 한다는 것이다.

둘째, 목마른 사람들이란 누구인가. 예수가 '목마름'이라는 비유를 사용하면서 우리에게 어떠한 가르침을 던지고 있는가를 고민하는 것이 필요하다. 기본적인 생존에 필요한 것들이 충족되지 않았을 때의 목마름, 물질적 부족은 없지만 삶의 의미에서 느끼는 목마름, 진정한 관계에의 목마름 등 우리 삶의 구조에서 목마름의 의미에 대한 다양한 조명과 해석은 결코 끝나지 않는 과제다.

셋째, 낯선 사람들이란 누구인가. '낯선 사람'이라고 하는 것은 우리가 단지 모르는 사람이 아니라, 우리에게 익숙하지 않은 사람들, 이상하다고 생각되는 사람들일 수 있다. 이성애가 중심부를 이루는 사회에서 성소수자는 분명 '낯선 사람들'이다. 시스젠더가 아니라 트랜스젠더나 간성의 사람들도 '낯선 사람'이다. 다양한 성 정체성을 지닌 이들은 이성애가 규범이 되는 사회에서 낯선 사람들이다. 한국 문화나 종교와 전혀 다른 문화나 종교를 지닌 사람들도 분명 낯선 이들이다. 이성 부부와 아이가 있는 '정상 가족'의 범주와 다른 한부모 가정, 동성 가정, 다부모 가정, 무자녀 가정, 비혼 가정, 다인종 가정 등 다양한 양태의 가족들은 분명 '낯선 사람'들이다.

넷째, 헐벗은 사람들이란 누구인가. '헐벗은 사람(the naked)'이라는 비유는 물론 문자적으로 아무런 옷을 입지 않았다는 표현만이 아니다. '헐벗음'이란 가난의 상징적 표현이다. 헐벗음에는 육체적 헐벗음과 정신적 헐벗음이라는 두 차원을 모두 조명해야 한다. 동시에 개인적 차원과 제도적이고 사회정치적인 차원도 들여다보아야 한다. 현대 사회에서 개인과 사회, 사적 영역과 공적 영역은 얽히고설켜 있기 때문이다.

다섯째, 아픈 사람들이란 누구인가. 예수가 '아픈 사람들'을 돌보라는 것은 어떻게 할 것인가. 모두 의사나 간호사가 되어서 아픈 사람들을 돌보라는 것이 아닐 것이다. 우리 사회에 존재하는 병을 가지고 있는 이들을 개인적으로 모두 돌보는 것은 거의 불가능하다. 제도적 차원의 돌봄이 요청되는 이유다. 몸이 아픈 사람들, 마음이 아픈 사람들, 다양한 문제로 몸과 마음의 온전성이 깨진 사람들 모두 '아픈 사람들'이다. 또한 구체적으로 의료보험제도와 같은 사회보장제도를 통해서 모든 종류의 아픈 사람들이 돌봄을 받는가의 문제도 포함될 수 있다. 한국 땅에 발을 디딘 이상, 그 사람의 신분이 어떻든, 한국 국적이든 미등록 이주자의 신분이든 상관없이 모든 사람은 국가의 의료제도에 의해서 치료받고, 보호받아야 한다는 문제와도 연결될 수 있다.

여섯째, 감옥에 갇힌 사람들이란 누구인가. '감옥'이라는 말은 물리적인 감옥일 수도 있고, 은유로써 사용할 수도 있다. 억울한 일로 인해 물리적으로 감옥에 갇힌 이들, 가난 때문에 범죄를 저질러 감옥에 갇힌 이들도 물론 포함될 수 있다. 그런데 예수가 방문하고 돌보라고 하는 '감옥에 갇힌 사람들'의 범주를 지금 현재에 적용하자면 참으로 많다. 자신을 사랑하는 것이 아니라 열등감에 사로잡혀 사는 열등감과 자기 불신의 감옥, 편견의 감옥, 과거의 감옥 등 '감옥'이 은유로 지칭할 수 있는 것은 다양하다. 내가 몸담고 있는 구체적인 정황에 따라서 다양한 감옥의 의미를 찾아낼 수 있을 것이다.

예수를 따른다는 것, 즉 예수의 철학을 구체적인 삶과 연결시키며 산다는 것은 "생명에의 부름에 응답하는 것"이다. "생명에의 부름에 응답"한다는 것은 내가 몸담고 살아가고 있는 이 세계에의 개입을 의미한다. 예수가 전한 "자신을 사랑하듯 이웃을 사랑하고, 원수까지 사랑하는 것, 더 나아가 신을 사랑하는 것"이라는 가르침은 결국 예수의 사랑의 철학, 용서의 철학, 환대의 철학, 그리고 평등과 정의의 철학을 우리의 일상 세계와 연결하고, 자신의 정황에서 실천하고자 개입하는 것이다.

예수에 대한 믿음이란 '죽어서 천당' 또는 '물질적 축복과 성공'을 바라는 것이 아니다. 종교란, 또한 예수의 철학과 가르침을 따르는 삶이란 자신에 대한 책임, 타자에 대한 책임, 세계에 대한 책임과 연대의 삶을 사는 것이다. 데리다의 "종교란 책임성이다, 그렇지 않다면 아무것도 아니다"라는 말은 매우 의미심장하다. 존 카푸토의 "종교란 사랑하는 사람들을 위한 것"이라는 말, 동시에 바울의 "믿음, 희망, 사랑 중에서 가장 중요한 것은 사랑(고린도전서 13:13)"이라는 말은 심오한 의미를 담고 있다. 이러한 맥락에서 보자면 예수를 따른다는 '믿음'의 사람들이, 또는 예수의 철학을 구체적인 삶에서 실천하고자 하는 사람들이 '희망'해야 하는 세계는, 모든 생명에 대한 구체적인 '사랑'으로 시작되고 종결되어야 한다. 구체적인 우리의 일상 세계에서 복합적인 의미로 "사랑하지 않는 사람은 그 누구든, 신을 알지 못한다"(요한1서 4:8). 예수 철학의 핵심적인 메시지인 '나-이웃-원수-신'에 대한 '사랑'이란 결국 우리가 몸담고 살아가는 이 사회와 세계의 '모든 생명'의 평등, 평화, 자유 그리고 정의가 '강물처럼 흐르는' 세계이며 그것이 곧 이 땅 위에 '신의 나라'를 건설하는 '길'이며 '진리'이며 '생명'이다.

굳어진 종교적 교리에 갇힌 예수, 혐오와 차별에 호명되는 예수, 배제와 심판의 예수로부터 경계 없는 사랑, 타자에 대한 연민, 모든 사람을 평등하고 존엄을 가진 인간으로 대하고 구체적인 모든 종류의 정의를 이루기 위해 개입하고 연대하는 그 예수로 구해내야 하는 것이 바로 21세기 '예수 구하기' 운동이며 철학이 되어야 한다.

책을 마치며:
새로운 시작을 향하여

한 권의 책은 작은 세계를 담아낸다. 그 세계를 담은 책을 '끝낸다'는 것은 마치 일정한 코스를 시작하고, 지난한 과정을 거쳐서 마침내 종결짓는 예식인 '커멘스먼트(commencement)'와도 같다는 생각이 든다. 미국 대학에서는 학위과정을 마친 사람들이 졸업을 축하하며 무대로 올라가 총장에게 학위를 받고, 갖가지 축제가 벌어지는 예식을 '커멘스먼트'라고 한다. 커멘스먼트는 학위과정을 매듭짓는 졸업 예식인 동시에 '새로운 시작'의 의미를 지니고 있기도 하다.

내가 일하는 대학에서는 5월과 12월, 두 번의 '커멘스먼트'가 있는데 특히 5월 커멘스먼트가 열리는 날에는 하루 전부터 본격적인 축제가 벌어진다. 졸업 당사자들은 물론 가족이나 손님들을 위해 캠퍼스 곳곳에서 축제 분위기를 드러내는 장식과 함께 음악이 연주되고 다양한 먹거리가 제공된다. 캠퍼스를 거닐다 보면 만나는 사람마다 환한 웃음으로 가득하다. 찬란한 봄날에 벌어지는 이 커멘스먼트는 학위과정을 마치는 당사자들만이 아니라, 그들과 직간접적으로 연결된 사람에게 '살아있음의 축제성'을 맛보게 한다. 나는 커멘스먼트에 참여할 때마다 무엇인가의 '끝남'과 '시작'이 분리 불가하다는 것을, 그리고 새로운 시작이란 언제나 끝남의 연결선에서 가능하다는 것을 상기하곤 한다.

오랫동안 씨름하며 작업해 오던 《철학자 예수》를 이제 내 손에서 놓아야 하는 시점이다. 한 편의 글이든, 한 권의 책이든 '진정한 끝남'이란 사실상 불가능한 것임을 늘 경험한다. 그럼에도 불구하고 다른 색채의 새로운 시작을 하기 위해서는 '커멘스먼트'를 거치며 나아가야 한다. 커멘스먼트는 지난날을 되돌아보며, 그 지난날이 주었던 의미를 되새기면서 새로운 시작의 발판을 삼는 예식이다. 〈책을 마치며: 새로운 시작을 향하여〉는 《철학자 예수》를 마치는 일종의 "작은 커멘스먼트"의 의미라고 할 수 있다.

《철학자 예수》는 '행성B'에서 내는 세 번째 책이다. 행성B에서 2021년, 2022년, 그리고 2024년에 나의 책을 내게 되었다. 《철학자 예수》의 교정을 마무리 지으면서 행성B와의 지난 시간을 돌아보니 경이롭다. 시인이며 작가이신 임태주 대표님으로부터 첫 편지를 받은 것은 2016년 4월이다. 나의 글들을 책으로 내고 싶다는 제안을 담은 편지였다. 그 당시 편지를 받고 반가웠지만 응할 수가 없었다. 이미 다른 출판사와 계약이 되어 있었기 때문이었다. 조심스럽게 '거절'의 회신을 보냈는데, 다시 편지를 주셨다. 그런데 다시 온 편지를 읽어 내려가면서 다소 의아했다. 대개 이렇게 거절의 회신을 하면 대부분 '알겠습니다. 다음 기회가 다시 오기를 바랍니다' 식의 종결 메시지가 오는 것이 대부분이다. 그런데 나의 '거절'에 '온기'가 느껴지는 답신이라니. 후에 임 대표님은 나의 거절을 "정다운 거절"이라고 명명하셨다.

이렇게 첫 편지 후 4년여가 훌쩍 지난 2020년 10월, 임태주 대표께서 다시 긴 편지와 함께 출판기획안을 보내오셨다. 그런데 나의 눈을 끈 것은 출판기획안보다, 임 대표님의 긴 편지였다. 그 편지는 책을 내자는 제안서라기보다, 태평양 건너에 사는 한 동료-인간으로부터 온 '삶의 축제' 공간으로의 초대장 같았다. 이런 초대장을 어떻게 거절할 수 있는가. 이렇게 해서 행성B와의 인연이 시작되었다.

임 대표님은 출판 사업을 하는 출판인-사업자가 아니라, 따스함을 지닌 한 '동료-인간'으로 나를 환대해 주셨다. 임 대표님의 거주 공간인 강화도의 〈시인서가〉에 "꽃잎이랑 채소를 넣은 비빔밥"을 해서 문을 활짝 열어 초대해 주심으로써 나의 한국에서의 어느 봄날을 찬란하게 만드는가 하면, 겨울에는 장작을 지펴

구들장을 따스하게 만들어 나를 초대하셨다. 그래서 내가 그 따스한 아랫목에 이불을 덮고 앉아서 정성껏 만드신 '뱅쇼'를 마시며 창밖의 하늘을 바라볼 수 있는 '초현실적 경험'을 하게 해 주신 분이다.

첫 번 연결의 시도를 거절한 후 4년 반이나 포기하지 않고 기다려 주시며, 나의 글이 소중하다고 생각하는 마음을 담은 편지로 나의 마음을 활짝 열게 하신 임태주 대표님께 고마움을 전한다. 나의 글을 향한 그 기다림이 없었다면, 내 삶의 여정에서 예상치 않게 하게 된 이 소중한 경험을 못 할 뻔했다.

한 권의 책이 세상에 나오기까지 무수한 손길들이 있다. 가장 중요한 것은 '원고'라는 거친 조각품이 가면 그 투박한 작품을 정교하게 다듬고 또 다듬어 완성시켜서, 세상에 나오도록 하는 편집자의 손길일 것이다. '편집자'란 지난한 인내심과 열정, 편집자로서의 전문성, 그리고 편집 과정에서 수도 없이 해야 하는 저자와의 소통 능력을 모두 겸비해야 하는 자리다. 나의 원고가 담아내고자 하는 것을 세심하게 배려하면서, 동시에 그 원고가 더욱 정교하게 독자들과 소통할 수 있도록 다듬는 작업을 해 오신 이윤희 편집장님께 감사를 전한다. 그분의 손길 덕분에 나의 '투박한 조각품'이 '아름다운 작품'으로 변모할 수 있었다.

책을 내면서 '정든다'는 경험을 한다는 것은 커다란 행운이다.

오랫동안 여러 나라를 옮기며 살아온 나에게 특정한 사람이나 장소에서 '정듦의 경험'을 하는 것은 쉽지 않은 사건이다. 그런데 나는 강화도의 시인서가에서, 어느 가을날 경희궁의 산책길에서, 그리고 카페에서 임태주 대표님과 이윤희 편집장님과 '함께의 시공간'을 경험했다. 그리고 셀 수조차 없이 수많은 메시지와 이메일들로 서로 나누어 온 글의 언어를 통해, '정든다'는 것이 무엇인지를 경험할 수 있었다. 언제나 '거기'에 서서 나의 글만이 아니라, '강남순'이라는 존재를 있는 그대로 맞아줄 것 같은 관계를 경험하게 된 것이 얼마나 소중한 것인가를, 새삼 경험한다.

나는 늘 에드워드 사이드의 말처럼 "나는 나의 글쓰기에서 고향을 느낀다"라고 생각해 왔었다. 그런데 나의 고향 경험이 새롭게 확장되고 있다. 나의 글쓰기에서만이 아니라, 지난 3년여의 관계 안에서 '고향성'을 느끼고 경험하는 소중한 선물을 안겨 주신 행성B의 임태주 대표님, 그리고 이윤희 편집장님께 깊은 감사를 전한다.

"예수"라는 이름이 상징하는 것은 이 지구 위에 거하는 모든 사람이 국적, 젠더, 인종, 종교, 나이, 생김새, 성적 지향, 장애 여부, 사회적 계층, 학력, 또는 출신 배경 등과 상관없이 서로를 '동료-인간'으로 대한다는 것을 의미한다고 나는 본다. 또한 "예수"

라는 이름은 그 동료-인간이 제도적으로나 그 어떤 구조에서도 차별받지 않고 존엄성을 지닌 고귀한 인간으로 살아갈 수 있는 세상을 향한 '낮꿈'을 꾸고, 실천하고, 변혁에 개입해야 하는 책임성을 의미한다. 이런 의미에서 예수가 제시하는 '길, 진리, 생명'이란 결국 모든 생명이 서로 따스한 온기를 주고받으며, 함께 먹고, 마시고, 웃고, 슬퍼하고, 기뻐하는 삶을 살아가는 "함께 살아감의 철학"이다. 나의 삶의 여정에 등장하셔서 나에게 구체적인 방식으로 이 "함께 살아감"의 소중한 의미를 일깨워주고, 경험하게 한 모든 분께 감사드리며 나의 미소를 전한다.

이제 이 작은 축제로서의 '커멘스먼트'를 하고, 다시 새로운 시작을 향해 '홀로,' 그리고 여러분과 '함께' 발걸음을 내디딘다.

2024년 3월 어느 날
텍사스에서
강남순

인명(가나다 순)

니체, 프리드리히(Friedrich Wilhelm Nietzsche) 13, 23, 34, 65, 78, 83, 84, 99, 102, 142, 291, 298, 331, 333

데리다, 자크(Jacques Derrida) 18, 20, 22~24, 27, 31, 35, 43, 120, 121, 149, 165, 176, 178~186, 192, 222, 223, 237, 285, 298, 299, 318, 349

루터, 마르틴(Martin Luther) 53, 241

마르크스, 카를(Karl Heinrich Marx) 58

맥쿼리, 존(John Macquarrie) 24, 299

바디우, 알랭(Alain Badiou) 17, 109

바티모, 잔니(Gianni Vattimo) 20, 23, 192, 298

베이컨, 프랜시스(Francis Bacon) 302

보드리야르, 장(Jean Baudrillard) 23, 298

소크라테스(Socrates) 13, 34, 42~45, 245~247, 290

아렌트, 한나(Hannah Arendt) 18, 27, 31, 58, 111, 149, 172, 173, 178~181, 183, 185, 317

아리스토텔레스(Aristoteles) 41, 124, 247, 304

아리스토파네스(Aristophanes) 43, 245, 246

어거스틴(Aurelius Augustinus) 13, 62, 141, 142, 145, 180, 322, 329, 340

와그너, 로버트(Robert Wagoner) 15, 16, 107, 108, 113, 116, 119

카푸토, 존(John D. Caputo) 13, 14, 16, 24, 31, 62, 63, 108, 117, 141, 142, 145, 300, 312, 322, 327, 329, 340, 349

크세노폰(Xenophon) 43, 245, 246

키르케고르, 쇠렌(Soeren Kierkegaard) 16, 108, 129

페리, 뤼크(Luc Ferry) 16, 56, 107, 113

플라톤(Plato) 15, 41, 43, 107, 113, 124, 145, 245~247

하이데거, 마틴(Martin Heidegger) 56

개념과 사건(가나다 순)

가능한 불가능성(possible impossibility) 179
개별성 123, 124, 200, 285
    개별성의 윤리(ethics of singularity) 284
    개별성의 존재(being in singularity, singularity of being) 31, 120, 200, 201, 284, 286
교환경제(economy of exchange) 122. 123, 184, 217, 222, 322
    교환경제의 기도 320, 321, 326
    교환경제의 용서 184
    교환경제의 틀 115, 120, 194, 217, 219, 321
    교환경제의 환대 222
구원의 개인화 57
구원의 보편화 264
규범 전복하기(subverting the norm) 251
그리스도 중심주의(Christocentrism) 308
그리스도교(Christianity) 79, 100
급진적 긍정(radical affirmation) 336
급진적 포용의 원리 242, 243, 251
기독교 제국주의 87
기독교-일반(Christianity in general) 77, 225

낯설게 하기(defamiliarization) 9, 10, 31
농장 모델(farming model) 255, 275

다신론(polytheism) 306
다층적 위기 85, 94, 95, 330
더블 바인드(double bind) 118

더블 제스처(double gesture) 36, 179, 180
도래할 것(to-come) 180
　　　도래할 기도(prayer-to-come) 327
　　　도래할 기독교(Christianity-to-come) 276
　　　도래할 세계(the world-to-come, the world of not yet) 55, 294, 324, 327
　　　도래할 용서(forgiveness to-come) 180
　　　도래할 환대(hospitality-to-come) 222
동료-인간 32, 83, 126, 201, 214, 233, 240, 242, 243, 352, 354, 355
동질성(sameness) 117, 194, 198, 200, 215, 217, 218, 242
　　　동질성의 환대(hospitality of sameness) 193~195, 215~218
두 왕국론(two kingdoms doctrine) 53

무조건적 용서 178, 180~182, 185, 186, 230
무조건적 환대 70, 71, 209, 213, 218~220, 223, 230, 234, 285

반유대주의 66, 85, 95, 111
범신론(pantheism) 306
범재신론(panentheism) 306
보편 종교(universal religion) 40, 64, 263
불가능한 가능성(impossible possibility) 179
뿌리 뽑힌 삶(uprooted life) 27
뿌리 질문 123, 140

사창가 모델(brothel model) 255
살아있지만 죽은 존재(living dead) 262, 283
새로운 삶으로의 초대 205, 208, 220, 234, 288

새롭게 태어남(born again) 168, 170~173, 181, 221
식민주의 73, 86, 87, 95, 104, 224
신의 나라(Reign of God) 18, 53~56, 102~104, 149, 169, 171, 294, 295, 327, 349
신적 질서 89, 253, 337

아브라함 종교들(Abrahamic religions) 306
아직 오지 않은 세계(the world of not-yet) 55, 318
알지 못함(non-knowing) 36, 38, 47
언어 제국주의(linguistic imperialism) 77
용서의 발견자(the discoverer) 168, 173
유일신론 306
이미의 세계(the world of already) 318
이중 보기 방식(double mode of seeing) 27, 28, 294
익명의 크리스천(anonymous Christian) 308
인식론적 사각지대 208
일반성의 존재(being in generality) 200, 201

자본주의 76, 88, 95, 101, 115, 121, 125, 218, 322, 338
자서전적 121, 247
적대 84, 90, 92, 203, 204, 207, 214, 219, 223, 224, 227, 280, 292, 308
    생략에 의한 적대(hostility by omission) 204
    행위를 함으로써의 적대(hostility by commission) 204
적환대(hostipitality) 223
전례(liturgy) 69, 70, 77, 81
정황 특정적(context-specific) 121
제2차 세계대전 150~152, 154, 155, 321
종교 권력 64, 78, 101, 228, 303, 337
종교-일반(religion in general) 63

좋은 소식 운동(Good News Movement) 45, 46
주변부적 존재 251, 288
지식의 정치학(politics of knowledge) 114, 302
집단 용서(collective forgiveness) 166

탄생성(natality) 168, 172, 173, 181, 209, 221
탈경계성의 환대 209, 210, 213, 220, 234
탈낭만화 114, 115, 119, 136, 137, 198
탈상투화 135, 137, 144, 187
탈악마화 163
탈자연화 114
탈정황화 169
탈학습(delearning) 35~37
트리니티 테스트 152~154

펜으로 저항하기(resisting with pen) 28, 240
포괄적 환대 199

ㅎ

한 존재 안에 두 존재(two-in-one) 112
함께-잘-살아감 51, 294
함께 살아감의 철학 126, 340, 355
환대(hospitality)
　　　다름의 환대(hospitality of alterity) 193, 195, 198, 200, 208, 214, 215, 217, 218, 220,
225, 234
　　　　도래할 환대(hospitality-to-come) 222
　　　　동질성의 환대(hospitality of sameness) 193~195, 215~218

무조건적 환대 70, 71, 209, 213, 218~220, 223, 230, 234, 285
적환대(hostipitality) 223
탈경계성의 환대 209, 210, 213, 220, 234
포괄적 환대 199
환대 산업(hospitality industry) 123, 193, 194

신약성서(성서 순서 순)

마태복음 12, 14, 17~21, 23, 34, 47, 52, 54, 59, 77, 93, 97~99, 103, 106, 146, 148, 149, 157, 176, 177, 181, 182, 190, 191, 199, 214, 221, 236, 244, 245, 260, 261, 265, 267~269, 280, 292, 298, 314, 326, 344, 345

마가복음 12, 13, 25, 30, 52, 62, 70, 97, 99, 176, 232, 260, 261, 266, 280

누가복음 13, 15, 17, 19~21, 34, 46, 90, 99, 106, 130, 148, 176, 185, 186, 190, 191, 208, 211, 212, 214, 216, 236, 244, 245, 249, 252, 261, 268, 270, 280, 281, 286~288, 318

요한복음 14, 18, 21, 23, 88, 99, 106, 129, 149, 168~171, 206, 207, 210, 234, 236, 251, 252, 261, 266, 267, 280, 298, 310, 313, 342

로마서 24, 230, 300

고린도전서 15, 107, 117, 230, 349

에베소서 21, 236, 295

디모데전서 230, 272

요한1서 15, 107, 117, 308, 315, 349

구약성서(성서 순서 순)

창세기 206, 229, 256, 289

출애굽기 52, 132, 133, 134

레위기 130, 206, 230, 315

신명기 206

사사기 229, 256

이사야서 294

아모스 22, 236, 294

성서 인물과 사건(가나다 순)

공생애 231, 260, 262

니고데모 168~171

마리아와 마르다 270

부활 사건 262~269, 313

삭개오 21, 140, 236, 252, 253, 281~288

산상수훈 244

삼위일체 39, 69, 152~154

새로운 계명 14, 106, 127, 128, 130~132, 134, 137, 139, 172
선한 사마리아인 90, 130, 211, 249
성만찬(최후의 만찬) 70, 71, 220~222
오병이어 261
우물가의 사마리아 여성 21, 140, 210, 211, 236, 251, 252
팔복(8 Beatitudes) 244

Arendt, Hannah. *The Human Condition*. Second Edition. Chicago: The University of Chicago Press, 1998.

_____. *Love and Saint Augustine*. Edited and with an Interpretive Essay by Joanna Vecchiarelli Scott and Judith Chelius Stark. Chicago&London: The University of Chicago Press, 1996.

Badiou, Alan with Nicholas Trung. *In Praise of Love*. Trans. Peter Bush. 2009; New York: The New Press, 2012.

Bowen-Moore, Patricia. *Hannah Arendt's Philosophy of Natality*. New York: St. Martin's Press, 1989.

Caputo, John D. *What Would Jesus Deconstruct: The Good News of Postmodernism for the Church*. Grand Rapids: Baker Academic, 2007.

_____. *The Folly of God: A Theology of the Unconditional*. Salem: Polebridge Press, 2016.

_____. *On Religion*. Second Edition. London and New York: Routledge, 2019.

Caputo, John D., and Michael J. Scanlon. *God, the Gift, and Postmodernism*. Bloomington: Indiana University Press, 1999.

Caputo, John D, Mark Dooley, and Michael J. Scanlon, eds., *Questioning God*. Bloomington: Indiana University Press, 2001.

Carson, Ronald A. "Nietzsche's Jesus," *Cross Currents*. Vol. 21. No. 1 (Winter 1971): 39-52.

Copenhaver, Martin B. *Jesus Is the Question: The 307 Questions Jesus Asked and the 3 He Answered*. Nashville: Abingdon Press, 2014.

Cupitt, Don. *Jesus and Philosophy*. London: SCM Press, 2009.

Devere, Heather. "Fraternization of Friendship and Politics: Derrida, Montaigne and Aristotle." *Critical Perspectives on Communication, Cultural&Policy Studies*. Vol. 24. No. 1&2 (2005): 75-82.

Derrida. Jacques. *On Cosmopolitanism and Forgiveness*. Trans. Mark Dooley and Michael Hughes. London and New York: Routledge, 2001.

_____. "Hostipitality." *Angelaki: Journal of the Theoretical Humanities*. Vol. 5. No. 3 (December 2000): 3-18.

_____. "To Forgive: The Unforgivable and the Imprescriptible." In *Questioning God*. Ed. John Caputo, Mark Dooley, and Michael Scanlon. Bloomington and Indianapolis: Indiana University Press, 2001.

_____. *Acts of Religion*. Ed. Gil Anidjar. New York: Routledge, 2002.

Ellul, Jacques. *Jesus and Marx: From Gospel to Ideology*. Eugene: Wipf&Stock, 2012.

Ferry, Luc. *On Love: A Philosophy for the Twenty-First Century*. Malden, MA: Polity Press, 2013.

_____. *A Brief History of Thought*. New York: HarperCollins Publishers, 2011.

Foucault, Michel. *Power/Knowledge: Selected Interviews and Other Writings, 1972-1977*. Ed. Colin Gordon. New York: Pantheon, 1980.

Gilson, Caitlin Smith. *Philosophical Question of Christ*. New York: Bloomsbury, 2015.

Gooch, Paul W. *Reflections on Jesus and Socrates: Word and Silence*. New Haven and London: Yale University Press, 1996.

Hammerschlag, Sarah. *Broken Tablets: Levinas, Derrida and the Literary Afterlife of Religion*. New York: Columbia University Press, 2016.

Heyward, Carter. *Saving Jesus From Those Who Are Right: Rethinking What It Means to Be Christian*. Minneapolis: Fortress Press, 1999.

Hick, John. *God Has Many Names*. Louisville: Westminster John Knox Press, 1982.

Johnston, Mark. *Saving God: Religion after Idolatry. Princeton*: Princeton University Press, 2009.

Kang, Namsoon. *Cosmopolitan Theology: Reconstituting Neighbor-Love, Hospitality, and Solidarity in an Uneven World*. St. Louis, MO: Chalice Press, 2013.

Kaufmann, Walter. *Nietzsche: Philosopher, Psychologist, Antichrist*. 1950; Princeton: Princeton University Press, 1974.

Kierkegaard, Søren. *Works of Love*. Edited and Translated by Howard V. Hong and Edna H. Hong. Princeton: Princeton University Press, 1995.

Kreeft, Peter J. *Socrates Meets Jesus: History's Great Questioner Confronts the Claims of Christ*. Westmont: InterVarsity Press, 2002.

_____. *The Philosophy of Jesus*. South Bend, IN: St. Augustine's Press, 2007.

Lewis, Thomas A. *Why Philosophy Matters for the Study of Religion - and Vice Versa*. Oxford, UK: Oxford University Press, 2017.

Maier-Katkin, Daniel. *Stranger from Abroad: Hannah Arendt, Martin Heidegger, Friendship and Forgiveness*. New York: W. W. Norton, 2010.

Mannheim, Karl. *Ideology and Utopia: An Introduction to the Sociology of Knowledge*. Trans. Louis Wirth and Edward Shils. New York: A Harvest Book, 1936.

Masuzawa, Tomoko. *The Invention of World Religions: Or, How European Universalism Was Preserved in the Language of Pluralism*. Chicago: The University of Chicago Press, 2005.

McDonald, Christie V. and Jacques Derrida. "Interview Choreographies: Jacques Derrida and Christie V. McDonald.' *Diacritics*. Vol. 12. No. 2 (Summer, 1982): 66-76.

McLaren, Brian D. *Do I Stay Christian?: A Guide for the Doubters, the Disappointed, and the Disillusioned*. New York: St. Martins Essentials, 2022.

McManus, Erwin Raphael. *The Genius of Jesus: The Man Who Changed Everything*. Ontario, Canada: Convergent, 2021.

Meyers, Robin. *Saving Jesus from the Church: How to Stop Worshiping Christ and Start Following Jesus*. New York: HarperOne, 2009.

Meylahn, Johann-Albrecht. *The Limits and Possibilities of Postmetaphysical*

God-talk: A Conversation between Heidegger, Levinas and Derrida.
Leuven, Belgium: Peeters Publishers, 2013.

Moser, Paul K. *Jesus and Philosophy New Essays*. Cambridge, UK: Cambridge
University Press, 2009.

Nancy, Jean-Luc. *Dis-Enclosure: Deconstruction of Christianity*. Trans.
Brttina Bergo, Gabriel Malenfant, and Michael B. Smith. New York:
Fordaham University Press, 2008.

Nietzsche, Friedrich. *The Anti-Christ*. Translated and with an Introduction by
H.L. Mencken. Tucson: See Sharp Press, 1999.

Ozick, Cynthia. "The Symposium." In *The Sunflower: On the Possibilities and
Limits of Forgiveness*. Eds. Simon Wiesenthal, Harry James Cargas
and Bonny V. Fetterman. New York: Shocken Books, 1997.

Pennington, Jonathan T. *Jesus the Great Philosopher: Rediscovering the
Wisdom Needed for the Good Life*. Ada: Brazos Press, 2020.

Philpott, Daniel. "The Justice of Forgiveness." *The Journal of Religious Ethics*.
Vol. 41. No. 3(Sep. 2013): 400-416.

Schweitzer, Albert. *The Quest of the Historical Jesus*. Mineola, NY: Dover
Publications, 2005.

Sheldon, Charles M. *In His Steps: What Would Jesus Do?* 1896; Independently
Published, 2020.

Swidler, Leonard J. "Jesus Was a Feminist." *Catholic World*. (January) 1971.

_____. *Jesus was a Feminist: What the Gospels Reveal about His Revolutionary
Perspective*. New York: Sheed&Ward, 2007.

Taylor, Joan. *What Did Jesus Look Like?* London: Bloomsbury T&T Clark,
2018.

Thorsteinsson, Runar M. *Jesus as Philosopher: The Moral Sage in the Synoptic
Gospels*. Oxford, UK: Oxford University Press, 2018.

Vattimo, Gianni. *After Christianity*. Trans. Luca D'Isanto. New York: Columbia
University Press, 2002.

강남순. 《데리다와의 데이트: 나는 애도한다, 고로 존재한다》. 행성B, 2022.

_____. 《코즈모폴리터니즘이란 무엇인가: 함께 살아감의 철학, 세계시민주의》. 동녘, 2022.

_____. 《페미니즘 앞에선 그대에게: 21세기 페미니즘에 관한 7가지 질문》. 한길사, 2020.

_____. 《젠더와 종교: 페미니즘을 통한 종교의 재구성》. 개정판, 동녘, 2018.

_____. 《21세기 페미니스트 신학: 주제와 과제》. 개정판, 동녘, 2018.

_____. 《페미니즘과 기독교》. 개정판, 동녘, 2017.

_____. 《용서에 대하여: 용서의 가능성과 불가능성》. 동녘, 2016.

성서

The Inclusive New Testament. Priests for Equality. Brentwood, Maryland: Priests for Equality, 1996.

The Inclusive Bible. The First Egalitarian Translation by Priests for Equality. New York: A Sheed&Ward Book, 2007.

The New Oxford Annotated Bible with the Apocryphal/Deuterocanonical Books. New Revised Standard Version. New York: Oxford University Press, 1994.